Wolfgang Kruse

Der Erste Weltkrieg

D1917361

Geschichte kompakt

Herausgegeben von
Kai Brodersen, Martin Kintzinger,
Uwe Puschner, Volker Reinhardt

Berater für den Bereich *19./20. Jahrhundert*:
Walter Demel, Merith Niehuss, Hagen Schulze

Wolfgang Kruse

Der Erste Weltkrieg

2. Auflage

WBG
Wissen *verbindet*

Die Deutsche Nationalbibliothek verzeichnet diese Publikation
in der Deutschen Nationalbibliografie;
detaillierte bibliografische Daten sind im Internet über
http://dnb.d-nb.de abrufbar.

Das Werk ist in allen seinen Teilen urheberrechtlich geschützt.
Jede Verwertung ist ohne Zustimmung des Verlags unzulässig.
Das gilt insbesondere für Vervielfältigungen,
Übersetzungen, Mikroverfilmungen und die Einspeicherung in
und Verarbeitung durch elektronische Systeme.

2., bibliograph. ergänzte u. durchgesehene Auflage 2014
© 2014 by WBG (Wissenschaftliche Buchgesellschaft), Darmstadt
Erste Auflage 2009
Die Herausgabe des Werkes wurde durch
die Vereinsmitglieder der WBG ermöglicht.
Gedruckt auf säurefreiem und alterungsbeständigem Papier
Einbandgestaltung: schreiberVIS, Seeheim
Satz: Lichtsatz Michael Glaese GmbH, Hemsbach
Printed in Germany

Besuchen Sie uns im Internet: www.wbg-wissenverbindet.de

ISBN 978-3-534-26447-6

Elektronisch sind folgende Ausgaben erhältlich:
eBook (PDF): 978-3-534-73871-7
eBook (epub): 978-3-534-73872-4

Inhaltsverzeichnis

Geschichte kompakt

In der Geschichte, wie auch sonst, dürfen Ursachen nicht postuliert werden, man muss sie suchen. (Marc Bloch)

Das Interesse an Geschichte wächst in der Gesellschaft unserer Zeit. Historische Themen in Literatur, Ausstellungen und Filmen finden breiten Zuspruch. Immer mehr junge Menschen entschließen sich zu einem Studium der Geschichte, und auch für Erfahrene bietet die Begegnung mit der Geschichte stets vielfältige, neue Anreize. Die Fülle dessen, was wir über die Vergangenheit wissen, wächst allerdings ebenfalls: Neue Entdeckungen kommen hinzu, veränderte Fragestellungen führen zu neuen Interpretationen bereits bekannter Sachverhalte. Geschichte wird heute nicht mehr nur als Ereignisfolge verstanden, Herrschaft und Politik stehen nicht mehr allein im Mittelpunkt, und die Konzentration auf eine Nationalgeschichte ist zugunsten offenerer, vergleichender Perspektiven überwunden.

Interessierte, Lehrende und Lernende fragen deshalb nach verlässlicher Information, die komplexe und komplizierte Inhalte konzentriert, übersichtlich konzipiert und gut lesbar darstellt. Die Bände der Reihe „Geschichte kompakt" bieten solche Information. Sie stellen Ereignisse und Zusammenhänge der historischen Epochen der Antike, des Mittelalters, der Neuzeit und der Globalgeschichte verständlich und auf dem Kenntnisstand der heutigen Forschung vor. Hauptthemen des universitären Studiums wie der schulischen Oberstufen und zentrale Themenfelder der Wissenschaft zur deutschen und europäischen Geschichte werden in Einzelbänden erschlossen. Beigefügte Erläuterungen, Register sowie Literatur- und Quellenangaben zum Weiterlesen ergänzen den Text. Die Lektüre eines Bandes erlaubt, sich mit dem behandelten Gegenstand umfassend vertraut zu machen. „Geschichte kompakt" ist daher ebenso für eine erste Begegnung mit dem Thema wie für eine Prüfungsvorbereitung geeignet, als Arbeitsgrundlage für Lehrende und Studierende ebenso wie als anregende Lektüre für historisch Interessierte.

Die Autorinnen und Autoren sind in Forschung und Lehre erfahrene Wissenschaftlerinnen und Wissenschaftler. Jeder Band ist, trotz der allen gemeinsamen Absicht, ein abgeschlossenes, eigenständiges Werk. Die Reihe „Geschichte kompakt" soll durch ihre Einzelbände insgesamt den heutigen Wissenstand zur deutschen und europäischen Geschichte repräsentieren. Sie ist in der thematischen Akzentuierung wie in der Anzahl der Bände nicht festgelegt und wird künftig um weitere Themen der aktuellen historischen Arbeit erweitert werden.

Kai Brodersen
Martin Kintzinger
Uwe Puschner
Volkeer Reinhardt

I. Einleitung

Jede wissenschaftliche Behandlung historischer Ereignisse und Zusammenhänge ist auf die Verwendung von Konzepten und Begriffen angewiesen, die das Geschehen zum einen erschließen und analysieren helfen, zum anderen aber auch spezifische Deutungsmuster beinhalten. In Bezug auf den Ersten Weltkrieg haben seit Langem vor allem zwei Konzeptbegriffe Konjunktur: Der Krieg selbst wird zumeist als erster „totaler Krieg" der neueren Geschichte begriffen. Ein zeitgenössisches, vor allem in der Nachkriegszeit ausformuliertes politisches Projekt, dass auf die Mobilisierung der gesamten Gesellschaft an der „Heimatfront" für den industrialisierten Volkskrieg abzielte, ist dabei zu einem analytischen Konzept weiterentwickelt worden, dem es wesentlich darum geht, die alle Bereiche der Gesellschaft erfassenden und durchdringenden Wirkungen dieses Krieges in den Blick zu nehmen. Und für seine allgemeinere historische Einordnung ist es schon fast zu einem Allgemeinplatz geworden, den Ersten Weltkrieg mit George S. Kennan als „Urkatastrophe des Zwanzigsten Jahrhunderts" zu deuten. Denn dieser Krieg hat in der Tat der weiteren Entwicklung des 20. Jahrhunderts seinen gewaltsamen Stempel aufgedrückt, so sehr, dass kaum ein Geschehen der folgenden Jahrzehnte, zumal in Europa, ohne Rückbezug darauf erklärbar erscheint.

Eine Zivilisationskrise der europäischen Moderne

Trotzdem wird der Erste Weltkrieg hier noch in einen etwas anders konturierten Zusammenhang gerückt: Er soll als Zivilisationskrise der europäischen Moderne gedeutet werden. Zuvor hatte das ‚lange' 19. Jahrhundert der europäischen Geschichte im Zeichen eines säkularen Modernisierungsprozesses gestanden, der – angetrieben von industrieller Revolution, politischer Demokratisierung und sozialer Emanzipation – eine neuartige, bürgerliche Gesellschaft hervorbrachte und mit einem umfassenden Fortschrittsoptimismus verbunden war. Wohlstand, Freiheit, Bildung und Zivilisation waren die Zielpunkte, auf die eine neuzeitlich bewegte Geschichte hinzulaufen schien. Doch am Ende stand schließlich ein Krieg, der alle produktiven gesellschaftlichen Kräfte für die Zwecke der Zerstörung und Vernichtung mobilisierte. Weit mehr als 10 Millionen Tote, eine noch weit größere Zahl von zerstörten Existenzen, zerrüttete Gesellschaften, zusammenbrechende politische Ordnungen und auch nach dem formellen Kriegsende nicht enden wollende gewalttätige Auseinandersetzungen zwischen und innerhalb der Völker Europas: Das waren die Ergebnisse und Folgen des sogenannten Großen Krieges, die nicht einfach über das moderne Europa hineingebrochen, sondern die trotz allem Fortschrittspathos tief und ursächlich in ihm verwurzelt waren. Wie es hellsichtige und sensible Geister schon lange prognostiziert hatten, trug diese Moderne ganz offensichtlich Widersprüche, Abgründe und Zerstörungspotentiale in sich, die alle Fortschritte und davon ausgehenden Entwicklungsperspektiven nicht nur zunichte machen, sondern sie auch selbst für ihr Destruktionswerk nutzbar machen konnten.

Der Rekurs auf den Krisenbegriff beinhaltet trotzdem ein Weiteres. Denn Krisen haben ein Janusgesicht, das auch den Ersten Weltkrieg ausgezeichnet hat. Sie zerstören nicht nur die alte Ordnung, aus der sie erwachsen sind, sondern sie setzen zugleich neue, in die Zukunft weisende Kräfte frei, die aus dem Versuch hervorgehen, ihre zerstörerische Kraft zu beherrschen oder zu überwinden. Revolution, Demokratisierung und Selbstbestimmungsrecht der Völker, neuer Mensch, Massenkultur, Avantgarde oder Völkerbund lauteten die Stichworte, die das schöpferische Potential der Auseinandersetzung mit dem Zivilisationsbruch des großen Krieges anzeigen, aber auch totale Mobilmachung, Volksgemeinschaft, Gewaltkult und Führertum. Die hier vorgelegte Einführung in die Geschichte des Ersten Weltkrieges unternimmt deshalb den Versuch, die verschiedenen Ebenen des Kriegsgeschehens immer unter der doppelten Perspektive von umfassender Destruktion und schöpferischem Aufbruch zu betrachten; Erscheinungen des totalen Krieges allerdings, die – und darin liegt vielleicht das eigentliche historische Drama – oft in kaum auflösbarer Weise miteinander verbundenen waren.

Zur Forschungsentwicklung

Die Anlage einer einführenden Darstellung hängt ferner von den Fragestellungen und Themenschwerpunkten ab, die die wissenschaftliche Forschung und Diskussion geprägt haben. Die Forschungsentwicklung zum Ersten Weltkrieg ist strukturell in vieler Hinsicht von den allgemeinen geschichtswissenschaftlichen Konjunkturen beeinflusst worden. Lange Zeit standen im engeren Sinne politische Fragestellungen im Mittelpunkt, wobei der Kriegsschuldfrage von Anfang an eine besondere, auch selbst wiederum politische Bedeutung zukam. Schnell trat auch die enge Verbindung von Außen- und Innenpolitik zutage, etwa in der Problematik der Kriegsziele, und auch die innenpolitische Systementwicklung im Spannungsverhältnis von Regierungen, Parlamenten, Parteien und Militärs rückte bald in den Fokus historischer Forschungen. Vor allem seit den ausgehenden 1960er Jahren begann sich dann die sozialhistorische Wende in der Geschichtswissenschaft auch in der Weltkriegsforschung abzuzeichnen, deutlich etwa in Arthur Marwicks stilbildender Untersuchung der mit dem Krieg einhergehenden, forcierten gesellschaftlichen Veränderungen in Großbritannien oder in Jürgen Kockas ähnlich einflussreicher Analyse der deutschen „Klassengesellschaft im Krieg".

Während die Sozialgeschichtsschreibung dabei vor allem die allgemeinen Strukturen der Gesellschaftsentwicklung in den Blick genommen hat, traten in der Folgezeit alltagsgeschichtlich orientierte Studien hinzu, in denen die unmittelbaren Wirkungen, Wahrnehmungen und Erfahrungen des Krieges thematisiert wurden. Wiederum parallel zur konzeptionellen Entwicklung der Geschichtswissenschaft insgesamt stehen die Studien der jüngsten Zeit nun vor allem im Zeichen kulturgeschichtlicher Fragestellungen und Schwerpunktsetzungen, eine Entwicklung, die sich deutlich in den zwei großen Tagungen und Sammelbänden des internationalen Dokumentations- und Forschungszentrum „Historial de la Grande Guerre" in Peronne, auf den Schlachtfeldern an der Somme, abzeichnet. Hatte man sich hier in den 1980er Jahren noch mit der Gesellschaftsentwicklung im Ersten Weltkrieg beschäftigt, so lautete der Schwerpunkt der 1990er Jahre nun „Guerre et Cultures". Eine Besonderheit der Ersten Weltkriegsforschung stellt schließlich die Militärgeschichte dar. Lange, und nicht zuletzt in Deutschland, vor allem getragen von militärnahen Institutionen und Forschungsinteressen, hat sie sich in der letzten Zeit zunehmend emanzipieren können und eine eigene Forschungstradition jenseits der Geschichte von Schlachten und Strategien zu entwickeln begonnen.

Gliederungsprinzipien

Die vorliegende Einführung greift die skizzierte Forschungsentwicklung auf und leitet daraus ein systematisches Gliederungsprinzip ab, das zwischen den Ebenen der Politik, der Gesellschaft, der Kultur und des Militärs unterscheidet. Die Perspektive ist europäisch, wobei vor allem Deutschland, England und Frankreich in den Blick genommen werden und ein Schwerpunkt auf den deutschen Entwicklungen lieg, insbesondere in den eingeschobenen Quellenauszügen. Dem historischen Entwicklungsprinzip wird dabei nicht nur innerhalb der systematischen Kapitel Rechnung getragen, sondern auch durch einleitende bzw. abschließende Kapitel über die Ursachen und den Beginn des Krieges sowie über sein Ende und seine Wirkungen. Zweifellos wäre auch eine Geschichte des Ersten Weltkriegs vorstellbar, die verschiedene systematische Ebenen in eine am Verlauf orientierte Gesamtdarstellung integriert. Doch für die orientierende Einführung in einen so vielfältigen und komplexen Gegenstand erscheint eine sachsystematische Gliederung besser geeignet, weil sie mehr Raum für möglichst umfassende Informationen über die verschiedenen Sachzusammenhänge bietet und zugleich auch die Eigenlogik der unterschiedlichen thematischen Forschungsfelder stärker berücksichtigen kann. Dabei gilt es jedoch immer in Rechnung zu stellen, dass jede Aufgliederung einen künstlichen Charakter hat und immer auch die vielfältigen Überschneidungen, Zusammenhänge und Wirkungsverhältnisse zwischen den systematisch unterschiedenen Themenfeldern im Blick zu behalten sind. Eine wesentliche, verbindende Klammer ist dabei zweifellos in der Periodisierung des Krieges, seiner Einteilung in verschiedene Entwicklungsphasen mit unterschiedlichen inhaltlichen Orientierungen und Schwerpunktsetzungen zu sehen.

Phasen und Zäsuren

Für den Ersten Weltkrieg erscheint es sinnvoll, nach der Vorgeschichte des Krieges von einer ersten Phase auszugehen, die geprägt war von der Erwartung oder zumindest der Hoffnung, es werde zu einer schnellen Kriegsentscheidung kommen. Militärisch stand der Bewegungskrieg im Vordergrund, innenpolitisch dominierten Improvisation und Vertagung wichtiger Probleme, die Gesellschaft selbst wurde noch kaum als Faktor des Krieges begriffen. Alles dies begann sich zu verändern, als sich im Herbst 1914 der deutsche Angriffsschwung im Westen festgelaufen hatte, die anfänglich in Ostpreußen eingedrungenen russischen Truppen wieder hinausgedrängt worden waren und sich die Fronten im Stellungskrieg verfestigten, insbesondere im Westen. Nun wurde in einer zweiten Phase immer deutlicher, dass der Krieg noch lange dauern und zu einem industriell fundierten Abnutzungskrieg werden würde, der grundlegende Veränderung in der militärischen Strategie, in der politischen Orientierung sowie in der Organisation von Wirtschaft und Gesellschaft notwendig machte. Diese Entwicklung zum totalen Krieg mündete in eine dritte Phase ein, als nach den großen, verlustreichen Abnutzungsschlachten vor Verdun und an der Somme in Deutschland die 3. Oberste Heeresleitung unter den Generälen Paul von Hindenburg und Erich Ludendorff die totale Mobilmachung von Wirtschaft und Gesellschaft auf ihre Fahnen schrieb, während in England und Frankreich die charismatischen Führerpersönlichkeiten David Lloyd George

(1863–1945) und Georges Clemenceau (1841–1929) ihre zivilen „Kriegsdiktaturen" errichteten und ähnliche Programme verfolgten. Im Jahre 1917 gelangte der Krieg gewissermaßen an seine Peripetie, als die deutsche Führung sich endgültig zum unbegrenzten U-Boot-Krieg entschloss, die USA in den Krieg eintraten und die Revolutionen in Russland nicht nur die Kriegskonstellationen veränderten, sondern auch deutlich machten, welche Folgen der fortgesetzte Krieg auch für andere Länder haben konnte. Nach dem der Sowjetführung vom deutschen Militär aufgezwungenen Gewaltfrieden von Brest-Litowsk kam im Frühjahr 1918 auch die Front im Westen wieder in Bewegung. Doch als sich die deutschen Angriffe festgelaufen hatten, zeichnete sich nun in der Endphase des Krieges der militärische Zusammenbruch der Mittelmächte Deutschland, Österreich-Ungarn und Türkei immer deutlicher ab, die schließlich im Oktober/November 1918 unter dem Druck der Alliierten einerseits, revolutionärer Aufstandsbewegungen im Innern andererseits kapitulieren mussten.

Ein im Kern europäischer Konflikt

Zweifellos war der Erste Weltkrieg in seinen Dimensionen nicht allein ein europäischer, sondern ein globaler Konflikt, schon 1914 mit dem Kriegseintritt Japans, der Türkei und des britischen Empire sowie der anderen europäischen Kolonialreiche, endgültig dann seit 1917 mit dem Kriegseintritt der USA und in ihrem Gefolge auch der meisten mittel- und südamerikanischen sowie asiatischen Staaten. In größeren historischen Zusammenhängen betrachtet, stellen vor diesem Hintergrund nicht nur die allgemeinen weltgeschichtlichen Weichenstellungen mit dem Aufstieg der USA und der Bildung der Sowjetunion, sondern auch die Auswirkungen des Krieges auf den Prozess der Dekolonisation wichtige Themen dar. Trotzdem soll der Fokus hier vor allem auf die europäischen Zusammenhänge gerichtet werden. Denn nicht nur die Ursachen des Krieges lagen wesentlich in Europa. Auch das Kriegsgeschehen selbst konzentrierte sich – abgesehen von den erbitterten, ebenfalls erst 1918 entschiedenen Kämpfen zwischen der mit den Mittelmächten verbündeten Türkei und den von einheimischen Kräften unterstützten britisch-französischen Truppen in Arabien – auf den europäischen Kontinent. Hier lag das Zentrum eines Krieges, der in erster Linie um seine Vergangenheit und Zukunft geführt wurde.

II. Der Beginn des Krieges

1. Ursachen und Auslösung

Das Attentat von Sarajewo, bei dem der serbische Nationalist Gavrilo Princip am 28. Juni 1914 den österreichischen Thronfolger Franz Ferdinand (*1863) und seine Frau auf offener Straße erschoss, gilt gemeinhin als Auslöser der unmittelbar in den Ersten Weltkrieg führenden Entwicklungen. Erklären kann es die Kriegsauslösung jedoch nicht. Wieso sollten ganz Europa und große Teile der Welt wegen diesem zwar schrecklichen, in seiner politischen Bedeutung aber doch regional begrenzten Terrorakt Krieg miteinander führen? Die Beantwortung dieser Frage weist in zwei Richtungen: Zum einen gilt es, die politischen Entscheidungen der Akteure im Verlauf der sogenannten Julikrise zu analysieren, an deren Ende die Kriegsauslösung stand. Zum anderen aber ist auch nach den längerfristigen Ursachen zu fragen, vor deren Hintergrund erst verständlich wird, warum gerade der Balkan zum europäischen Pulverfass werden konnte und wieso dieser regionale Krisenherd dann das ganze europäische Staatensystem erfasste.

Machtvakuum auf dem Balkan

Durch die Schwäche der osmanischen Herrschaft war auf dem Balkan seit langem ein Machtvakuum entstanden, das verschiedene Kräfte auszufüllen versuchten. Zum einen waren dies die Nationalbewegungen der hier lebenden Völker, insbesondere der Serben, Rumänen, Bulgaren, Griechen, Montenegriner und Albaner, die mehr oder weniger erfolgreich je eigene Nationalstaaten errichten und ihre Macht zu vergrößern suchten. Zum anderen ging es um die gegensätzlichen Interessen von zwei europäischen Großmächten: Österreich-Ungarn sah auf dem Balkan ein zentrales Feld imperialistischer Expansion und hatte 1908 Bosnien und die Herzegowina annektiert, was nicht zuletzt zur Folge hatte, dass die südslawische Nationalbewegung ihre Feindschaft von den Osmanen auf die Habsburger übertrug. Russland dagegen sah sich im Zeichen des Panslawismus als Schutzmacht der kleineren slawischen Völker und versuchte auf diesem Wege, seinen Einfluss auszudehnen. Als 1911 die Niederlage gegen Italien in Nordafrika erneut die Schwäche des Osmanischen Reiches deutlich machte, sahen die Balkanstaaten ihre Stunde gekommen. Sie verbanden sich unter russischer Patronage zum Krieg gegen die Türkei, auf den nach ihrem gemeinsamen Sieg schließlich 1913, im zweiten Balkankrieg, ein Streit um die Beute folgte, aus dem vor allem Serbien als Sieger hervorging. Das Ergebnis war ein schwelender Krisenherd auf dem Balkan, insbesondere weil Österreich-Ungarn und Russland politisch weiterhin erbittert um die Vorherrschaft rangen.

Das europäische Bündnissystem

Aus diesen Zusammenhängen kann erklärt werden, warum die Wiener Politik nach dem Attentat von Sarajewo den Versuch unternahm, die Serben in die Schranken zu weisen, und wieso damit das Zarenreich als Verbündeter Serbiens auf den Plan trat. Doch weder ist daraus schlüssig die Entscheidung abzuleiten, dies nun auf kriegerischem Wege zu tun, noch kann aus dem Konflikt auf dem Balkan erklärt werden, wie es schließlich zu einem großen Krieg der europäischen Mächte kommen konnte. Ansatzpunkte dafür bietet zuerst einmal das europäische Bündnissystem, das sich in den vorangegangenen Jahrzehnten herausgebildet und im frühen 20. Jahrhundert immer stärker verfestigt hatte. Seit 1879 waren Österreich-Ungarn und Deutschland nicht nur, wie bisher üblich, zeitweilig und zu bestimmten Zwecken, sondern auf Dauer im sogenannten Zweibund miteinander verbunden, der für den Fall eines russischen Angriffs militärische Unterstützung, bei anderen Angriffen wohlwollende Neutralität vorsah. Dieses Bündnis, das 1881 um das allerdings immer wieder lavierende Italien zum Dreibund erweitert wurde, führte Anfang der 1890er Jahre, nachdem die deutsche Politik auch Bismarcks geheimen Rückversicherungsvertrag mit dem Zarenreich aufgekündigt hatte, zu einem ähnlichen Gegenbündnis zwischen Frankreich und Russland. Im frühen 20. Jahrhundert gab schließlich auch England die Politik der *Splendid Isolation* auf und schloss seine Entente-Abkommen zuerst 1904 mit Frankreich, dann 1907 mit Russland, so dass sich in Europa schließlich zwei gegeneinander gerichtete Bündnissysteme der Großmächte gegenüberstanden. Zwar war damit auch eine abschreckende Wirkung verbunden, doch durch die diversen Verbindungen der Mächte mit weiteren Staaten drohte nun bei jedem regionalen Konflikt das Risiko eines großen europäischen Krieges.

Einkreisung Deutschlands?

Diese Entwicklung ist in Deutschland sowohl zeitgenössisch als auch in der historischen Analyse oft als eine von England betriebene, letztlich auf den Krieg hinauslaufende Politik der „Einkreisung" gedeutet worden, der sich die deutsche Politik habe widersetzten müssen, notfalls durch die Auslösung eines vermeintlichen Präventivkrieges. Doch von dieser Auffassung ist in der neueren Forschung wenig geblieben. Die englische Politik reagierte vielmehr auf vielfältige, ebenso schwer berechenbare wie aggressive Initiativen von deutscher Seite, die im Zeichen der von Wilhelm II. proklamierten, durch einen groß angelegten Schlachtflottenbau unterstützten „Weltpolitik" das Inselreich unter Druck setzten und damit seine Verständigung mit Frankreich und Russland erst auslösten. Hinzu kam, dass in Berlin mehrere Initiativen Londons, eine Verständigung über Rüstungsbegrenzungen und Einflusssphären herbeizuführen, abgelehnt wurden. Die Reichsleitung verfolgte stattdessen eine „Politik der freien Hand", die jedoch nicht zu den gewünschten Entfaltungsmöglichkeiten deutscher Interessen führte, sondern stattdessen ihre Handlungsspielräume immer weiter eingrenzte. Anstelle der auf vielfältige Weise wechselseitig verflochtenen, aber auch unüberschaubar werdenden internationalen Politik der Bismarck-Ära standen sich am Vorabend des Ersten Weltkrieges zwei immer fester gefügte Machtblöcke gegenüber, und das Deutsche Reich war vor diesem Hintergrund eng an die schwächelnde Habsburger Doppelmonarchie als einzigen verlässlichen Partner gebunden.

Der Hochimperialismus

Die hier in aller Kürze skizzierten Entwicklungen der internationalen Politik wiesen durchaus ihre Eigenlogik auf, doch trotzdem vollzogen sie sich nicht in einem sterilen Raum internationaler Diplomatie. Vielmehr waren sie zutiefst geprägt und bestimmt von den allgemeinen gesellschaftspolitischen Tendenzen der Zeit, die nicht zuletzt im Zeichen von imperialistischer Interessenvertretung, nationalistischer Machtpolitik und dynamischem Rüstungswettlauf standen. Während die imperialistische, von der Suche nach Rohstoffen und Absatzmärkten für die industriekapitalistische

Wirtschaft angetriebene Durchdringung der Welt im 19. Jahrhundert lange freihändlerisch geprägt und mit der Hoffnung auf allgemeinen zivilisatorischen Fortschritt verbunden war, wurden mit der sogenannten Großen Depression im letzten Viertel des Jahrhunderts und der darauf folgenden protektionistischen Wende der nationalen Wirtschaftspolitik die Weichen in eine andere Richtung gestellt. Nun traten die um Schutz und Förderung ihrer Volkswirtschaften bemühten Nationalstaaten zunehmend selbst als imperialistische Akteure auf den Plan und gerieten dadurch auch untereinander in vielfältige Konflikte. Besonders deutlich wurde dies im *Scramble for Africa*, als die europäischen Großmächte in einem Wettlauf um die Aneignung von Macht- und Einflusssphären auf dem schwarzen Kontinent eintraten und umso heftiger aufeinander trafen, je weniger Expansionsfelder übrig geblieben waren. Dabei trat insbesondere das Deutsche Reich als kolonialistischer Nachzügler mit seinem neuen weltpolitischen Streben nach einem „Platz an der Sonne" besonders aggressiv in Erscheinung, während es Frankreich, England und Russland zunehmend gelang, ihre Einflusssphären gegeneinander abzugrenzen und zu einem Interessenausgleich zu gelangen.

Nationalismus und Neue Rechte

Die im Zeitalter des Hochimperialismus auftretenden Konflikte entwickelten sich umso schärfer, als zugleich der Nationalismus einen deutlichen Formwandel vollzog. Nicht mehr, wie 1848, im Zeichen eines Nationalitäten übergreifenden „Völkerfrühlings" standen nun die nationalen Bestrebungen und Ideologien, sondern sie zielten auf die je eigene Nation und sie proklamierten, begleitet von der Ausbildung ideologisierter Selbst- und Feindbilder, ihren Vorrang in Europa und der Welt. In besonders aggressiver Weise wurde dieses Programm von neuen Bewegungen am rechten Rand des politischen Spektrums vertreten, wie sie im Alldeutschen Verband von 1890/94 und in der Action Française von 1899 ihren programmatisch klarsten Ausdruck fanden, aber auch in einer Vielzahl von Agitationsvereinen hervortraten. Sie lösten sich von den Bindungen des traditionellen Konservatismus an legitimistische Werte und setzten die Regierungen mit ihrer nationalistischen Propaganda massiv unter Druck, insbesondere wenn es um Fragen der „nationalen Ehre" und damit um die Zuspitzung außenpolitischer Konflikte ging. Besonders deutliche Beispiele dafür waren die beiden Marokkokrisen der Jahre 1905 und 1911, in denen das Deutsche Reich den Versuch unternahm, seinen Einfluss in Marokko gegen die französische Vorherrschaft auszudehnen. Denn als dies misslang, war es der Reichsleitung nur mit Mühe und unter großem Gesichtsverlust möglich, die von der nationalistischen Rechten vehement geforderte Eskalation der Konfrontation zu vermeiden.

Militärischer „Kult der Offensive"

Unter dem Einfluss der neuen, weltpolitischen Ambitionen des Deutschen Reiches stand auch der maritime Rüstungswettlauf der Vorkriegszeit. Der 1896 anlaufende, mit der Flottennovelle von 1906 noch einmal deutlich ausgeweitete deutsche Schlachtflottenbau zielte weniger auf eine weltweite Präsenz deutscher Kriegsschiffe als auf die Fähigkeit, in der Nordsee eine große Auseinandersetzung mit der englischen Flotte bestehen zu können. Zwar verband die Reichsleitung damit die Hoffnung, England durch Rüstungsdruck zu einem für Deutschland günstigen Abkommen zu zwingen. Doch das Inselreich sah seine maritime Vorrangstellung in der Welt bedroht und reagierte seinerseits mit einem technologischen Rüstungssprung. Der Bau größerer, besser gepanzerter und kampffähigerer Schlachtschiffe der *Dreadnought*-Klasse ließ nicht nur den Rüstungswettlauf zwischen Deutschland und England weiter eskalieren, sondern er veranlasste auch die anderen Großmächte, ihre Flotten zu modernisieren. Insbesondere für England war dies eine bedrohliche Entwicklung, denn die bisherige numerische Überlegenheit seiner weltweit agierenden Kriegsflotte verlor so an Bedeutung. Nicht zuletzt daraus wird die neuartige, mit bisherigen Grundpositionen brechende Politik der *Entente Cordiale* gegenüber Frankreich und Russland erklärlich. Doch auch gegenüber Deutschland war England immer wieder, zuletzt mit der Haldane-Mission von 1912, um eine Verständigung bemüht, während man in Berlin weiterhin darauf setzte, durch forcierten Druck bessere Erfolge erzielen zu können.

In den unmittelbaren Vorkriegsjahren machten die Balkankriege allerdings deutlich, dass ein großer europäischer Krieg, der sich nun immer bedrohlicher abzuzeichnen begann, nicht allein und auch nicht primär auf den Meeren entschieden werden würde. Der forcierte Rüstungswettlauf wurde nun auch auf die Landheere übertragen. Russland hatte bereits nach der Niederlage gegen Japan 1905 ein Programm der Heeresreorganisation eingeleitet, das 1917 abgeschlossen sein sollte, in Deutschland große Ängste hervorrief und den Gedanken an einen Präventivkrieg nährte. In den Jahren 1912/13 brachten auch Deutschland, Österreich-Ungarn und Frankreich Programme für eine enorme Erweiterung ihrer stehenden Heere auf den Weg. Und die krisenhafte Unsicherheit des europäischen Staatensystems wurde noch dadurch verschärft, dass die Militärdoktrin der Zeit geradezu im Zeichen eines „Kultes der Offensive" stand. Denn gerade deshalb lag im Konfliktfall die Versuchung nahe, durch eine schnelle Kriegseröffnung dem Gegner zuvorzukommen und eine militärische Vorentscheidung herbeizuführen. Von besonderer Bedeutung war es schließlich, dass die deutsche Kriegsplanung dieses Vorgehen bereits programmatisch festgelegt hatte. Der sogenannte Schlieffenplan sah vor, die Mobilmachung unmittelbar in einen großangelegten Angriff auf Frankreich zu überführen. Das galt auch für einen Konflikt mit Russland, weil das mit dem Zarenreich verbündete Frankreich als ernsthafterer militärischer Gegner eingestuft wurde, und politische Spielräume waren für diesen Fall nicht mehr vorgesehen.

Kulturpessimismus und „Generation von 1914"

Eine im einzelnen schwer einschätzbare, zweifellos aber nicht zu unterschätzende Rolle in der Vorgeschichte des Krieges spielten schließlich die inneren Krisen, die den Modernisierungsprozess der europäischen Gesellschaften und Staaten begleiteten und die sich im frühen 20. Jahrhundert vielfach noch einmal zuspitzten. Hier ist nicht zuletzt der Kulturpessimismus zu nennen, eine geistige Strömung, die sich insbesondere in den jüngeren Generationen des Bürgertums breit machte. Ihnen erschienen die Errungenschaften und Verheißungen der Modernisierung in mancher Hinsicht schal, unmittelbarer betroffen waren sie dagegen von den Zwängen und Verwerfungen der modernen Gesellschaft, der Naturzerstörung, der Unwirtlichkeit der Städte, der Künstlichkeit sozialer Beziehungen, der Bürokratisierung moderner Institutionen und nicht zuletzt einer wohlanständigen Bürgerlichkeit, die ihrem Erlebnishunger wenig Entfaltungsmöglichkeiten zu bieten schien. Auch der Frieden verlor für sie so an Bedeutung, ihre Ausbruchsphantasien schlossen den Krieg als Bruch mit der bürgerlichen Welt ein. Diese Haltung war nicht zuletzt deshalb von besonderer politischer Bedeutung, weil die kulturkritische Distanz in vieler Hinsicht doch höchst affirmative Züge aufwies, mit nationalistischen, imperialistischen und militaristischen Tendenzen verbindbar war und schließlich in die Kriegsbegeisterung von 1914 mündete. Der Kulturpessimismus der „Generation von 1914", wie diese Jugend rückblickend benannt wurde, war allerdings mehr ein Symptom für die allgemeine Krise der Moderne, die den Ersten Weltkrieg hervorbrachte. Ihre treibenden Kräfte dagegen sind in den ökonomischen, sozialen und politischen Strukturentwicklungen der Zeit zu sehen, in deren Zentrum die Verbindung von Krisenerfahrung und Konfliktverschärfung stand.

Soziale und politische Konfliktpotentiale

Der Imperialismus entwickelte sich nicht nur in einem direkten ökonomischen Zusammenhang mit der Krisenhaftigkeit industriekapitalistischer Wirtschaftsentwicklung, sondern er wurde auch bewusst als Sozialimperialismus, als Instrument zur Befriedung sozialer und politischer Konflikte im Innern der europäischen Gesellschaften konzipiert. Die imperialistische Ausbeutung der Welt sollte zu einer sozialen Besserstellung der Arbeiterschaft führen und damit die kapitalistischen, vom Konflikt zwischen Kapital und Arbeit geprägten Klassengesellschaften stabilisieren, die durch das enorme Wachstum sozialistischer Bewegungen bedroht erschienen. Und in enger Verbindung mit dem Nationalismus ging es der imperialistischen Expansion immer auch darum, innere Konfliktpotentiale nach außen abzuleiten, der Nation eine einende, die inneren Gegensätze überformende Idee zu geben und so den gesellschaftlichen und politischen Status quo sicherzustellen. Doch wer sich auf diesen Weg begeben hatte, der durfte im Fall außenpolitischer Konflikte nicht nachgeben, und zugleich wuchs die Versuchung, innere Probleme durch außenpolitische Erfolge zu überspielen.

Dies erschien umso bedeutsamer, als die Widersprüche zwischen dem Prozess der Basisdemokratisierung der europäischen Gesellschaften einerseits, den etablierten Herrschaftsstrukturen in Staat und Gesellschaft andererseits, sich politisch überall in mehr oder weniger krisenhafter Form zuspitzten. Für den Vielvölkerstaat Österreich-Ungarn wurde es immer schwieriger, die nach Selbständigkeit strebenden Nationalitäten unter dem Dach der Doppelmonarchie zusammenzuhalten. Frankreich wurde von der Dreyfus-Affäre erschüttert, die aufs Neue den Konflikt zwischen einer republikanischen Linken und einer antirepublikanischen Rechten in den Mittelpunkt der Politik rückte. In England riefen nicht nur die Wahlrechtsforderungen der Frauenbewegung schwere politische Konflikte hervor. Auch die liberalen Pläne für eine irische Selbstverwaltung trafen auf Widerstand der Konservativen und schienen das Land an den Rand des Bürgerkrieges zu rücken. So offen zugespitzt waren die politischen Auseinandersetzungen in Deutschland nicht. Doch führten hier die besonders krassen Widersprüche zwischen einer beschleunigten Industrialisierung und einer eher vordemokratischen Herrschaftsorganisation im konstitutionellen System, die ausbleibende Parlamentarisierung der Reichspolitik, der kaum noch mögliche Interessenausgleich zwischen den unterschiedlichen staatstragenden Kräften aus Großindustrie und Großlandwirtschaft sowie die bedrohlichen Wahlgewinne einer noch immer als reichsfeindlich ausgegrenzten, programmatisch revolutionären Sozialdemokratie dazu, dass kaum noch wegweisende politische Entscheidungen getroffen werden konnten und sich der Eindruck einer Dauerkrise verdichtete. Umso stärker machte sich unter der deutschen Führungsschicht der Gedanke breit, durch außenpolitische Erfolge und ggf. auch durch einen Krieg innenpolitische Perspektiven zurückgewinnen zu können, ohne einen grundlegenden Systemwechsel einleiten zu müssen.

Die Kriegsauslösung – eine unausweichliche Entwicklung?

Angesichts dieser Konfliktpotentiale erscheint es naheliegend, den Krieg als notwendige Konsequenz einer umfassenden, alle Bereiche von Gesellschaft, Kultur und Politik erfassenden Krise der europäischen Moderne zu deuten. Doch sollten Historiker vorsichtig sein, ihre Rolle als rückwärtsgewandte Propheten, die immer schon das Ende der Geschichte kennen, analytisch zu überhöhen und auf der Suche nach Erklärungen unabweisbare Notwendigkeiten zu konstruieren. Immerhin waren in der Vorkriegszeit alle ernsthaften außenpolitischen Konfliktsituationen immer wieder so weit befriedet worden, dass ein großer europäischer Krieg vermieden werden konnte. Und warum sollte das nach dem Attentat von Sarajewo nicht aufs Neue möglich gewesen sein? Man muss den Krieg nicht gleich, wie jüngst Holger Afflerbach, als eine geradezu unwahrscheinliche Möglichkeit deuten, um die relative Offenheit der historischen Entscheidungssituationen zu betonten. Die Kriegsauslösung aber ist aus den Strukturentwicklungen der Vorkriegszeit, so sehr sie die Kriegsgefahr auch erhöht und die zum Krieg führenden Entscheidungen vorgeprägt haben, doch nicht einfach ableitbar. Entscheidend war schließlich das politische Handeln in der Julikrise.

Geheimdiplomatie und Kriegskalkül

Nach dem Attentat von Sarajewo verschwand die zum Krieg führende Politik erst einmal im Schatten der Geheimdiplomatie. Viele führende Politiker gingen in den Sommerurlaub, von Kriegsgefahr scheinbar keine Spur. Doch hinter den Kulissen sah die Sache anders aus. Die Initiative lag erst einmal in Wien und, weniger unmittelbar, aber doch entscheidend, in Berlin. Die österreichische Politik war mehrheitlich entschlossen, die Gelegenheit zu nutzen, um Serbien auf kriegerischem Wege in die Schranken zu weisen. Angesichts der Verbindung Serbiens mit Russland erschien dies nur mit deutscher Unterstützung möglich. Bei den Konsultationen am 5./6. Juli in Berlin erteilte die Reichsleitung nicht nur ihren sogenannten Blankoscheck für ein offensives Vorgehen, sondern sie drängte ihren Verbündeten auch zu raschem Handeln. Die Gegenseite sollte überrumpelt, Serbien militärisch eingedämmt und Russland als schwacher Bündnispartner hingestellt werden. Ob man es allerdings tatsächlich für möglich hielt, dass Russland neutral bleiben würde, ist in der Forschung umstritten; klar aber ist, dass Deutschland für den Fall eines militärischen Eingreifens des Zarenreiches seine aktive Unterstützung zusagte und insofern das Risiko eines europäischen Kontinentalkrieges gegen Russland und auch gegen das verbündete Frankreich bewusst einging. Denn für den Fall eines deutsch-russischen Krieges sah die deutsche Strategieplanung mit dem Schlieffenplan nur eine mögliche Kriegseröffnung vor: den schnellen Angriff auf Frankreich.

Eine Politik des kalkulierten Risikos?

In Anlehnung an Reichskanzler Bethmann Hollwegs (1856–1921) Berater Kurt Riezler ist diese Entscheidung als eine im Prinzip defensiv motivierte, gegen die „Einkreisung“ des Reiches gerichtete „Politik des kalkulierten Risikos“ begriffen worden, der es vor allem darum gegangen sei, den schwächelnden Bündnispartner Österreich-Ungarn zu stärken und gleichzeitig die

Entente diplomatisch zu schwächen und aufzusprengen. Andere Historiker gehen in der Nachfolge von **Fritz Fischer** dagegen davon aus, dass es der deutschen Seite von Anfang an um die Auslösung eines Kontinentalkrieges gegangen sei, in dem nur England möglichst lange neutral gehalten werden sollte. Bei der Beurteilung geht es nicht zuletzt darum, ob man sich vor allem auf den zögernden Kanzler konzentriert, oder ob man den Druck der in Deutschland eindeutig zum Krieg drängenden Militärführung stärker gewichtet. Doch wie dem auch sei, alle Versuche der Reichsleitung, die selbst aktiv verschärfte Konfrontation zugleich unter Kontrolle zu halten und den heraufziehenden Krieg in irgendeiner Weise zu begrenzen, blieben am Ende erfolglos. Die komplizierten Abstimmungsmodalitäten in der Habsburger Doppelmonarchie führten dazu, dass das Ultimatum, das den Vorwand zum schnellen Krieg gegen Serbien liefern sollte, erst mit zweiwöchiger Verspätung am 23. Juli in Belgrad übergeben wurde. Obwohl die Serben den ihre staatliche Souveränität verletzenden Forderungen sehr weit entgegen kamen, forcierte die Wiener Politik nun das Tempo, begann mit der Mobilmachung und erklärte Serbien am 28. Juli den Krieg.

E

Die Fischer-Kontroverse
Von Anfang an war die Kriegsschuldfrage ein höchst umstrittenes Politikum, zwischen den beteiligten Ländern wie auf nationaler Ebene. Für Deutschland blieb sie auch nach Kriegsende von besonderer Brisanz, denn im Versailler Vertrag wurde dem Reich die alleinige Kriegsschuld zugesprochen, was von der Mehrheit der Deutschen als „Kriegsschuldlüge" abgelehnt wurde. Nach dem Zweiten Weltkrieg rückten andere Fragen in den Vordergrund, in Bezug auf 1914 dominierte nun die bereits von Lloyd George vertretene Vorstellung, alle Ländern seien gegen ihren Willen in den Krieg „hineingeschlittert". Dieser Konsens wurde Anfang der 1960er Jahre von dem Hamburger Historiker Fritz Fischer aufgebrochen, der in mehreren Aufsätzen und vor allem in seinem Werk „Griff nach der Weltmacht" nicht nur die weitreichenden Kriegsziele des Deutschen Reiches im Ersten Weltkrieg aufzeigte, sondern auch die Auffassung vertrat, dass die Reichsleitung den Krieg gezielt herbeigeführt habe.
Damit rief Fischer in der deutschen Öffentlichkeit vehemente Ablehnung hervor, die von wissenschaftlichen Verdammungen über persönliche Beschimpfungen bis zu dem Versuch der Bundesregierung reichten, eine Vortragsreise in die USA zu verhindern. Dass Deutschland nicht nur den Zweiten, sondern beide Weltkriege des 20. Jahrhunderts ausgelöst haben sollte, war für viele offensichtlich eine unerträgliche Vorstellung. Die so beginnende „Fischer-Kontroverse" war jedoch trotzdem in mehrfacher Hinsicht höchst fruchtbar. Sie regte weitere Forschungen über die Vorgeschichte des Ersten Weltkrieges an, gab wichtige Anstöße für eine kritische Auseinandersetzung mit den Ursachen des Nationalsozialismus, und sie leistete einen wichtigen Beitrag zur theoretischen und methodischen Modernisierung der deutschen Geschichtswissenschaft, in der wirtschaftliche und soziale Interessen nun verstärkt Berücksichtigung fanden. In Bezug auf die Kriegsschuldfrage konnte Fischer zumindest einen Punktsieg erzielen. Es wird heute von keinem ernstzunehmenden Historiker mehr bezweifelt, dass die deutsche Politik in der Julikrise 1914 tatsächlich entscheidend zur Auslösung des Ersten Weltkrieges beigetragen hat. Umstritten bleibt allerdings die Frage nach den Motiven und Zielen.

Lokalisierung des Krieges auf dem Balkan?

Der deutschen Politik ging es nun vor allem darum, Österreich für den erwarteten militärischen Sieg den Rücken frei zu halten. Lokalisierung des Krieges auf den Balkan, lautete die offiziell ausgegebene Parole, während alle Bemühungen insbesondere der britischen Regierung, durch eine konzertierte diplomatische Aktion der europäischen Großmächte zu einer raschen Beendigung der Kampfhandlungen zu gelangen, von deutscher Seite teils zurückgewiesen, teils dilatorisch behandelt wurden. Der Schwarze Peter wurde so Russland zugeschoben, das entweder seinen Schützling Serbien im Stich lassen oder aber militärisch aktiv werden musste. Bestärkt durch die Zusicherung Frankreichs, im Kriegsfall mit Deutschland die Bündnispflichten zu erfüllen, machte nun auch Russland seine Truppen an der Grenze zu Österreich mobil, bereitete eine Intervention auf Seiten Serbiens vor und ließ darüber hinaus am 30. Juli die allgemeine Mobilmachung folgen. Darin wurde, insbesondere von deutschen Historikern, oft der entscheidende Schritt zur Auslösung des großen Krieges gesehen. Doch andererseits hatte die deutsche Politik vorher, zuletzt noch durch eine die Einstellung aller Mobilmachungsmaßnahmen fordernden Demarche vom 29. Juli, keinen Zweifel daran gelassen, im Falle eines militärischen Eingreifens Russlands in den österreichisch-serbischen Krieg auf Seiten des Bündnispartners zu intervenieren, wodurch sich das mit einer langen Mobilmachungsphase rechnende Zarenreich, wenn es Serbien nicht aufgeben wollte, auch an seiner Westgrenze unmittelbar bedroht sehen musste. Und den allein im Schlieffenplan festgelegten direkten Übergang von der Mobilisierung zur Kriegseröffnung vollzog schließlich das Deutsche Reich, als es nach zwei schroffen Ultimaten an Russland und Frankreich am 1. bzw. 3. August beiden Ländern den Krieg erklärte. Am selben Tag marschierten deutsche Truppen nicht nur in Frankreich, sondern auch im neutralen Belgien ein, was England nun seinerseits als Vorwand diente, den im engsten politischen Führungszirkel längst gefallenen Beschluss zur Kriegsbeteiligung umzusetzen und dem Deutschen Reich den Krieg zu erklären.

Ein „falscher Krieg"?

Der englische Historiker Niall Ferguson hat diesen Schritt in seinem umstrittenen Buch über den „falschen Krieg" scharf kritisiert, weil er darin eine unnötige Ausweitung des eigentlich kontinental begrenzten Krieges sieht. Selbstverständlich kann man die Auffassung vertreten, dass England besser hätte neutral bleiben und dem Deutschen Reich die militärisch durchgesetzte Vorherrschaft auf dem Kontinent überlassen sollen. Doch mit der Kriegsschuldfrage sollte dies nicht vermengt werden, denn auf die aktive Auslösung des Krieges hat England eindeutig nicht hingearbeitet.

2. Burgfrieden

Der Kriegsbeginn setzte vieles in Bewegung, nur das innenpolitische Leben schien erst einmal wie still gestellt. Nicht nur im Deutschen Reich bewilligten die im Reichstag vertretenen Parteien am 4. August 1914 einstimmig die von der Regierung vorgelegten Kriegskredite und ein Ermächtigungsgesetz für weitreichende Eingriffsmöglichkeiten in das Wirtschaftsleben, bevor sich das Parlament auf unbestimmte Zeit vertagte. Auch die anderen Volksvertretungen, das britische Parlament, die französische Nationalversammlung oder die russische Duma (der österreichische Reichstag allerdings war schon länger suspendiert und trat nicht zusammen) verabschiedeten ähnliche Gesetzesvorlagen. Mehr noch, überall wurde förmlich und feierlich eine Einstellung der parteipolitischen Auseinandersetzungen für die Dauer des Krieges beschlossen: Burgfrieden, *Truce Policy* oder *Union Sacrée* lauteten die jeweiligen Formeln für die Etablierung kriegspolitischer nationaler Einheitsfronten.

Die Politik der Kriegsgegner

So selbstverständlich und einförmig, wie der nationale Zusammenschluss im Angesicht des Krieges sich im Rückblick darzustellen scheint, war er jedoch nicht. Die großen Arbeiterparteien aller beteiligten Länder hatten in der Vorkriegszeit den Antimilitarismus und den Kampf gegen die imperialistische Kriegsgefahr in den Mittelpunkt ihrer Aktivitäten gerückt, so dass viele Zeitgenossen für den Kriegsfall Widerstand, zumindest aber Distanz zu den nationalen Kriegsanstrengungen erwarteten. Zusammengeschlossen in der II. Sozialistischen Internationale, proklamierten sie die internationale Kriegsgegnerschaft des Proletariats und organisierten eine Vielzahl oft grenzüberschreitender Antikriegskundgebungen. Vor allem in Großbritannien konnte die *Labour Party* sich dabei in Übereinstimmung mit starken Strömungen im liberalen Lager sehen, doch auch in Frankreich war die bürgerliche Friedensbewegung ausgesprochen stark. Hier hatte sich ferner die mehrheitlich syndikalistisch orientierte, in der *Confédération Générale du Travail* (CGT) zusammengeschlossene Gewerkschaftsbewegung strikt antimilitaristisch entwickelt und den Generalstreik gegen jeden imperialistischen Krieg proklamiert. Diese Forderung war vor allem von französischer Seite auch in der Internationale immer wieder vorgebracht worden. Doch die gemeinsame Festlegung aller Mitgliedsparteien auf einen internationalen Massenstreik bei Kriegsbeginn hatte vor allem die deutsche Sozialdemokratie verhindert.

Die SPD und die Freien Gewerkschaften standen nicht zuletzt unter dem Eindruck ihrer langjährigen Verfolgung unter den erst 1890 aufgehobenen Sozialistengesetzen. Weiterhin mit den Worten von Wilhelm II. als „Reichsfeinde" und „vaterlandslose Gesellen" aus der Nation ausgegrenzt, wollten sie ihren mächtigen politischen Gegnern keine Rechtfertigung für neue Ausnahmegesetzte und Verfolgungen bieten. Hinzu kam, dass die nationale Landesverteidigung gegen feindliche Angriffe von der Internationale akzeptiert wurde. Und hier befürchteten die Franzosen, Opfer einer Aggression des „preußisch-deutschen Militarismus" zu werden, während ihre deutschen Genossen den als „Hort der Reaktion" begriffenen Zarismus in Russland als Hauptbedrohung ansahen und deshalb ein Eintreten für die Landesverteidigung nicht ausschließen wollten. Trotzdem mobilisierte die SPD in den außenpolitischen Krisen der Vorkriegsjahre mehrfach viele zehntausend Menschen, um gegen die drohende Kriegsgefahr zu protestieren.

Antikriegsproteste

Auch im Juli 1914 trat das kriegsgegnerische Potential der internationalen Arbeiterbewegung deutlich in Erscheinung. In allen Ländern fanden noch Ende Juli Kundgebungen und Demonstrationen gegen den drohenden Krieg statt, an denen sich in Deutschland etwa 750.000 Menschen beteiligten. Es lag kaum an einer zu geringen Massenbeteiligung, sondern mehr an der politischen Schwäche der sozialistischen Antikriegsbewegung, dass die in den Krieg führenden Entwicklungen nicht ernsthaft behindert werden konnte. Zwar fand sich am 28./29. Juli in Brüssel das Führungsgremium der Internationale noch einmal zusammen, doch ein gemeinsames Vorgehen konnte angesichts der höchst unterschiedlichen nationalen Interessen nicht mehr beschlossen werden. Anfang August trafen sich in Paris Vertreter der deutschen und der französischen Sozialisten, wobei letztere jedoch deutlich machten, dass sie ihr Land gegen eine deutsche Aggression verteidigen würden. Auch die Ermordung des Sozialistenführers Jean Jaurès durch einen Nationalisten am Abend des 31. Juli konnte daran nichts ändern, zumal die Regierung alle für den Kriegsfall geplanten Unterdrückungsmaßnahmen gegen die Arbeiterbewegung, vor allem die Verhaftung ihrer im berühmten Carnet B aufgeführten Führungspersönlichkeiten, außer Kraft setzte. Auf der auch von Vertretern der nationalistischen Rechten besuchten Beerdigung von Jaurès am Morgen des 4. August kündigte der CGT-Vorsitzende Léon Jouhaux, der bis vor kurzem noch ein Verfechter der Idee des antimilitaristischen Generalstreiks gewesen war, stattdessen an, die gesamte französische Arbeiterklasse werde das Vaterland der Revolution gegen den preußisch-deutschen Militarismus verteidigen. In London dagegen wurde noch am 2. August auf dem *Trafalgar Square* gegen den Krieg demonstriert, als in Frankreich und Deutschland unter dem Belagerungszustand längst alle öffentliche Proklamationen verboten waren.

Die organisierte Arbeiterbewegung

Vor allem in Deutschland war der Abbruch der Antikriegsproteste jedoch noch keineswegs identisch mit der Entscheidung für die Bewilligung der Kriegskredite und den Burgfriedensschluss, die in einer hochgradig politisch motivierten Geschichtsschreibung lange entweder als „Verrat" an den sozialdemokratischen Traditionen oder als längst überfälliges, eigentlich selbstverständliches Bekenntnis zur Nation beurteilt wurden. Beide Wertungen gehen jedoch an den realen Bedingungen und Motiven einer Entscheidung vorbei, die sich kurzfristig in einer hochgradig aufgewühlten, unübersichtlichen Atmosphäre herausbildete. Noch am 1. August, als der Krieg schon unausweichlich erschien, optierte eine deutliche Mehrheit in den schnell zusammengerufenen Führungsgremien der SPD für Stimmenthaltung oder Ablehnung der Kriegskredite. Anders als in Frankreich, wo die *Section Française de l'Internationale Ouvrière* (SFIO) in engem Kontakt mit der vom ehemaligen Sozialisten René Viviani geführten Regierung stand und nicht ohne Grund von ihrem Friedenswillen überzeugt war, konnten die deutschen Sozialdemokraten kaum davon ausgehen, dass ihre Regierung keine Schuld am beginnenden Krieg tragen würde. Zwar bemühte sich Reichskanzler Bethmann Hollweg intensiv darum, das den Sozialdemokraten als Bedrohung erscheinende Russland als Hauptschuldigen am Krieg hinzustellen, und die Sozialdemokratie (und in ihrem Gefolge viele Historiker) hat ihre Burgfriedenspolitik später immer wieder damit begründet, von einem Verteidigungskrieg gegen eine russische Aggression überzeugt gewesen zu sein. Doch diese Rechtfertigung ist in mancher Hinsicht zweifelhaft. Denn bis Ende Juli/Anfang August hatte die Parteipresse nachdrücklich die Verantwortung der deutschen Regierung für die Entscheidung über Krieg und Frieden herausgestellt, und auch in den folgenden Tagen äußerten viele Sozialdemokraten intern die zutreffende Auffassung, dass der Reichsleitung zumindest ein hohes Maß an Verantwortung für die Kriegsauslösung zufalle. Der Verteidigungskrieg, den man nun beschwor, galt im Grunde unabhängig von Schuld und Verantwortung, denn die Landesverteidigung schien nun allein deshalb notwendig, weil eine mögliche Niederlage in jedem Fall auch für die Stellung der deutschen Arbeiterbewegung höchst bedrohlich erschien, zumal gegen das zaristische Russland.

Q

Der sozialdemokratische Journalist Friedrich Stampfer spricht sich am 31. Juli in seinem Artikel „Sein oder Nichtsein" für die Unterstützung der nationalen Kriegsanstrengungen aus
Aus: Kruse, Krieg und nationale Integration, S. 241 f.

Solange es die Möglichkeit gibt, den Frieden zu retten, gibt es nur eine Pflicht: für ihn zu arbeiten. In dem Augenblick aber, in dem das weltgeschichtliche Ringen beginnt (…) ändern sich auch die Aufgaben des deutschen klassenbewußten Proletariats. (…)
Unser Herz weiß nichts von Begeisterung für diesen Krieg. Es ist erfüllt mit tiefem Abscheu vor dem Krieg. Aber wenn kein Opfer mehr hilft, um das Verhängnis aufzuhalten, wenn wir uns dann der namenlosen Schändlichkeiten erinnern, die der Zarismus an seinen eigenen Volksgenossen verübt hat, wenn wir uns weiter vorstellen, die Schergen dieser barbarischen Gewalt könnten als trunkene Sieger unser Land betreten, dann dringt ein Schrei über unsere Lippen: Nur das nicht!
Jenseits aller Greuel der Verwüstung steigt uns ein anderes, freundlicheres Bild auf. Ein freies, deutsches Volk, das sich sein Vaterland eroberte, indem es dieses sein Land verteidigte. Dieses freie deutsche Volk nach billigen Friedensbedingungen im Bunde mit den großen Kulturvölkern des Westens. Unsere große Sache allüberall im Vordringen. Drüben aber im Osten die rauchenden Trümmer eines Zarenthrons.

Motive für die Kriegsunterstützung

Hinzu kamen andere Motive, die die Gewerkschaftsführung schon am 2. August zum Streikverzicht und zum Burgfriedensschluss mit dem kriegführenden Staat veranlassten und schließlich auch dazu führten, dass die Reichstagsfraktion der SPD sich am 3. August mit der großen Mehrheit von 78 zu 14 Stimmen für die (im Reichstag am folgenden Tag dann einstimmige) Bewilligung der Kriegskredite entschied. Nicht ohne Grund wurden Verfolgungsmaßnahmen befürchtet, sowohl die SPD als auch die Gewerkschaften hatten noch kurz vorher ihre Kassen in die neutrale Schweiz gebracht. Und da man den Krieg nicht mehr verhindern konnte, erschien es sinnvoll, die Burgfriedensparole von Wilhelm II., keine Parteien mehr, sondern nur noch deutsche Brüder kennen zu wollen, aufzugreifen und den Vorwurf der antinationalen Gesinnung, mit dem die Ausgrenzung und Entrechtung der Sozialdemokratie seit langem begründet worden war, nun aktiv zu widerlegen. Durch den Nachweis nationaler Loyalität hoffte man, den Boden für nationale Anerkennung, Gleichberechtigung und politische Reformen bereiten zu können. „Statt eines Generalstreiks führen wir nun für das preußische Wahlrecht einen Krieg", so brachte der Reichstagsabgeordnete Ludwig Frank diese Perspektive unter Hinweis auf das von der SPD schon lange bekämpfte Dreiklassenwahlrecht in Preußen zum Ausdruck. Dafür bewilligte er nicht nur die Kriegskredite, sondern er meldete sich auch freiwillig und fiel schon wenige Wochen später.

Der Burgfriedensschluss

Trotz ihrer nun betont nationalen Orientierung waren die Reichstagsabgeordneten der SPD beim förmlichen Burgfriedensschluss am 4. August allerdings gar nicht anwesend. Er fand in der Eröffnungssitzung des Reichstages im Berliner Schlosses statt, die von der antimonarchischen SPD traditionell boykottiert wurde. Wie ihre Vertreter sich hier verhalten hätten, ist eine durchaus interessante Frage. Denn die Parteiführer der bürgerlichen Parteien gelobten hier dem Monarchen in die Hand, unter seiner Führung gemeinsam „durch dick und dünn, durch Not und Tod" zu gehen. Der feudalstaatliche Charakter dieser Zeremonie war nicht nur typisch für die preußisch-deutsche Militärmonarchie. Die untergeordnete Stellung der Volksvertretung gegenüber der monarchischen Regierung kam vielmehr auch in der spezifischen Form zum Ausdruck, die der Burgfrieden in Deutschland annahm. Die Kriegspolitik lag vorerst allein in den Händen der monarchischen Regierung und des Militärs, das unter dem Belagerungszustand auch die Verantwortung für die zivile Verwaltung übernahm.

Q

Eröffnung des Reichstages am 4. August im Berliner Stadtschloss
Aus: Leipziger Volkszeitung, 5.8.1914.

Am Schluß seiner Thronrede ergriff der Kaiser nochmals das Wort und sagte: „Sie haben gelesen, meine Herren, was ich zu meinem Volke vom Balkon des Schlosses aus gesagt habe. Ich wiederhole: ich kenne keine Parteien mehr, ich kenne nur Deutsche! (Stürmisches Bravo!) Und zum Zeichen dessen, daß Sie fest entschlossen sind, ohne Parteienunterschiede, ohne Standes- und Konfessionsunterschied zusammenzuhalten, mit mir durch dick und dünn, durch Not und Tod zu gehen, fordere ich die Vorstände der Parteien auf, vorzutreten und mir das in die Hand zu geloben."
Hierauf traten die einzelnen bürgerlichen Parteiführer an den Kaiser heran und gelobtem ihm durch Handschlag ihre Treue.

Die Union Sacrée

Auch in parlamentarisch regierten Ländern wie England und Frankreich war der Kriegsbeginn die Stunde der Exekutive und der Militärführung. Doch nicht nur die Begründungen, sondern auch die konkreten Formen von *Union Sacrée* und *Truce Policy* unterschieden sich in mancher Hinsicht deutlich vom monarchisch geprägten deutschen Burgfrieden. Dies betraf nicht zuletzt die Arbeiterparteien, die in England und Frankreich deutlich besser in das politische System integriert waren als in Deutschland und in der Vorkriegszeit linksliberale Regierungen parlamentarisch mitgetragen hatten. In Frankreich berief man sich auf die Verteidigung der universellen Werte der Französischen Revolution gegen die Bedrohung von Demokratie und Völkerrecht durch die Aggression des preußisch-deutschen Militarismus. Und im Zeichen der drohenden Niederlage wurde am 26. August eine neue Regierung der nationalen Verteidigung installiert, die ihre parteipolitische Basis im Zeichen der *Union Sacrée* deutlich erweiterte. Nicht nur Vertreter der gemäßigten politischen Mitte wie die ehemaligen Sozialisten Alexandre Millerand und Aristide Briand (1862–1932) traten nun in die bisher linksliberal geprägte Regierung von Ministerpräsident Viviani ein, sondern mit Jules Guesde und Marcel Sembat erstmals auch zwei führende Sozialisten. Allein die katholisch-konservative, immer noch republikfeindliche Rechte war bis zum Oktober 1915, als der Rechtskatholik Dénys Cochin zum Minister ernannt wurde, nicht an der Regierung beteiligt.

Wie in Deutschland wurden die Parlamentskammern, die Nationalversammlung und der Senat, nach Kriegsbeginn auf unbestimmte Zeit vertagt, wesentliche Bereiche der Zivilverwaltung wie vor allem die Polizeigewalt gingen in die Hände der Militärbehörden über, und die Regierung floh aus dem bedrohten Paris nach Bordeaux. Die Kriegsführung lag nun zeitweilig weitgehend in den Händen des Oberkommandierenden General Joffre (1852–1931). Doch nach anhaltender, vor allem von Georges Clemenceau und Edouard Vaillant öffentlich vorgebrachter Kritik sowohl an der Pressezensur als auch an der Abdankung der Politik begann sich Ende 1914/Anfang 1915 das politische Leben wieder zu normalisieren. Die Regierung kehrte im Dezember nach Paris zurück, zugleich setzten die Parlamentskammern die Einberufung einer außerordentlichen Sitzung durch, erklärten sich Anfang Januar 1915 für permanent und begannen, die Kriegspolitik von Regierung und Militärführung zu kontrollieren.

Truce Policy

In England hielt sich die liberale Regierung Asquith (1852–1928) länger, doch im Frühjahr 1915 wurde auch hier der Schritt zu einer nun umfassenden Allparteienregierung vollzogen, an der sich nicht nur die Konservativen unter Führung von Andrew Bonar Law beteiligten, sondern erstmals auch die *Labour Party* mit Arthur Henderson. Bei Kriegsbeginn war die Lage allerdings zuerst noch unklar gewesen. Zwar waren wichtige Minister, insbesondere Außenminister Edward Grey entschlossen, in jedem Fall auf Seiten Frankreichs zu intervenieren. Doch ob man dafür und vor allem für die Entsendung von Kampftruppen auf den Kontinent eine Mehrheit finden würde, stand angesichts starker kriegsgegnerischer Orientierungen keineswegs fest. Erst die deutsche Missachtung der belgischen Neutralität führte zu einem deutlichen Stimmungsumschwung. Mit großer Mehrheit votierten Regierung und Parlament nun für den Krieg zur Verteidigung von Völkerrecht und Demokratie und für die rasche Entsendung der *British Expenditionary Force* (BEF) nach Frankreich. Doch den liberalen britischen Traditionen entsprechend, war die *Truce Policy* von Anfang an weniger geschlossen als auf dem Kontinent. Mehrere liberale Minister unter Führung von Charles P. Trevelyan traten aus Protest gegen die Kriegspolitik zurück, desgleichen der Sprecher der Labour-Fraktion im Unterhaus, Ramsey McDonald. Gemeinsam mit anderen Kritikern insbesondere aus den Reihen der Labour angeschlossenen *Independent Labour Party* und dem linken Flügel der Liberalen gründete er die *Union of Democratic Control* (UDC), die nun in der Öffentlichkeit die Rolle einer kritischen Opposition einnahm.

3. Stimmung der Bevölkerung

Eine wirksame Legende

Die Kriegsbegeisterung von 1914 ist geradezu legendär. Sie wird in vielen Publikationen immer wieder beschworen, und mit ihr wird vieles begründet: vor allem der sozialdemokratische Burgfriedensschluss, manchmal sogar die Auslösung des Krieges, die von den kriegsbegeisterten Massen den eher zögernden Politikern und Staatsmännern aufgedrängt worden seien. Und nicht zuletzt wird immer wieder der Versuch unternommen, das ebenso verstörende wie offensichtlich in mancher Hinsicht liebgewonnen Bild der begeistert in Krieg und Tod ziehenden Menschenmassen zu erklären. Das Phänomen selbst dagegen ist von der Geschichtswissenschaft lange Zeit einfach vorausgesetzt und nicht weiter untersucht worden. Neuere sozialgeschichtliche Forschungen haben demgegenüber gezeigt, dass die Massenstimmung bei Kriegsbeginn tatsächlich vielfältige Ausprägungen hatte und keineswegs primär durch Begeisterung gekennzeichnet war. Dabei handelte es sich vielmehr nur um eine Form der Massenstimmung unter anderen, die vor allem aus propagandistischen Gründen schnell verabsolutiert wurde. Dies gilt besonders für Deutschland, wo das vermeintlich klassenübergreifende, alle Deutschen im Zeichen des Krieges einende „Augusterlebnis" unter dem Signum des „Geistes von 1914" schnell zu einem geschichtsmächtigen Mythos weiterentwickelt wurde.

Zur Forschungsentwicklung

Von grundlegender Bedeutung für eine differenzierte Untersuchung der Massenstimmung bei Kriegsbeginn ist eine auf Frankreich bezogene Studie von Jean-Jacques Becker aus dem Jahre 1977, in der systematisch verschiedene Formen von Stimmungsberichten in der Presse, von den Präfekten sowie von den Schulleitern ausgewertet wurden. Im Ergebnis konnte Becker einen Stimmungswandel feststellen, der bei starken regionalen und sozialen Unterschieden grundsätzlich von anfänglich starker Reserviertheit gegenüber dem Krieg im Verlauf der Mobilmachung zu einer durchaus kriegsentschlossenen, aber weiterhin keineswegs durchgängig begeisterten Stimmung geführt hat. Wesentlich dafür war die Idee der Landesverteidigung. Wie spätere Forschungen auch für Deutschland bestätigt haben, kann dieses Gesamtbild tendenziell verallgemeinert werden. Festzuhalten ist vor allem aber, dass die Stimmung der Bevölkerung bei Kriegsbeginn viele Ausprägungen und Facetten hatte, die sich nach sozialen, regionalen, religiösen und politischen Kriterien durchaus unterschieden.

Verbreitete Distanz zum Krieg

Es ist festzuhalten, dass die große Mehrheit der europäischen Bevölkerung keineswegs einen Krieg gewünscht oder gar herbeigesehnt hat. Noch in der letzten Juliwoche wiesen die zumeist von der Arbeiterbewegung organisierten kriegsgegnerischen Veranstaltungen überall eine weit größere Massenbeteiligung auf als die in der Presse herausgestellten, mehrheitlich von bürgerlichen Jugendlichen und Studenten getragenen Manifestationen für den Krieg. Den „Sängerwettstreit" im Zentrum Berlins zwischen nationalistische Lieder anstimmenden jungen Männern auf der einen, die Internationale und andere revolutionäre Lieder singenden Arbeitern auf der anderen Seite, konnten die für den Krieg auftretenden Demonstranten nur deshalb gewinnen, weil die Polizei zu ihren Gunsten eingriff und die sozialistischen Antikriegsdemonstrationen mit Waffengewalt auflöste. Unter dem Belagerungszustand veränderte sich die Situation erst einmal deshalb, weil Antikriegsproteste nunmehr generell verboten waren. Die Massenstimmung durchlief darüber hinaus jedoch bei Kriegsbeginn vielfältige Transformationsprozesse, deren Grundlagen in einer allgemeinen Emotionalisierung durch die Beschleunigung und die einschneidende historische Bedeutung des politischen Geschehens zu suchen sind.

Ein Stimmungsumschwung

Der Übergang vom Frieden zum Krieg rief bei vielen Menschen den Eindruck eines allgemeinen gesellschaftlichen Wandlungsprozesses hervor, der die bisherigen Normen und Regeln des gesellschaftlichen Lebens zeitweise außer Kraft zu setzen schien und insbesondere in den großstädtischen Zentren mit ihren symbolischen Orten und Inszenierungen deutliche Ausformungen von Kriegsbegeisterung hervorbrachte. Begeisterte Menschenmassen begrüßten hier die Verkündung der Kriegserklärungen, feierten die ausziehenden Soldaten und bejubelten die Meldungen vom Burgfriedensschluss und ersten militärischen Siegen. Bald traten erste publizistische Ausdeutungen der Kriegsbegeisterung hinzu, die den Sinn des Geschehens zu bestimmen versuchten und zur Grundlage der Ideologisierung des Krieges wurden. Besonders die Vertreter des Bildungsbürgertums taten sich dabei hervor. „So auch bin ich nicht mehr", fasste einer der bedeutendsten Wortkünstler deutscher Sprache, Rainer Maria Rilke, die gemeinschaftsstiftende Situation des Kriegsbeginns in Worte, „aus dem gemeinsamen Herz schlägt das meinige den Schlag, und der gemeinsame Mund bricht den meinigen auf". Und Sigmund Freud, stellte erstaunt fest, dass in dieser Situation nun seine ganze Libido allein Österreich-Ungarn gehöre.

Längerfristige Ursachen

Zweifellos ist es weiterhin sinnvoll, nach den Ursachen dieser Begeisterung für den Krieg zu fragen. Antworten wird man auf unterschiedlichen Ebenen finden können. Zum einen geht es dabei um längerfristig wirksame Prägungen, die den Krieg als ein wünschenswertes Ereignis erscheinen lassen konnten. Hier sind vor allem die ideologischen und sozialen Wirkungen des Nationalismus, des Sozialdarwinismus und der sozialen Militarisierung des gesellschaftlichen Lebens in Rechnung zu stellen, die für das wilhelminische Deutschland dazu geführt haben, von der Ausprägung einer weit verbreiteten Kriegsmentalität auszugehen. Auf indirekte Weise konnte aber auch die im Bildungsbürgertum insgesamt, vor allem aber in der bürgerlich-akademischen Jugend aller europäischer Länder mehr oder weniger deutlich ausgeprägte kulturpessimistische Grundhaltung dazu führen, im Krieg die Möglichkeit zum Ausbruch aus einer als inhaltsleer, verwaltet und lebensarm begriffenen, von den Vätern beherrschten Gesellschaft zu sehen. Dementsprechend wurden die frühen, in der letzten Juliwoche 1914 um sich greifenden Demonstrationen für den Krieg vor allem von Studenten und Gymnasiasten getragen, die darin offensichtlich die Möglichkeit zu einem aufregenden Abenteuer, zur „großen Kriegsfahrt" sahen, wie es in Analogie zur sommerlichen „großen Fahrt" im Titel einer Publikationsreihe mit Feldpostbriefen von Wandervögeln hieß.

Erregung, Anspannung und Erlösung

Zum Zweiten sind aber auch die unmittelbaren Zusammenhänge des Kriegsbeginns in Rechnung zu stellen. Die sich in der letzten Juliwoche überschlagenden Meldungen über die Zuspitzung des europäischen Konfliktes riefen in der Öffentlichkeit, besonders in den großstädtischen Zentren eine wachsende Unsicherheit und immer schwerer erträgliche Anspannung hervor, so dass die Entscheidung für den Krieg am Ende oft als eine Befreiung erfahren werden konnte. „Na endlich!", so beschrieb die „Tägliche Rundschau" die Reaktion der wartenden Menschenmassen auf die Erklärung des Zustands drohender Kriegsgefahr. „Wie ein Erlösungsschrei geht's durch die Menge. Kein Jubel wird laut, kein Hoch wird laut, alle Mienen sind ernst – die unheimliche Spannung, die auf ganz Berlin lastet, löste sich in einem befreiten Aufatmen: Also doch!

Q

Die Stimmung in Berlin am Beginn des Krieges
Aus dem sozialdemokratischen Vorwärts vom 3. August 1914.

Auf- und abwogenden Menschenströmen glichen in diesen Tagen die Straßen Berlins. Und wer trotz der folgenschweren Ereignisse noch etwas ruhiges Blut behielt, mußte seine ganze Energie aufbieten, um nicht hineingezogen zu werden in diese sich von Stunde zu Stunde steigernde Erregung. Es war, als ob eine allgemeine Suggestion die Gemüter ergriff und in den Strudel menschlicher Leidenschaften zu ziehen versuchte.

Nationale Einheitsstimmung

Mit Kriegsbeginn schien wenigstens Gewissheit zu herrschen, und die Erfahrung des beschleunigten Übergangs, die nationale Einheitsstimmung der Öffentlichkeit und der politische Burgfriedensschluss trugen zugleich entscheidend dazu bei, das Gefühl der Befreiung auch auf die allgemeinen gesellschaftspolitischen Frustrationen und Probleme der Vorkriegsgesellschaft zu übertragen. Die Begeisterung des Kriegsbeginns bezog sich dementsprechend inhaltlich oft weniger auf den Krieg an sich als auf die gesellschaftlichen und politischen Wirkungen, die er hervorzubringen schien. Während die Vorkriegszeit im Zeichen von Kulturpessimismus und Wertezerfall, Klassengesellschaft und Materialismus vielfach als bedrohlich erfahren worden war, schienen nun durch den Krieg auf einmal alle Probleme „wie weggewischt“. Vor allem schien der Burgfrieden mit einem Schlag alle inneren Gegensätze aufzulösen, die Nation zu einen und damit nicht nur den Sieg zu verbürgen, sondern auch den Weg in eine bessere, von inneren Auseinandersetzungen freie nationale Zukunft zu eröffnen.

Q

Richard Dehmel, Lied an Alle
Aus: Zwischen Volk und Menschheit. Kriegstagebuch, Berlin 1919.

Sei gesegnet, ernste Stunde,
Die uns endlich stählern eint;
Frieden war in aller Munde,
Argwohn lähmte Freund wie Feind –
Jetzt kommt der Krieg,
Der ehrliche Krieg!

Dumpfe Gier mit stumpfer Kralle
Feilschte um Genuß und Pracht;
Jetzt auf einmal fühlen alle,
Was uns einzig selig macht –
Jetzt kommt die Not,
Die heilige Not!

Feurig wird nun Klarheit schweben
Über Staub und Pulverdampf;
Nicht ums Leben, nicht ums Leben
Führt der Mensch den Lebenskampf –
Jetzt kommt der Tod,
Der göttliche Tod!

Gläubig greifen wir zur Wehre
Für den Geist in unserem Blut;
Volk, tritt ein für deine Ehre,
Mensch, dein Glück heißt Opfermut –
Dann kommt der Sieg,
Der herrliche Sieg!

Der Kriegsbeginn: Eine innere Reichsgründung?

Offensichtlich spielte dies vor allem in Deutschland eine besondere Rolle, wo man lange die ausbleibende „innere Reichsgründung“ beklagt, die nationalen Minderheiten unter Sondergesetze gestellt und die sozialdemokratischen und katholischen „Reichsfeinde“ aus der Nation ausgegrenzt, damit aber auch die von ihnen ausgehenden Bedrohungspotentiale überhöht hatte. Nun wurden stattdessen der Burgfriedensschluss und das Massenerlebnis der Mobilmachung zu einem „Augusterlebnis“ der nationalen Einheit des deutschen Volkes stilisiert und der im Krieg geborene „Geist von 1914“ als Garant nationaler Zukunft beschworen. „Dieser Krieg ist ein Zauberkünstler und ein Wundertäter“, stellte etwa die „Tägliche Rundschau“ am 5. August begeistert fest, denn er führe nicht nur Welfen, Elsass-Lothringer und Polen zu „feurigem Reichsbekenntnis", sondern er vollbringe sogar „das größte aller Wunder: Er zwingt die Sozialdemokratie an die Seite ihrer deutschen Brüder." Der nationale Überschwang konnte dabei allerdings nur oberflächlich verdecken, dass die verschiedenen gesellschaftlichen Gruppen mit der nun von allen beschworenen nationalen Einheit sehr unterschiedliche, ja gegensätzliche Interessen verbanden, die schon bald wieder zu politischen Konflikten führen mussten. Denn während aus konservativer Sicht das Bekenntnis aller Bevölkerungsgruppen zu Nation, Staat und Monarchie gefeiert wurde, erwarteten die bislang ausgegrenzten und benachteiligten Kräfte von der Sozialdemokratie über die nationalen Minderheiten und die Juden bis hin zur Frauenbewegung, dass das gemeinsame Kriegsengagement auch zu gesellschaftlicher Gleichberechtigung und politischen Reformen führen werde.

Grenzen des Augusterlebnisses

Die vielfach zitierten Beschwörungen des „Augusterlebnisses" sind zweifellos beeindruckende Zeugnisse einer bei Kriegsbeginn um sich greifenden Begeisterung. Sie sollten jedoch auch jenseits ihrer inneren Widersprüchlichkeit nicht verallgemeinert werden. Denn dabei handelte es sich nur um eine Ausdrucksform der vielfältigen, teilweise auch widersprüchlichen Gefühlsbewegungen, von denen die Menschen bei Kriegsbeginn ergriffen wurden. Schon in den bürgerlich geprägten großstädtischen Zentren wurden keineswegs alle Menschen von der Begeisterung mitgerissen. Ein kritischer Beobachter, der junge Mitarbeiter des sozialdemokratischen „Vorwärts" Rudolf Franz, hielt in seinem Tagebuch nach der Verkündung der Mobilmachung das folgende Stimmungsbild aus der Berliner Innenstadt fest: „Viele Frauen mit verweinten Gesichtern. Ernst und Bedrücktheit. Kein Jubel, keine Begeisterung. (...) Beim Schlossplatz Menschenmassen. Hochrufe und singenden Gruppen vor dem Kronprinzenpalais. Die Weiterwegstehenden passiv." Auch zwei Tage später registrierte er überall nur „Ernst und Aufgeregtheit". Und der Vertreter der dänischen Minderheit im Reichstag, Hans Peter Hanssen, notierte am 4. August in seinem später auf Englisch publizierten Tagebuch: „On the way I read high-sounding newspaper accounts describing the jubilation and enthusiasm in Berlin. The opposite is evidently the truth, judging by what I had ample opportunity to see on my way here to the hotel."

Vor allem trat die Distanz zur Kriegsbegeisterung aber jenseits der zentralen Orte deutlich zu Tage. Aus Arbeitervororten und ländlichen Gebieten berichten die verfügbaren Quellen vielfach über eine gedrückte, von Trauer und Angst, teilweise auch von kriegsgegnerischen Traditionen geprägte Stimmung. „In der letzten Juliwoche", stellte etwa der Pfarrer einer Arbeitergemeinde bei Frankfurt am Main fest, „war im Dorf alles voller Sorge. Bei der Mobilmachung, als das letzte Fädchen Hoffnung zerschnitten war, wurde es noch stiller und Verzweifelung setzte ein. Keine Begeisterung, keine patriotischen Lieder." Der Ausmarsch der Rekruten vollzog sich hier tatsächlich weit häufiger unter Tränen als unter Begeisterungsstürmen. „Dicht besetzte Militärzüge verlassen die Bahnhöfe. Weinend nehmen Frauen und Kinder Abschied und manchem Familienvater, der hart im Leben wurde, stehen die Tränen im Auge. Der Jammer ist groß", lautete ein typischer Bericht in der sozialdemokratischen Lokalpresse. Und angesichts der schon bei Kriegsbeginn rasch um sich greifenden sozialen Not konnte sich die Stimmung auch in der Folgezeit selbst unter dem Eindruck von Siegesmeldungen kaum oder nur kurzzeitig heben. Die Beteiligung am Krieg wurde überwiegend als eine nationale Pflichterfüllung hingenommen und akzeptiert, doch für nationalistischen Überschwang blieb dabei wenig Raum.

Q

Bericht eines Pfarrers aus dem Berliner Arbeiterbezirk Moabit über die Stimmung der Bevölkerung im Herbst 1914
Aus: August 1914, S. 124.

Die eigentliche Begeisterung – ich möchte sagen, die akademische Begeisterung, wie sie sich der Gebildete leisten kann, der nicht unmittelbare Nahrungssorgen hat, scheint mir doch zu fehlen. Das Volk denkt doch sehr real, und die Not liegt schwer auf den Menschen. (...) Der sozialdemokratische Arbeiter ist stolz, daß er seine vaterländische Gesinnung zeigen kann. Die Jugend ist natürlich schlechthin begeistert. In meinem Jugendverein, der sich sonst nicht gerade durch Patriotismus auszeichnete, singt man jeden Sonntag Abend stehend ‚Heil dir im Siegerkranz'. Kriegslustig ist der sozialistische Arbeiter nicht, aber kriegsentschlossen. Das Kleinbürgertum, das bisher schon national war, ist eher etwas radaumäßig gestimmt.

Vielfalt der Stimmungen

Aber auch bei nationalistisch eingestellten Menschen stand die Begeisterung für den Krieg oft unvermittelt neben der Angst um die in den Krieg ziehenden Angehörigen, und bald riefen die anfangs noch in der Presse veröffentlichten Verlustlisten auch in diesen Kreisen Entsetzen und Trauer hervor. Im öffentlichen Leben traten ferner andere, nicht so eindeutig klassifizierbare Reaktionen zutage: Weit verbreitet war der Wunsch, das Leben schnell noch einmal zu genießen, bevor der Abschied in den Krieg und damit möglicherweise für immer anstand. Dies trug auch sexuelle Züge, wie das sogenannte *Khaki-Fever* junger Britinnen anzeigt, die sich in Massen vor den Kasernen versammelten. Viele Menschen wurden von Panik ergriffen, was sich nicht zuletzt in einem Sturm auf die Sparkassen und verbreiteten Hamsterkäufen, aber auch in einer wachsenden Zahl von Selbstmorden äußerte. Gerüchte über feindliche Spione und ihre Umtriebe, insbesondere über Brunnenvergiftungen griffen um sich, friedliche Bürger organisierten Einwohnerwehren, die auch schon mal einen Verdächtigen erschießen konnten. Hinzu kamen ideologisierte Hassausbrüche, die sich teilweise zu einer Pogromstimmung gegen alles verdichten konnte, was fremdartig erschien: Restaurants und Geschäfte entfernten Fremdwörter aus ihren Namen, Menschen konnten verprügelt werden, nur weil sie eine Baskenmütze trugen, und unter den vielen Gedichten des Kriegsbeginns fand in Deutschland keine Eloge auf die nationale Einheit, sondern Ernst Lissauers „Haßgesang gegen England" die größte öffentliche Verbreitung.

Zusammenfassend kann festgehalten werden, dass die Massenstimmung bei Kriegsbeginn sehr unterschiedliche Ausprägungen hatte. Weit wichtiger als die nur für Teile der Bevölkerung insbesondere im Bürgertum feststellbare Begeisterung für Krieg und nationale Erneuerung war es jedoch, dass die Menschen in der Regel nach anfänglichem Zögern bereit waren, den auf allen Seiten proklamierten „Verteidigungskrieg" erst einmal zu akzeptieren und – oft ohne Begeisterung, aber doch mit einer gewissen Entschlossenheit – für den Sieg einzutreten; nicht zuletzt in der Erwartung allerdings, der Krieg könne schnell, spätestens bis zum Jahresende siegreich beendet werden.

4. Bewegungskrieg

Militärisch stand der Kriegsbeginn im Zeichen des Angriffsplanes, den der frühere deutsche Generalstabschef Alfred v. Schlieffen (1833–1913) einige Jahre zuvor entworfen hatte, um den Problemen des Zweifrontenkrieges zu begegnen. Der Plan war geprägt von dem allgemeinen Kult der Offensive, der die zeitgenössische Kriegsstrategie generell auszeichnete und der im deutschen Generalstab seine stärksten Befürworter hatte. Zugleich stellte er den Versuch dar, trotz der prekären strategischen Lage des Deutschen Reiches eine realistische Möglichkeit für einen militärischen Sieg bereitzustellen. Denn wenn es zu einem lange dauernden, von den Ressourcen der kriegführenden Länder abhängenden Abnutzungskrieg kommen würde, schätzte die deutsche Militärführung ihre Siegeschancen ausgesprochen gering ein. Der Schlieffenplan sah dagegen vor, durch eine groß angelegte Umfassungsbewegung die Hauptkontingente der französischen Armee in Nordfrankreich einzuschließen und in einer schnellen Entscheidungsschlacht zu vernichten, um anschließend das Schwergewicht des deutschen Heeres nach Osten transportieren und erfolgreich gegen die russische Armee ins Feld führen zu können.

Der Schlieffenplan

Militärstrategisch war der Plan brillant. Doch er hatte nicht nur den politischen Nachteil, durch die für den schnellen Vormarsch notwendige Verletzung der belgischen Neutralität den englischen Kriegseintritt zu forcieren. Vielmehr erwiesen sich auch zwei Grundannahmen als falsch. Zum einen war insbesondere der belgische Widerstand weit stärker als erwartet, so dass beim Durchmarsch trotz weitgehender, völkerrechtswidriger Zwangsmaßnahmen einschließlich der standrechtlichen Erschießung nicht nur von vermeintliche Partisanen (*Franctireurs*), sondern auch von Zivilisten und Kriegsgefangenen wichtige Zeit verloren ging. Zum Zweiten vollzog sich die russische Mobilmachung wesentlich schneller als gedacht und unbehindert durch die österreichische Armee, die sich stattdessen siegeshungrig auf Serbien stürzte, vor Belgrad aber schwere Niederlagen hinnehmen musste. Als starke russische Truppen gegen den schwachen deutschen Schutz schon Mitte August nach Ostpreußen einmarschierten, sah sich der deutsche Generalstabschef Helmut v. Moltke (1848–1916) veranlasst, zwei Armeekorps zur Sicherung Ostpreußens von der Westfront abzuziehen. Dadurch wurden empfindliche Lücken in die Umfassungsbewegung der voranmarschierenden deutschen Truppen gerissen, weshalb der Plan zur großräumigen Umfassung von Paris fallengelassen wurde und die Spitze des deutschen Vormarsches nun vom Norden aus direkt auf Paris marschierte. Dies war eine Ursache dafür, dass der Plan des französischen Oberkommandierenden General Joffre aufging, die deutschen Truppen durch einen massierten Gegenangriff an der Marne zu stoppen. Hatte der schnelle deutsche Vormarsch anfangs nicht zuletzt auf dem gut ausgebauten Eisenbahnnetz basiert, so kam dieser Vorteil in der Nähe von Paris nun den Verteidigern zugute. Tatsächlich gelang den alliierten Truppen ein Durchbruch durch die deutsche Front, der Moltke schließlich zur Rücknahme seines weit vorgerückten rechten Flügels und damit zum Abbruch der Offensive zwang.

Vom Bewegungskrieg zum Stellungskrieg

Mit dem Ausgang der Marneschlacht war der Schlieffenplan gescheitert. Der Bewegungskrieg zog sich dagegen noch einige Zeit hin, denn beide Seiten versuchten nun im sogenannten Wettlauf zum Meer vergeblich, die gegnerischen Truppen in kleineren Bewegungen zu umfassen. Gleichzeitig setzte die Befestigung der Frontlinien mit Drahtverhauen und Schützengräben ein, die sich bald von der belgischen Kanalküste durch Nordfrankreich bis an die Grenze der Schweiz zogen und für vier lange Jahre kaum noch Veränderungen zulassen sollten. Im Osten kam es nie zu einem so bewegungsarmen Stellungskrieg. Doch auch hier wurde die militärische Lage noch im Herbst 1914 stabilisiert. Der neu formierte deutsche Militärführung im Osten unter den Generälen Paul v. Hindenburg (1847–1934) und Erich Ludendorff (1865–1937) glückte in der Defensive, was als offensive Strategie im Westen gescheitert war. In zwei großen Kesselschlachten Ende August bei Tannenberg und anschließend an den Masurischen Seen gelang es, die russischen Truppen vernichtend zu schlagen, den Feind aus Ostpreußen zu vertreiben und über die Grenze nach Russisch-Polen und Litauen vorzustoßen. Angesichts dieser Erfolge mussten auch die im Süden weit in die zu Österreich gehörenden Teile Polens eingedrungenen russischen Truppen ihren Vormarsch abbrechen. Zum Jahreswechsel 1914/15 standen so deutsche Truppen an der Ost- wie an der Westfront auf feindlichem Territorium, während weiter südlich die russische Armee Teile von Galizien hielt. Kriegsentscheidende Erfolge hatte bisher keine Seite erzielen können, der Krieg ging nun über in das Stadium des industriellen Abnutzungskrieges.

Militärische Perspektiven

Hatten das Deutsche Reich und seine Verbündeten, wie oft betont wird, den Krieg damit bereits verloren? Mit solchen Urteilen sollte man vorsichtig sein. Immerhin dauerte es noch vier Jahre, bis die Mittelmächte kapitulierten, und für den militärischen Zusammenbruch war nicht zuletzt der keineswegs selbstverständliche Kriegseintritt der USA mit verantwortlich. Zuvor verfügten sie in Mitteleuropa jedoch über eine militärstrategisch keineswegs aussichtslose Stellung, konnten die Eroberungen im Westen lange halten und im Osten große militärische Erfolge erzielen. Auch die alliierten Kriegsgegner waren sich dementsprechend ihrer letztendlichen Überlegenheit lange Zeit keineswegs sicher, und selbst nach dem amerikanische Kriegseintritt veränderte sich das militärische Kräfteverhältnis nur langsam zu ihren Gunsten. Entschieden wurde der Kriegsausgang tatsächlich erst im Laufe des Jahres 1918.

III. Die Politik des Krieges

1. Außenpolitik

Auch wenn die Kriegsursachen eindeutig in Europa lagen, wuchs der Krieg schnell darüber hinaus. Mit dem Kriegseintritt Englands trat auch das ganze Empire in den Krieg ein, in Afrika begannen kriegerische Auseinandersetzungen mit deutschen Kolonialtruppen, die in der Regel – mit Ausnahme der Guerillakriegsführung unter Lettow-Vorbeck – schnell zugunsten der Briten, Franzosen und Belgier entschieden wurden. Das Osmanische Reich stellte sich auf die Seite der Mittelmächte, Japan erklärte Deutschland den Krieg und besetzte die deutsche Kolonie Kiautschou, deutsche Kriegschiffe begannen einen weltweiten Kaperkrieg gegen Handelsschiffe der Ententemächte, mussten sich aber bald der Übermacht der englischen Kriegsmarine beugen. Mittelpunkt der militärischen Auseinandersetzungen jedoch blieb Europa, selbst als 1917 die USA und in ihrem Gefolge viele weitere Staaten den Mittelmächten den Krieg erklärten.

Grundkonstellationen

Die Grundkonstellation der Kriegsdiplomatie und der politischen Kriegsstrategien während des Ersten Weltkrieges wurde schon kurz nach Kriegsbeginn festgelegt. Im Londoner Abkommen vom 5. September 1914 einigten sich England, Frankreich und Russland in aller Form darauf, prinzipiell keine separaten Friedensverhandlungen mit den Kriegsgegnern zu führen und nur einen allgemeinen, gemeinsam vereinbarten Friedensschluss anzustreben. Diese Festlegung hatte so lange Bestand, bis das bolschewistische Russland Ende 1917 mit den Mittelmächten einen Waffenstillstand vereinbarte und schließlich – verbunden allerdings mit dem Werben um einen allgemeinen Frieden – angesichts seiner militärisch aussichtslosen Lage auch bereit war, in Brest-Litowsk über einen Separatfrieden zu verhandeln.

Devide and Conquer

Die Mittelmächte und insbesondere das Deutsche Reich setzten demgegenüber von Anfang an darauf, durch bilaterale Verhandlungen mit einzelnen Kriegsgegnern separate Friedensschlüsse vorzubereiten. Dabei ging es allerdings weniger um Friedenspolitik als um eine spezifische Form der Kriegspolitik. Denn die hier verfolgte Strategie des *Devide and Conquer* zielte darauf ab, der Problematik des Zweifrontenkrieges zu entkommen, eine Front durch – mit militärischem Druck erzwungene – Verhandlungen zu befrieden und damit die Möglichkeit zu gewinnen, um durch den Einsatz aller militärischer Mittel an der anderen Front einen kriegsentscheidenden Sieg zu erlangen. Dementsprechend griff die deutsche Diplomatie die schon Ende 1914 beginnenden dänischen Verständigungsbemühungen zwar auf, aber nur um Russland letztlich ohne Erfolg separate Friedensverhandlungen anzubieten. Als die Mittelmächte seit 1915 in Osteuropa große Siege und territoriale Zugewinne erzielen konnten, begann man hier dagegen auf einen Siegfrieden zu setzen und Kontakte mit den westlichen Kriegsgegnern zu suchen. Hier scheiterten alle Verständigungsansätze aber immer wieder an der Belgien-Frage. Denn während die Entente eine Erklärung über die vollständige Wiederherstellung Belgiens zur Voraussetzung für die Aufnahme von Verhandlungen machte, war die Reichsleitung dazu nicht bereit.

Ausweitung der Kriegskonstellationen

Ein zweites wichtiges Betätigungsfeld der Kriegsdiplomatie lag in dem Versuch, neue Verbündete zu gewinnen und so die eigene Kriegskoalition zu vergrößern. In den ersten beiden Kriegsjahren waren beide Seiten hier etwa gleichermaßen erfolgreich. Im Mai 1915 trat Italien, das 1914 trotz seiner Bindung an den Zweibund neutral geblieben war, schließlich auf Seiten der Entente in den Krieg ein, nachdem man hier seine Forderungen nach großen territorialen Zugewinnen auf Kosten Österreich-Ungarns in Südtirol, Istrien, Dalmatien und Triest akzeptiert hatte. Gut ein Jahr später folgte im August 1916, ebenfalls nach Zusage territorialer Zugewinne, Rumänien, das sich militärisch allerdings nicht lange halten konnte und bereits zum Jahresende kapitulieren musste. Auf der anderen Seite entschied sich Bulgarien im Oktober 1915 für die Mittelmächte, vor allem weil große Zugewinne auf dem Balkan, insbesondere zu Lasten Serbiens, in Aussicht gestellt wurden. Die Mittelmächte verfügten damit nach den militärischen Siegen über Serbien 1915 und Rumänien 1916 über ein verbundenes Territorium, das von der Nord- und Ostsee-Küste über das Mittelmeer und das Schwarze Meer bis nach Arabien reichte.

Mit der Ausweitung der Kriegskoalitionen und damit verbunden der Kriegszielprogramme beider Seiten wurden die Möglichkeiten für einen Verhandlungsfrieden immer geringer. Das Problem sich ausschließender, Friedensverhandlungen erschwerender Kriegsziele bestand allerdings auch schon seit Kriegsbeginn, denn beide Seiten entwickelten sehr schnell Vorstellungen, die nur durch einen klaren militärischen Sieg erreichbar waren. Während es auf Seiten der Mittelmächte der Türkei vor allem um eine Bestandssicherung ging, richteten sich die offensiven Kriegsziele Österreich-Ungarns in erster Linie auf den Balkan, aber auch auf die russischen Teile Polens und – nach dem Kriegseintritt – auf Teile Norditaliens. Die Doppelmonarchie war allerdings sowohl militärisch als auch politisch nur der Juniorpartner des Deutschen Reiches, dessen eigene Ziele letztlich von ausschlaggebender Bedeutung waren.

Deutsche Kriegsziele

Nach dem sogenannten Septemberprogramm, das Reichskanzler Bethmann Hollweg kurz nach Kriegsbeginn zusammenstellen ließ, sollte im Westen Frankreich als Großmacht zerstört und ebenso wie Belgien und das neutrale Holland in wirtschaftliche Abhängigkeit von Deutschland gebracht, im Osten mit noch sehr allgemeinen Worten die Herrschaft Russlands über seine europäischen „Vasallen" gebrochen werden. Die deutsche Politik strebte demnach insgesamt eine hegemoniale Stellung auf dem europäischen Kontinent an, die durch eine Zollunion mit den meisten anderen europäischen Staaten gesichert und durch ein zusammenhängendes Kolonialreich in Mittelafrika ergänzt werden sollte. Über die Bedeutung dieses frühen, in Erwartung eines schnellen Sieges im Westen entstandenen Programms ist viel gestritten worden, insbesondere darum, ob es sich um ein Minimal- oder um ein Maximalprogramm gehandelt hat. Tatsächlich gab es unter den Herrschaftseliten des Kaiserreichs sowohl gemäßigte Kräfte, die weniger auf Annexionen als auf eine indirekte, wirtschaftliche Vormachtstellung in Mitteleuropa abzielten, als auch radikale Annexionisten, die weitreichende Herrschaftsprogramme in Westen und vor allem im Osten verfolgten. Doch dass tatsächlich auch die Reichsleitung die Hegemonie eines durch gestärkte Bündnispartner flankierten Deutschen Reiches auf dem europäischen Kontinent anstrebte, zeigte das Ende 1916 unter amerikanischem Verhandlungsdruck von Reichskanzler Bethmann Hollweg entworfene, gemeinsame Kriegszielprogramm der Mittelmächte in aller Deutlichkeit. Denn im Wesentlichen ging es hier darum, die militärischen Eroberungen des Krieges durch teils direkten, teils indirekten Anschluss zu sichern und weiterhin trotz der militärischen Niederlagen auf dem schwarzen Kontinent ein großes Kolonialreich in Afrika zu errichten. Der Sieg über Russland führte darüber hinaus dazu, für den Osten immer weiter ausgreifende Herrschaftsprogramme zu entwickeln, wie sie 1918 mit dem Diktatfrieden von Brest-Litowsk schließlich kurzzeitig auch umgesetzt werden konnten.

Q

Gemeinsames Kriegszielprogramm der Mittelmächte Ende 1916
Aus: Wolfgang Steglich, Die Friedensversuche der kriegführenden Mächte im Sommer und Herbst 1917. Quellenkritische Untersuchungen, Akten und Vernehmungsprotokolle, Wiesbaden 1984, S. 175f.

1. Territoriale Integrität Deutschlands und seiner Verbündeten.
2. Annexion von Lüttich.
3. Strategische Grenzverbesserungen bei Metz und Erwerb des Beckens von Briey, eventualissime gegen Grenzkorrekturen zugunsten Frankreichs im Oberelsaß.
4. Politische, wirtschaftliche und militärische Sicherung in Belgien, mit König Albert zu vereinbaren.
5. Anerkennung des Königreiches Polen im Anschluß an die Zentralmächte. Die nach Osten vorzuschiebende Grenze Kongreßpolens ist in nördlicher Linie fortzuführen, was Abtretung Litauens und Kurlands von Rußland zur Folge hat.
6. Koloniale Restitution in Form eines geschlossenen afrikanischen Kolonialreiches, durch maritime Stützpunkte gesichert.
7. Für Österreich-Ungarn Grenzkorrekturen und Erweiterungen namentlich gegen Serbien, Montenegro und Rumänien.
8. Für Bulgarien Gebietserweiterungen in Serbien und in der Dobrudscha.
9. Ordnung der Handels- und Verkehrsbeziehungen unter Ausschluß jeglichen Boykotts.
10. Geld- und wirtschaftliche Entschädigungen.

Kriegsziele der Entente

Ähnlich ausgreifende Kriegsziele wurden auch auf Seiten der Entente verfolgt. Nach dem ebenfalls im September 1914 entstandenen 15-Punkte Programm von Außenminister Sazanow wollte Russland allgemein die militärische und politische Macht des Deutschen Reiches brechen. Seine territorialen Kriegsziele zielten aber vor allem auf den Bosporus und auf Galizien. Ganz Polen sollte unter russische Kontrolle kommen, Österreich-Ungarn zerschlagen und in drei Mittelstaaten aufgeteilt werden. Frankreich und vor allem England waren anfangs zurückhaltender bei der Formulierung konkreter Kriegsziele, doch auch hier weiteten sich neben dem allgemeinen Ziel, den „preußischen Militarismus" zu zerschlagen, auch die territorialen und imperialistischen Programme zunehmend aus. Für Frankreich war neben der Wiederherstellung Belgiens auch die Rückgewinnung von Elsass-Lothringen unabdingbar. Mit der Zeit rückten aber auch das Saarland und das linke Rheinufer in den Blick französischer Annexionisten, und dieses Programm wurde 1917 auch von der Regierung übernommen. England verfolgte naturgemäß keine eigenen territorialen Ziele auf dem Kontinent und wollte anders als Frankreich im Zuge seiner Gleichgewichtspolitik den Großmachtstatus des Deutschen Reiches erhalten. Vor allem die Briten entwickelten darüber hinaus schon früh, vor den entsprechenden Initiativen der USA, die Vorstellung von einer europäischen Neuordnung, die auf dem Selbstbestimmungsrecht der Völker basieren und damit vor allem zur Bildung von Nationalstaaten aus der Erbmasse des Habsburger Vielvölkerstaates führen sollte – offen trat man damit allerdings erst hervor, als die zwischenzeitlich anberaumten Versuche, Österreich durch Verhandlungen zu einem separaten Friedensschluss zu veranlassen, gescheitert waren. Außerhalb Europas dominierten dagegen die imperialistischen Interessen der Entente-Staaten trotz aller Selbstbestimmungs-Propaganda in ziemlich eindeutiger Weise. England und seine Dominions wollten das deutsche Kolonialreich endgültig zerschlagen, und mit Frankreich teilte man 1916 im geheimen Sykes-Picot Abkommen die arabischen Territorien des Osmanischen Reiches, vor allem die Gebiete des heutigen Iran und Irak, als Interessenssphären untereinander auf.

Politische Kriegsstrategien

Auf beiden Seiten existierten so Kriegszielprogramme, die den Bestand der gegnerischen Koalition grundsätzlich in Frage stellten. Ein vorzeitiger Friedensschluss schien so kaum möglich, solange keine kriegsentscheidenden militärischen Erfolge erzielt werden konnten. Vor dem Hintergrund der militärischen Pattsituation sowie weit ausgreifender Kriegszielprogramme einerseits und rein taktisch motivierter diplomatischer Initiativen andererseits entwickelten beide Kriegsbündnisse politische Kriegsstrategien, die den Charakter der klassischen Diplomatie immer stärker umwandelten. An erster Stelle standen dabei verschiedene Versuche, die politische und gesellschaftliche Ordnung der Gegenseite zu revolutionieren. Das Deutsche Reich unterstützte nicht nur irische Separatisten, deren Aufstandsversuch gegen die englische Herrschaft Ostern 1916 blutig scheiterte. Vielmehr versuchte man auch, über Persien und Afghanistan Aufstandsbewegungen in Britisch-Indien zu fördern. Vor allem aber ging es der deutschen Politik um die Zersetzung des Zarenreiches. 1916 wurde das Königreich Polen proklamiert, in der Hoffnung, so Kämpfer gegen den Zarismus rekrutieren zu können. Neben separatistischen Nationalbewegungen im Baltikum und der Ukraine wurden bald auch die revolutionären sozialistischen Kräfte in Russland aktiv gefördert. Nachdem man bereits lange über Stockholm und den deutsch-russischen Sozialisten Alexander Helphand, gen. Parvus, verschiedene revolutionäre Gruppen unter Einschluss der Bolschewiki finanziell unterstützt hatte, erlebten diese Versuche schließlich ihren Höhepunkt, als die Reichsleitung nach der Februarrevolution 1917 Lenin (1870–1924) und das weitere exilierte Führungspersonal der Bolschewiki in einem blombierten Reichsbahnwaggon aus der Schweiz nach Russland transportierte. Das unmittelbare Ziel bestand darin, die zu einem Separatfrieden bereiten Kräfte in Russland zu stärken. Doch auch die allgemeine Revolutionierung im ehemaligen Zarenreich wurde so unterstützt, und es war schließlich Lenin, der gegen anfänglich starken Widerstand unter den Bolschewiki die Annahme des Brest-Litowsker Friedensvertrages durchsetzte.

Auch die Entente, insbesondere England, verfolge Revolutionierungsstrategien. Die Kooperation mit den Führern der unterdrückten Nationalbewegungen des Habsburgerreiches im Londoner Exil zielte darauf ab, ihre Völker zum Aufstand, zumindest aber zu einer passiven Rolle in der k-u-k-Armee zu bewegen. Vor allem aber ging es darum, die unter osmanischer Herrschaft lebenden Völker Arabiens gegen die schon lange schwächelnde Herrschaft der Osmanen aufzustacheln. Tatsächlich war dieser Ansatz weit erfolgreicher als der kurz nach Kriegseintritt auf deutschen Wunsch erlassene türkische Aufruf zum *Dschihad*, zum „heiligen Krieg" der Mohammedaner gegen die englischen, französischen und russischen Kolonialherren. Denn dem legendären britischen Offizier Thomas Edward Lawrence, genannt „Lawrence von Arabien" (1888–1935), gelang es, durch sein Engagement und seine guten Beziehungen große Teile der arabischen Stämme zum Aufstand gegen die osmanische Herrschaft zu bewegen und ihre Kriegsführung mit dem Vorgehen der britisch-französischen Truppen zu koordinieren. Dass Engländer und Franzosen zugleich die bisher osmanisch kontrollierten arabischen Territorien als Herrschaftssphären untereinander aufteilten, blieb zu diesem Zeitpunkt geheim.

Friedensinitiativen 1916

Ende des Jahres 1916 schien es, als könnte die Diplomatie doch noch einmal zum Zuge kommen und einen Verständigungsfrieden herbeiführen. Reichskanzler Bethmann Hollweg bot am 12. Dezember in einer Rede vor dem Reichstag der Entente schließlich doch allgemeine Friedensverhandlungen an. Offensichtlich schätzte er die Möglichkeiten für einen Separatfrieden inzwischen sehr skeptisch ein und meinte gleichzeitig, nach dem Sieg über Rumänien noch aus einer Position der Stärke agieren zu können. Zugleich wollte er einer lange erwarteten Friedensinitiative von US-Präsident Wilson zuvorkommen, der wenige Tage später ebenfalls mit einem Vorschlag zur Einleitung allgemeiner Friedensverhandlungen hervortrat. Weder die Entente, noch die Mittelmächte waren zu diesem Zeitpunkt jedoch bereit, unter amerikanischer Führung über einen Frieden zu verhandeln. Doch während die Ententemächte klug genug waren, den Amerikanern wie gewünscht ihre Kriegsziele und Bedingungen für die Aufnahme von Friedensverhandlungen zu übermitteln, reagierten die Mittelmächte dilatorisch, verwiesen auf ihre eigene Initiative und zögerten die Formulierung konkreter Kriegsziele immer weiter hinaus. Offensichtlich war man in Deutschland nicht bereit, die nicht nur von den Ententemächten, sondern auch von den USA erwartete Erklärung über eine vollständige Wiederherstellung Belgiens abzugeben, und der von den Franzosen geforderte Verzicht auf Elsass-Lothringen lag außerhalb des Denkbaren.

Viel ist darüber diskutiert worden, ob Bethmann Hollweg Belgien nur als „Faustpfand" für künftige Friedensverhandlungen noch nicht aus der Hand geben wollte. Doch wenn man seine inzwischen höchst angeschlagene Stellung und die allgemeinen Kräfteverhältnisse in der deutschen Politik in Rechnung stellt, dann spricht vieles dafür, dass eine Aufgabe Belgiens gar nicht durchsetzbar gewesen wäre und die Initiative des Reichskanzlers letztlich auch dazu diente, einen Vorwand für die von der OHL bereits beschlossene Wiederaufnahme des unbeschränkten U-Boot-Krieges zu finden. Als diese am 9. Januar 1917 verkündet wurde, leitete dieser Schritt nicht nur eine weitere Radikalisierung der Kriegspolitik ein. Er führte vielmehr auch zu einer Ausweitung der alliierten Kriegskoalition, als die Vereinigten Staaten, nachdem zwischenzeitlich das deutsche Bündnisangebot an Mexiko für einen Krieg gegen die USA in der sogenannten Zimmermann-Depesche bekannt geworden war, am 6. April 1917 in den Krieg eintraten.

Revolutionierung der Diplomatie

Das Jahr 1917 brachte eine Vielzahl weiterer Initiativen und Verhandlungen, die jedoch alle daran scheiterten, dass beide Seiten ihre Ziele letztlich durch einen Siegfriedensschluss zu erreichen versuchten. Zugleich war mit dem Jahr 1917 auch ein struktureller Wandel bzw. eine Revolutionierung der klassischen europäischen Diplomatie verbunden, und zwar in einer doppelten Gestalt durch die beiden kommenden Weltmächte des 20. Jahrhunderts, die USA und Sowjetrussland. Die von US-Präsident Wilson (1856–1924) vertretene *New Diplomacy* zielte mit der Berufung auf das Selbstbestimmungsrecht der Völker zwar vor allem gegen die Mittelmächte, die sowohl ihre im Krieg gewonnen Eroberungen als auch ihre Herrschaft über andere Nationalitäten aufgeben sollten; für die die Reiche der Habsburger und der Osmanen bedeutete das die Auflösung zugunsten der Bildung neuer Nationalstaaten in Mitteleuropa und der arabischen Welt. Doch Wilsons Programm ging zugleich weit über die Ziele der verbündeten europäischen Länder hinaus: Mit der Freiheit der Meere übernahm er eine explizit gegen England gerichtete Forderung der Mittelmächte, und seine Erweiterung des Selbstbestimmungsrechts auf die Kolonialvölker stellte einen Sprengsatz für ihre Kolonialreiche dar. Darüber hinaus forderte Wilson die Öffentlichkeit aller Verträge und die Bildung eines Völkerbundes als Grundlage für eine zukünftige politische, nicht militärische Regelung internationaler Konflikte. Der ideelle Anspruch seines Programms für eine Liberalisierung und Demokratisierung der Weltpolitik konnte allerdings kaum verhüllen, dass damit auf indirektem Wege auch die Vorherrschaft der ökonomisch stärksten Nation, der USA begründet werden sollte.

Revolutionierung als Ziel bolschewistischer Politik

In strukturell durchaus ähnlicher Weise verband nach der Oktoberrevolution auch die bolschewistische Außenpolitik neuartige ideelle Inhalte und herrschaftsstrategische Aspekte. Auch sie berief sich dabei auf das Selbstbestimmungsrecht der Völker. Schon nach der Februarrevolution hatte der Petrograder Sowjet einen Frieden ohne Annexionen und Kontributionen auf der Basis des nationalen Selbstbestimmungsrechts proklamiert. Als auch die Bolschewiki diese Forderungen bei den Friedensverhandlungen mit den Mittelmächten in Brest-Litowsk aufstellten und damit zugleich das Prinzip der Öffentlichkeit aller Verhandlungen und Verträge verbanden, verfolgten sie jedoch nicht zuletzt propagandistische Ziele. Denn es ging ihnen in erster Linie darum, vor der Weltöffentlichkeit die imperialistischen Interessen der siegreichen Mittelmächte zu enthüllen, auch in der Hoffnung, die kriegsmüden Arbeiter in Deutschland und Österreich-Ungarn würden nun ebenfalls die Revolution beginnen. Anfangs verband Sowjetrussland diese Perspektive mit dem Versuch, die Brest-Litowsker Verhandlungen durch die Beteiligung der anderen Ententemächte in einen allgemeinen Friedenskongress zu überführen. Doch als mit Wilsons 14 Punkten und Lloyd Georges Kriegszielrede vom Dezember 1917 deutlich wurde, dass die westliche Konzeption der *New Diplomacy* einen Siegfrieden voraussetzte, erweiterten die Bolschewiki ihre propagandistisch-revolutionäre Perspektive, wendeten sich auch gegen die Entente, veröffentlichten die geheimen Kriegszielabkommen Russlands mit England und Frankreich und appellierten an die Völker Europas, der Diplomatie nicht zu erlauben, „die große Friedensmöglichkeit, die durch die russische Revolution eröffnet wurde, fallen zu lassen". So wollten sie die Doppelzüngigkeit aller kapitalistisch-imperialistischen Regierungen entlarven und die erhoffte Revolutionierung ganz Europas, längerfristig ihr Konzept der Weltrevolution vorbereiten.

Der Gewaltfrieden von Brest-Litowsk

Vorerst jedoch konnte sich in Brest, gestützt auf die überlegene militärische Macht der Mittelmächte, die mindestens ebenso propagandistische deutsche Konzeption des Selbstbestimmungsrechts der Völker durchsetzen. Ihr ging es darum, alle nichtrussischen Völker Europas vom ehemaligen Zarenreich abzutrennen und neue, vom Deutschen Reich militärisch und wirtschaftlich abhängige Staaten zu bilden. Nach dem Abschluss eines Separatfriedens mit der quasi zum deutschen Protektorat umgewandelten Ukraine rückte die deutsche Armee im Februar 1918 auf der ganzen Frontlinie mühelos gegen Sowjetrussland vor. Weder die vom linken Flügel der Bolschewiki vertretene Idee eines revolutionären Verteidigungskrieges noch Trotzkis (1879–1940) Konzept der Einstellung des Krieges ohne Abschluss eines Friedensvertrages war in dieser Situation mehrheitsfähig. Stattdessen kam die von Lenin vertretene Position zum Zuge, den von der deutschen Seite diktierten Friedensvertrag erst einmal – in der Hoffnung auf künftige Revision – zu akzeptieren, um so den Rücken frei zu bekommen für eine Konsolidierung der ungesicherten, in vieler Hinsicht bedrohten Sowjetmacht.

2. Innenpolitik

Phasen und Problemstellungen

Die innenpolitische Entwicklung der von Anfang an am Krieg beteiligten Länder lässt sich in drei Phasen einteilen: Am Anfang stand der Burgfriedensschluss, die mittleren Kriegsjahre waren durch die Auflösung des Burgfriedens gekennzeichnet, am Ende schließlich traten überall deutliche Tendenzen zu einer Transformation der überkommenen politischen Systemstrukturen hervor. Diese Entwicklungen wiederum waren geprägt von drei grundlegenden inhaltlichen und strukturellen Problemstellungen: Die Auflösung des Burgfriedens stand im Zeichen unterschiedlicher Vorstellungen über die Kriegsziele einerseits, die Verteilung der sozialen Lasten des Krieges andererseits. Sowohl dafür als auch für die allgemeineren politischen Transformationsprozesse war, zum Zweiten, das überall umstrittene Verhältnis zwischen Regierung und Volksvertretung von zentraler Bedeutung. Schließlich lag eine ebenso grundlegende wie übergreifende Problematik in dem Verhältnis zwischen der zivilen Politik auf der einen, der Militärführung, die überall nicht nur das militärische Oberkommando, sondern auch gestaltenden Einfluss auf allgemeine Fragen der inneren und äußeren Kriegspolitik beanspruchte, auf der anderen Seite. Verbunden waren diese jeweils unterschiedlich ausgeprägten Entwicklungen überall mit einer Verschärfung der politischen Gegensätze und Auseinandersetzungen sowie mit einer wachsenden Mobilisierung innerer Feindbilder, deren besondere Ausprägungen in der Türkei schon 1915 zum **Völkermord an den Armeniern** führten.

E

Der türkische Völkermord an den Armeniern
Die Gewaltmaßnahmen der jungtürkischen Regierung gegen die Armenier während des Ersten Weltkriegs werden in der Forschung heute fast einhellig als Völkermord beurteilt. Ausgehend von einem extremen, sozialdarwinistisch fundierten Nationalismus und Angstvorstellungen von einer gezielten Sabotage der in den Grenzgebieten lebenden Armenier gegen die türkischen Kriegsanstrengungen, bildete sich Anfang 1915 in der politischen Führung unter Enver Pascha, Talaat Pascha und Cemal Pascha der Plan aus, das armenische Volk vollständig zu vernichten. Die Durchführung des Mordprogramms oblag einer bereits ein Jahr vorher zur Überwachung der Armenier gegründeten Spezialorganisation. Anfangs wurden vor allem die armenischen Soldaten der türkischen Armee in Arbeitslager verbracht und erschossen, am 24. April 1915 folgte die Verhaftung und Erschießung der wichtigsten armenischen Intellektuellen. Im Anschluss daran begann die Deportation aller greifbaren Teile der armenischen Bevölkerung, die unter grausamen Begleitumständen in Todeslager in der mesopotamischen Wüste getrieben wurde, wo die meisten von ihnen verhungerten.
Genaue Opferzahlen sind heute nicht mehr erschließbar. Eine türkische Regierungskommission ging 1919 von etwa 800.000 Ermordeten in den Jahren 1915/16 aus. Auch nach den türkischen Vorstößen 1918 in den Kaukasus und 1920 in die Republik Armenien folgten weitere umfassende Vernichtungsaktionen, so dass von mehr als einer Million Opfern auszugehen ist.
Während die Regierungen Frankreichs, Englands und Russlands schon im Mai 1915 offiziell gegen die Maßnahmen protestierten, Strafverfolgung androhten und nach Kriegsende auch durchsetzten, entschied sich die gut informierte politische und militärische Führung des Deutschen Reiches aus strategischen Gründen, den Alliierten gewähren zu lassen. Mehrere der in der Türkei zum Tode verurteilten Hauptakteure des Völkermords lebten nach Kriegsende in Berlin und wurden dort zum Teil Opfer von armenischen Racheakten.

Dictature Militaire in Frankreich

Während die Militärbehörden in Großbritannien mit seiner Insellage und seiner Berufsarmee anfangs keine besondere, über Garnisonsstädte hinausgehende innenpolitische Bedeutung besaßen, übernahmen sie in den kontinentaleuropäischen Ländern unter dem Kriegszustand überall die Oberaufsicht über die zivile Verwaltung und Politik. In Bezug auf Frankreich ist für die ersten Kriegsmonate sogar mit guten Gründen von einer *Dictature Militaire* gesprochen worden, weil das Oberkommando unter General Joffre nicht nur eine rigorose Pressezensur in allen den Krieg betreffenden Fragen praktizierte, sondern auch die (nach Bordeaux verlegte) Regierung und das vertagte Parlament recht erfolgreich von allen kriegspolitisch wichtigen Informationen und Entscheidungen auszuschließen versuchte. Dieser Zustand währte allerdings nur wenige Monate. Nach Klärung der militärischen Frontlinien kehrte die Regierung nach Paris zurück und übernahm bald wieder die politische Kontrolle. Dieser Prozess wurde begleitet von Initiativen der Nationalversammlung, die Anfang Dezember 1914 wieder zusammentrat, sich im Januar 1915 für permanent erklärte und einen entschiedenen Kampf für die zivile Kontrolle der Militärpolitik begann. Im Jahre 1915 wurde der Belagerungszustand auf die frontnahen Gebiete beschränkt, so dass die allgemeine Verwaltung und Politik wieder in die Verantwortung der zivilen republikanischen Institutionen überging (1917 wurden allerdings die Landungsgebiete amerikanischer Truppen wieder militärischer Verwaltung unterworfen). Mit der Einrichtung nichtöffentlicher Kommissionen gelang es der Nationalversammlung schließlich 1916, den parlamentarischen Einfluss auch auf militärische Angelegenheiten mit höchster Geheimhaltungsstufe auszudehnen. Frankreich war damit im Wesentlichen zur parlamentarisch-demokratischen Regierungsweise zurückgekehrt.

Entwicklung und Auflösung der Union Sacrée

Die *Union Sacrée* hielt dabei auf Regierungsebene trotz etlicher Umbildungen bis zum Herbst 1917. Sie wurde allerdings mit der Zeit immer deutlicher zu einem exklusiven Bezugspunkt der politischen Rechten. Zwar konnte die Linke auf den Gebieten der Innen-, Wirtschafts- und Sozialpolitik insbesondere über den demokratischen Innenminister Louis Malvy und das von dem Sozialisten Albert Thomas geleitete Rüstungsministerium einige Erfolge erzielen, wozu insbesondere die zivile Kontrolle des Militärs, die Bewahrung von Parlamentarismus und Rechtsstaatlichkeit sowie Schritte zur sozialen Absicherung der Bevölkerung gehörten. Doch vor allem in der Kriegszieldiskussion setzte sich nach dem Scheitern der Regierung Aristide Briand seit Beginn des Jahres 1917 die Rechte immer deutlicher durch; kritische Sozialisten und Vertreter der bürgerlichen Radikalen wurden zunehmend mit dem Vorwurf antinationaler Orientierung konfrontiert und politisch unterdrückt, vor allem nachdem es Mitte 1917 zu einer umfassende Krise des kriegspolitischen Zusammenhalts der Nation gekommen war, die in Soldatenmeutereien, Massenstreiks und zugespitzten politischen Auseinandersetzungen über die Form und die Ziele der Kriegspolitik ihren Ausdruck fand. Nachdem diese Krise durch eine Mischung aus Repression und sozialpolitischen Zugeständnissen beigelegt werden konnte, schloss die im November 1917 gewählte Regierung Clemenceau mit der Parole *„Guerre à Outrance"* (Krieg bis zur Entscheidung) schließlich jeden Verständigungsfrieden aus und setzte ganz auf die Mobilisierung der Nation für den militärischen Sieg. Sowohl die Sozialisten als auch der linke Flügel der Radikalen zogen sich daraufhin aus der Regierung zurück, gingen in die parlamentarische Opposition und gründeten Anfang 1918 gemeinsam mit den Gewerkschaften und anderen linken Gruppierungen eine oppositionelle Propagandaplattform, die *Ligue Républicaine*.

Entwicklung und Auflösung der Truce Policy

Strukturell in mancher Hinsicht ähnlich vollzog sich die Entwicklung im ebenfalls schon lange parlamentarisch regierten England. Auch hier löste sich der auf Regierungsebene praktizierte Burgfrieden im Herbst 1917 auf, als der Labour-Führer Arthur Henderson angesichts der immer deutlicher werdenden Ablehnung eines Verständigungsfriedens durch die Regierung Lloyd George aus der Regierung austrat und nur zweitrangige Labour-Politiker als Minister im Amt blieben, während die Parlamentsfraktion zur Opposition überging. Auch zuvor allerdings war die politische Entwicklung keineswegs konfliktfrei verlaufen. Wie in Frankreich war es zu einer Reihe von Regierungsumbildungen gekommen, wobei am bedeutendsten die im Dezember 1916 vollzogene Ablösung von Premierminister Asquith durch David Lloyd George war. Hochgradig umstritten waren immer wieder die Organisation der Kriegswirtschaft, die militärische Strategie und die sukzessive vollzogene Einführung der Allgemeinen Wehrpflicht. Labour konnte hier im Zusammenspiel mit den Gewerkschaften und den Linksliberalen einige Erfolge erzielen, insbesondere die strikte Besteuerung von Kriegsgewinnen, den Verzicht auf eine drohende *Industrial Conscription*, relativ gemäßigte Kriegsziele, soziale Reformen, eine Wahlrechtsreform und die Ergänzung der 1916 schließlich eingeführten Allgemeinen Wehrpflicht durch das Recht auf Kriegsdienstverweigerung bzw. Leistung eines zivilen Ersatzdienstes. Doch wie in Frankreich verschob sich auch hier die politische Initiative der *Truce Policy* zunehmend nach rechts, insbesondere mit der von Lloyd George wie von Clemenceau offen vertretenen Ausrichtung auf einen Siegfriedensschluss und die Formierung von Wirtschaft und Gesellschaft für den totalen Krieg. Mit Asquith traten auch andere führende Liberale aus der Regierung aus, während die Konservativen ihre Stellung unter Lloyd George deutlich ausbauen konnten.

Konkurrierende Machtzentren in Deutschland

In den monarchisch regierten Ländern entwickelte sich die innenpolitische Szenerie der Kriegszeit auf signifikant andere Weise. Während in Russland und lange auch in Österreich-Ungarn, wo das Parlament schon vor dem Krieg auf unbestimmte Zeit vertagt worden war, monarchische Regierung und Militär weitgehend allein die politische Initiative behielten, bildeten sich im konstitutionellen Gefüge des Deutschen Reiches verschiedene, auseinanderlaufende Machtzentren aus, auch weil der formell im Zentrum des politischen Gefüges stehende Kaiser immer weniger in der Lage war, eine verbindende Rolle zu spielen. Der öffentliche Burgfrieden fand hier schnell sein Ende, als 1915 die eigentlich verbotene Kriegszieldiskussion auf breiter Front einsetzte und damit die kontroversen Vorstellungen der linksorientierten Vertreter eines Verständigungsfriedens auf der einen, der radikalen, von den großen Wirtschaftsverbänden unterstützten, imperialistisch-annexionistischen Rechten auf der anderen Seite des politischen Spektrums frontal aufeinanderprallten. Verschärfend trat hinzu, dass insbesondere die Sozialdemokraten mit dem Burgfrieden die Hoffnung auf politische Reformen verbanden, während die Rechte umgekehrt durch einen siegreichen Krieg das bestehende politische System zementieren wollte. Nur oberflächlich gelang es Reichskanzler Bethmann Hollweg, diese fundamentalen Gegensätze durch die von ihm verfolgte „Politik der Diagonale" zusammenzuhalten. Sie zielte darauf ab, ‚oberhalb der Parteien' zu lavieren, beiden Seiten Hoffnungen zu machen und möglichst keine Seite durch eindeutige Festlegungen vor den Kopf zu stoßen. Mit der Zeit führte diese Haltung jedoch zu Vertrauensverlusten auf beiden Seiten des politischen Spektrums.

Verselbständigung des Reichstages

Ein Ausdruck davon war die tendenzielle Verselbständigung des Reichstages, dessen Mehrheit aus SPD, Zentrum und Liberalen seit 1915 mit dem Hauptausschuss ein Koordinationsgremium schuf, seine Zusammenarbeit dann 1916 im Interfraktionellen Ausschuss verstetigte, zunehmend Einfluss auf wichtige Gesetzgebungsverfahren gewinnen konnte und schließlich am 19. Juli 1917 mit der Verabschiedung einer von Matthias Erzberger (1875–1921) eingebrachten Friedensresolution auch den Anspruch erhob, die Außenpolitik, das traditionelle Arkanum der monarchischen Regierung, mitzubestimmen. Konterkariert wurde diese Entwicklung allerdings durch die von der III. Obersten Heeresleitung unter den Generälen Hindenburg und Ludendorff betriebene Verselbständigung der Militärführung, die eine radikale Mobilisierung von Wirtschaft und Gesellschaft für den totalen Krieg sowie einen umfassenden Siegfriedensschluss anvisierte. Unterstützt wurde sie dabei von der im Herbst 1917 neu gegründeten Deutschen Vaterlandspartei unter Führung von Großadmiral Tirpitz (1849–1930), die alle mit der Regierung unzufriedenen, rechtsorientierten Kräfte sammelte und zum Kampf nicht nur für einen Siegfrieden, sondern auch gegen alle „inneren Feinde" radikalisierte.

Diktatur der Obersten Heeresleitung

Dieses militaristische Projekt konnte sich auch darauf stützen, dass nach dem preußischen Gesetz über den Belagerungszustand die zivile Verwaltung in ganz Deutschland unter der Kontrolle der Militärbehörden blieb. Insgesamt 57 Stellvertretende Generalkommandeure und Festungskommandanten, die allein dem Kaiser als Obersten Kriegsherrn unterstanden, kontrollierten alle Bereiche der inneren Verwaltung und Politik, von der Pressezensur über das Versammlungsrecht und die Kriegswirtschaft bis zur Nahrungsmittelversorgung. Sie konnten jederzeit Verfassungsrechte außer Kraft setzen, und sie verfolgten radikale Kriegsgegner nicht nur mit polizeilichen und juristischen Mitteln, sondern auch mit dem Instrument der militärischen Schutzhaft, das die Inhaftierung ohne Gerichtsurteil ermöglichte. Nach dem sachkundigen Urteil des USPD-Vorstandes Wilhelm Dittmann, der im Reichstag mehrere Reden über die Praxis des Belagerungszustandes hielt und während des Januarstreiks Anfang 1918 selbst von einem Militärgericht zu einer mehrjährigen Festungshaft verurteilt wurde, bildeten sich bereits hier viele der Repressionsinstrumente heraus, die einige Jahre später der Nationalsozialismus perfektioniert hat; ein späterer Historiker werde hier, so sein rückblickendes Urteil nach der Emigration aus dem nationalsozialistischen Deutschland, „die Quelle des ‚totalitären' Regierungssystems finden".

Während die II. Oberste Heeresleitung unter General Erich von Falkenhayn (1861–1922) ihren politischen Gestaltungsanspruch jedoch weitgehend auf militärstrategische Fragen beschränkt hatte und im Einvernehmen mit dem Reichskanzler einen Separatfrieden im Osten oder Westen anvisierte, gingen Hindenburg und Ludendorf darüber weit hinaus. Reichskanzler Bethmann Hollweg hatte sich ursprünglich für die Ernennung der charismatischen Leiter des Oberkommandos Ost ausgesprochen, weil er damit die Hoffnung verband, der konservativen Kritik an seiner Politik den Wind aus den Segeln zu nehmen. Doch das Ergebnis sah ganz anders aus, die Generäle drückten der Reichspolitik schnell ihren eigenen Stempel auf. Sie brachten mit dem sogenannten Hindenburg-Programm eine radikale Ausweitung der Rüstungsproduktion auf den Weg, setzten die Wiederaufnahme des unbeschränkten U-Boot-Krieges durch und konnten in den letzten beiden Kriegsjahren eine so große außen- wie innenpolitische Machtfülle aufbauen, dass das politische System des Kaiserreiches zunehmend den Charakter einer mehr oder weniger verdeckten Militärdiktatur gewann. Zweifellos konnten die Militärbefehlshaber nicht alle ihre Wünsche durchsetzen, wie etwa bei der parlamentarischen Veränderung des von Hindenburg angestoßenen Kriegshilfsdienstgesetzes deutlich wurde, und de jure blieben sie vom Vertrauen des Kaisers abhängig. Doch gegen den Willen der Generäle konnten andererseits bis zum militärischen Zusammenbruch 1918 keine wichtigen politischen Entscheidungen mehr durchgesetzt werden.

Systemalternativen in Deutschland

Vor allem in den Jahren 1917/18 zeichnete sich so in Deutschland deutlich ab, dass eine Rückkehr zum konstitutionellen politischen System der Vorkriegszeit nicht wahrscheinlich war. Monarchisch verbrämte Militärherrschaft auf der einen, Parlamentarisierung der Reichspolitik und demokratische Wahlrechtsreformen in den Ländern auf der anderen Seite, so lauteten die auseinanderlaufenden Entwicklungssperspektiven, wobei die militaristisch-konservative Option so lange eindeutig dominierte, wie ein Siegfriedensschluss möglich zu sein schien. Ernsthafte Reformbestrebungen wie die angekündigte Wahlrechtsreform in Preußen blieben demgegenüber noch 1917/18 angesichts des Widerstandes in Preußen stecken. Zwar hatte der Reichstag zum Sturz des Kanzlers beigetragen, doch sein Nachfolger Michaelis wurde nicht vom Vertrauen der Volksvertretung getragen, sondern von der OHL inthronisiert. Die Friedensresolution des Reichtages nahm er nur mit dem herablassenden Kommentar „wie ich sie verstehe" zur Kenntnis und entwertete sie damit vollständig. Neben der Militärherrschaft und den von der Reichstagsmehrheit getragenen Reformbestrebungen trat seit dem Frühjahr 1917 mit großen Streikbewegungen und der Gründung der USPD schließlich noch eine dritte Systemalternative hervor, die Revolution. Zu Streiks und Unruhen kam es, nicht zuletzt unter dem Eindruck der russischen Februarrevolution, 1917 in allen am Krieg beteiligten Ländern. Doch nur in den Mittelmächten gewannen sie mit den Januarstreiks 1918 eine Qualität, die nach Russland auch in Deutschland und Österreich-Ungarn den revolutionären Umsturz als zunehmend realistische Perspektive erscheinen lassen konnte.

Systemtransformation in England und Frankreich

Die kriegsbedingte oder durch den Krieg beschleunigte Tendenz zur Transformation der politischen Systeme blieb allerdings nicht auf die Mittelmächte begrenzt. In England und Frankreich bildeten sich in der zweiten Kriegshälfte unter den charismatischen Kriegspremiers Lloyd George und Georges Clemceau Regierungsformen heraus, die mit ihrer autoritären Personalisierung der Macht und gestützt auf exklusive Kommissionen und Kriegskabinette die Volksvertretung zunehmend an den Rand des politischen Entscheidungszentrums drängten. Auch die Öffentlichkeit wurde einer immer rigoroseren Kontrolle unterworfen, wobei sich in Frankreich die staatlichen Maßnahmen nicht nur gegen kriegsgegnerische Tendenzen in der Arbeiterbewegung, sondern auch unter den linken Radikalen wie gegen den ehemalige Ministerpräsident Caillaux und den noch bis 1917 als Innenminister amtierenden Malvy richtete. Diese autoritären Verformungen der parlamentarischen Demokratie hatten allerdings klare Grenzen. Denn zum einen konnte zugleich die zivile Entscheidungsgewalt über die Militärbehörden sichergestellt werden. In Frankreich war dies schon früh unter aktiver Mitwirkung des Parlaments gelungen, und in England wurden mit der Einsetzung des *Supreme War Council* unter Lloyd George, der anschließenden Entlassung von Generalstabschef Robertson und schließlich mit der Behauptung der Regierung in der Maurice-Affäre im Mai 1918 politisierende Tendenzen der Militärführung ebenfalls beendet. Zum anderen stand in beiden Ländern außer Frage, dass die Regierungsgewalt an die Zustimmung des Parlaments gebunden blieb.

Für die Zeit unmittelbar nach Kriegsende waren Neuwahlen angesetzt, in England wurden darüber hinaus (ähnlich wie in den neutralen skandinavischen Ländern) bereits während des Krieges 1917 Wahlrechtsreformen verabschiedet, die nicht nur alle noch vorhandenen Einschränkungen des allgemeinen Männerwahlrechts beseitigten, sondern darüber hinaus auch das Wahlrecht für Frauen (allerdings erst ab 30 Jahren) einführten. Die parlamentarisch-demokratischen Systeme Englands und Frankreichs konnten so trotz der Belastungen des Krieges ein hohes Maß an Legitimität bewahren, ernsthafte revolutionäre Bedrohungen entwickelten sich (anders als in Italien) nicht. Die Entwicklungen der Kriegszeit führten ferner dazu, dass in England mittelfristig Labour die Liberalen als linke Alternative zu den Konservativen ablöste. In Frankreich war diese Tendenz nicht so deutlich ausgeprägt; hier stand nach Kriegsende die in England kaum ausgeprägte Spaltung der Arbeiterbewegung in Sozialisten und Kommunisten einem Erstarken der sozialistischen Linken im Wege, und zugleich gelang es den bürgerlich-liberalen *Radicaux* in höherem Maße als den Liberalen in England, ihre Stellung zu behaupten und eine Schlüsselposition zwischen der politischen Linken und Rechten einzunehmen.

Die radikalste Systemtransformation während des Krieges hatte sich allerdings schon im Laufe des Jahres 1917 in Russland vollzogen. Die extreme Form der autokratischen Selbstregierung, wie sie in der persönlichen Übernahme des militärischen Oberbefehls durch Zar Nikolai II. (1868–1918) und der Leitung der Staatsgeschäfte durch die Zarin und ihren Intimus Rasputin besonders deutlich hervortrat, führte Russland militärisch, gesellschaftlich und politisch schnell an den Rand des Zusammenbruchs. Große Hungerunruhen und Streikbewegungen in der Hauptstadt St. Petersburg/Petrograd kulminierten Anfang März (nach dem in Russland gültigen julianischen Kalender Ende Februar = Februarrevolution) in einer revolutionären Erhebung, die zur Abschaffung des Zarismus und der Einführung einer demokratischen Republik führte. Russland wurde mit den Worten Lenins zum „freiesten Land der Welt", das die volle Versammlungs-, Presse- und Redefreiheit garantierte, jede Diskriminierung von Religionen und spezifischen Bevölkerungsgruppen ebenso abschaffte wie die Todesstrafe, die lokale demokratische Selbstverwaltung und das allgemeine Wahlrecht für alle Erwachsenen einschließlich der Frauen einführte und auf dieser Basis Wahlen zu einer Konstituierenden Versammlung vorbereitete.

Revolution in Russland

Das neue Regime sah sich allerdings mit einer Reihe schwerer Probleme konfrontiert. Zuerst einmal ist hier die sogenannte Doppelherrschaft zu nennen: An der Spitze des Staates stand nun eine Provisorische Übergangsregierung, in der die bürgerlich-demokratischen Kadetten und gemäßigte Sozialisten dominierten; Alexander Kerenski (1881–1970) wurde zuerst als Außenminister, später als Ministerpräsident zu ihrer dominierenden Persönlichkeit. Kontrolliert wurde die Regierung dagegen vom Petersburger *Sowjet*, dem Arbeiter- und Soldatenrat, in dem die radikaleren sozialistischen Parteien der Bolschewiki, Menschewiki und Sozialrevolutionäre die Mehrheit hatten, ohne allerdings den durchaus möglichen Weg zu einer rein sozialistischen Regierungsbildung zu gehen. Die exekutive Macht dieser neuen Regierungsorgane war allerdings durchaus begrenzt, denn in weiten Teilen Russlands führte die Revolution zu einer allgemeinen Erschütterung der staatlichen Autorität und zur Etablierung einer Vielzahl unterschiedlich geprägter Machtzentren. Während die Wahlen zur Konstituierenden Versammlung immer weiter herausgeschoben und deshalb auch keine Beschlüsse in der für die ländliche Bevölkerung grundlegenden Frage der Aufteilung des Bodes getroffen wurden, griffen die Menschen überall zur Selbsthilfe. Schließlich und vor allem gelang es dem neuen, demokratischen Russland nicht, sich vom Krieg zu befreien. Der allgemeine Verständigungsfrieden, den der Petrograder Sowjet mit seiner berühmten Formel vom „Frieden ohne Annexionen und Kontributionen" vorschlug, hatte angesichts der kriegspolitischen Realitäten vorerst keine Verwirklichungschancen, und die Provisorische Regierung entschied sich, den Krieg an der Seite der Westmächte fortzusetzten. Dies entfremdete sie jedoch zunehmend von den breiten Massen der Bevölkerung, bei denen die am nachdrücklichsten von den Bolschewiki vertretene Forderungen nach einer sofortigen Beendigung des Krieges auf fruchtbaren Boden fiel.

Die Frage, ob die junge russische Demokratie unter diesen Bedingungen eine Chance besaß, ist schwer zu beantworten. Wenn dann hätte sie wohl in einer gemeinsamen, auf die Räte gestützten Regierungsübernahme durch die sozialistischen Parteien, verbunden mit der raschen Durchführung einer Landreform und der sofortigen Beendigung des Krieges gelegen. Doch obwohl sich auch gemäßigte Bolschewiki wie Kamenev für diesen Weg aussprachen, schreckten Menschewiki und Sozialrevolutionäre immer wieder davor zurück. Stattdessen gelang es dem radikalen Flügel der als einzige Partei nicht in die Provisorische Regierung eingebundenen Bolschewiki unter Führung von Lenin und dem hinzustoßenden Trotzki, mit ihren populären Forderungen nach Frieden, Landreform und Sowjetherrschaft einen wachsenden Massenanhang insbesondere in der Arbeiterschaft zu organisieren. Darüber hinaus konnten sie mit den Roten Garden eine eigene militärische Kampforganisation aufbauen und verfügten auch über großen Einfluss auf andere bei Petrograd stationierte Militäreinheiten wie die Kronstädter Matrosen. Darauf gestützt, ließen Lenin und Trotzki am 25. Oktober (nach gregorianischem Kalender 7. November) 1917 die Provisorische Regierung absetzten und bildeten eine bolschewistische Räteregierung, den Rat der Volkskommissare. Bei dieser Oktoberrevolution konnten sie sich anfangs auch auf den linken Flügel der Sozialrevolutionäre stützen, der das Dekret zur Verteilung des Bodens an die Bauern als Erfüllung seiner politischen Ziele ansah und zeitweilig in die Regierung eintrat.

Sowjetherrschaft und Terror

Die Sowjetherrschaft war durchaus populär, doch die Masse der Bevölkerung verstand darunter tatsächlich die Selbstregierung der Räte, nicht die Diktatur der bolschewistischen Partei, die nun mit terroristischen Mitteln durchgesetzt wurde. Die Regierung entfesselte zum einen unter der Parole der „Ausplünderung der Plünderer" den sozialen Terror der unzufriedenen Volksmassen gegen alle „Besitzenden", und sie errichtete zum anderen, gestützt auf die neu gebildete Geheimpolizei Tscheka, eine politische Terrorherrschaft über alle anderen Parteien. Als die Bolschewiki trotzdem in der schließlich doch gewählten, Anfang Januar 1918 zusammentretenden Konstituierenden Versammlung nur auf etwa ¼ der Sitze kamen (gegenüber etwa 50% Sozialrevolutionäre), ließ sie diese nach ihrer ersten Sitzung wieder auflösen und errichtete hinter der Fassade der Räteherrschaft eine bolschewistische Parteiendiktatur, die sich durch den einsetzenden Bürgerkrieg rasch weiter radikalisierte.

3. Organisation der Kriegswirtschaft

Die Militärverwaltungen wie die Volkswirtschaften der beteiligen Länder waren nirgendwo auf einen längeren Krieg vorbereitet, so dass schon nach Wochen, spätestens nach wenigen Monaten Engpässe in der Versorgung der Truppen vor allem mit Munition auftraten. Die Konsequenz daraus waren Bemühungen um eine nachhaltige Steigerung der kriegsindustriellen Produktion, die überall erstaunlich erfolgreich umgesetzt werden konnten. Durch Mangel an Waffen und Munition kam der Krieg nicht zu einem Ende. Dies basierte nicht nur auf den enormen Produktionsmöglichkeiten der hochindustrialisierten Gesellschaften, sondern auch auf weitreichenden Interventionen der staatlichen Politik in die bislang überwiegend selbstorganisierten kapitalistischen Wirtschaftsstrukturen, die unabdingbar waren, um die nötigen Ressourcen an Arbeitskräften, Rohstoffen, Produktionskapazitäten und Transportmöglichkeiten bereitzustellen. Je länger der Krieg dauerte, desto intensiver war der Staat auch genötigt, die wachsenden Probleme bei der Versorgung der zivilen Bevölkerung an der „Heimatfront" zu lösen und für eine hinreichende Versorgung vor allem mit Lebensmitteln zu sorgen. Die staatlich organisierte Kriegswirtschaft wurde so zu einem Experimentierfeld gesellschaftlicher Neugestaltung, in dem weitreichende Möglichkeiten zur Mobilisierung aller gesellschaftlichen Kräfte für den industrialisierten, totalen Krieg ausprobiert wurden, das aber auch darüber hinausweisende politische und technokratische Gestaltungsmöglichkeiten für die kommende Wirtschafts- und Gesellschaftsordnung entwickeln half.

Probleme und Konzepte

Die mit den staatlichen Eingriffen verbundenen Veränderungen der wirtschaftlichen Ordnungsstrukturen wurden sowohl zeitgenössisch als auch in der Geschichtswissenschaft vielfach reflektiert, oft auch ideologisiert. „Geschlossener Handelsstaat", „Zentralverwaltungswirtschaft", „Gemeinwirtschaft" oder auch „Kriegssozialismus", so lauteten in Deutschland ähnlich wie in anderen Ländern die zeitgenössischen Begrifflichkeiten, mit denen zugleich teils begeistert gefeierte, teils vehement abgelehnte Perspektiven für die Nachkriegszeit verbunden waren. Daraus wurden „Organisierter Kapitalismus", „Staatsmonopolkapitalismus" oder „Korporatismus" als wissenschaftliche Analysekonzepte abgeleitet. Ihnen allen war es gemeinsam, dass sie ein enges Zusammenwirken zwischen organisierten wirtschaftlichen Interessen und staatlichen, teilweise auch militärischen Institutionen zu fassen versuchten, durch das die überkommenen privatkapitalistische Wirtschaftstrukturen und -mechanismen im Interesse kriegswirtschaftlicher Notwendigkeiten partiell außer Kraft gesetzt, transformiert, nicht aber abgeschafft wurden. Wie dies jedoch konkret im Einzelnen umgesetzt wurde, das hing nicht nur von unterschiedlichen nationalen Voraussetzungen und politischen Kräfteverhältnissen ab, sondern es war auch überall ein politisch hoch umstrittenes Thema. In der Grundtendenz waren es in Deutschland vor allem die Institutionen des Militärstaates, die den Aufbau der Kriegswirtschaft koordinierten und dafür Kapital und Arbeit zu engeren Formen der Zusammenarbeit veranlassten. Sowohl in England als auch in Frankreich lag die Organisation der Kriegswirtschaft dagegen in den Händen ziviler Regierungsstellen, die ebenfalls auf unterschiedliche Weise mit Unternehmerverbänden und Gewerkschaften kooperierten.

Walther Rathenau und die Kriegsrohstoffabteilung

In Deutschland entstand die Organisation der Kriegswirtschaft als Folge der englischen Seeblockade unter dem schnell deutlich werdenden Mangel an Rohstoffen, und organisatorisch vollzog sie sich im Rahmen des Militärstaates. Auf Initiative des AEG-Direktors Walther Rathenau (1867–1922) wurde im Preußischen Kriegsministerium die Kriegsrohstoffabteilung gegründet, die für die Erfassung kriegswichtiger Rohstoffe zuständig war. Sie organisierte die wirtschaftliche Ausplünderung der besetzten Gebiete insbesondere in Belgien, sie regte die Entwicklung von Ersatzstoffen wie vor allem die Herstellung von künstlichem Salpeter nach dem Haber-Bosch-Verfahren an, und sie schloss vor allem, ausgehend von der Metall- und Chemieindustrie, in immer mehr Wirtschaftsbereichen die privatwirtschaftlichen Betriebe zwangsweise zu sogenannten Kriegsrohstoffgesellschaften zusammen, in deren Rahmen die Verteilung der Rohstoffe dann im Zusammenspiel von wirtschaftlicher Selbstverwaltung und militärstaatlicher Aufsicht organisiert wurde. Die Organisation der Kriegswirtschaft forcierte damit nicht zuletzt die Bildung von Großkonzernen und Kartellen. Da auch die staatlichen Kontrollinstanzen – besonders offensichtlich mit dem AEG-Direktor Walter Rathenau als Leiter der Kriegsrohstoffabteilung – Fachleute aus der Industrie integrierten, konnten insbesondere die schwerindustriellen Großkonzerne ihre Interessen in hohem Maße durchsetzen.

Albert Thomas und David Lloyd George

Die französische Rüstungsproduktion wurde durch den Krieg ebenfalls unmittelbar schwer getroffen, denn große Teile der Schwerindustrie konzentrierten sich in den bald deutsch besetzten bzw. frontnahen nördlichen Landesteilen. Der schnell beginnende und bald auch erfolgreiche Ausbau alter und Aufbau neuer industrieller Produktionsstätten vollzog sich vor allem im Zusammenspiel der industriellen Interessenverbände unter Führung des schwerindustriellen *Comité des Forges*, das schnell seine eigene Bürokratie entwickele, die Einfuhr und die Verteilung von Eisen und Stahl monopolisierte und einen gestaltenden Einfluss auf die Preisfestsetzung gewann. Dagegen konnte sich auch dass von dem Sozialisten Albert Thomas geleitete, im Mai 1915 gegründete Staatssekretariat, später Ministerium für die Rüstungswirtschaft, kaum durchsetzen, das andererseits jedoch einen weitreichenden Einfluss auf die Gestaltung der Löhne und der Arbeitsbeziehungen auszuüben vermochte. Anders vollzog sich die Entwicklung in England, wo Anfangs *Business as usual* proklamierte wurde, Anfang 1915 aber die sogenannte *Shell Crisis*, ein gravierender Mangel an Granaten und Munition, Öffentlichkeit und Politik alarmierte. Hier wurde der Aufbau der Kriegswirtschaft vom zivilen Rüstungsministerium unter Leitung von David Lloyd George organisiert, wobei die Rüstungswirtschaft generell zu einer *Controlled Economy* erklärt wurde. Da das Ministerium seine schnell wachsende Zahl von Mitarbeiter allerdings überwiegend aus der privaten Wirtschaft rekrutierte, entstand eine zwar effiziente, zugleich jedoch eng mit den Interessen der Großindustrie verbundene Ministeriumsstruktur.

In allen Ländern vollzog sich so ein forcierter Aufbau großer Rüstungsbetriebe, in denen zum Teil auch moderne, tayloristische Arbeitsmethoden zum Einsatz kamen. Während dabei in Deutschland und in Frankreich der Anteil der traditionellen staatlichen Waffenfabriken abnahm, spielte in England der Aufbau neuer *National Factories* eine größere Rolle. Und da die Behörden ihre Produktionskosten zum Maßstab bei der Vergabe von Aufträgen an die private Rüstungswirtschaft machten, konnten sie über die Preisgestaltung generell eine deutliche stärkere, Preistreibereien zumindest eingrenzende Kontrolle ausüben. Auch die Wissenschaft wurde aktiv in die Kriegsanstrengungen integriert, nicht nur in den Forschungsabteilungen der Großunternehmen, sondern auch in Universitäten und staatlichen Forschungsinstitutionen wie den deutschen Kaiser-Wilhelm-Instituten, die künstliche Ersatzstoffe für die mangelnden Rohstoffe in der Rüstungs- wie in der Lebensmittelproduktion herstellten, aber auch an der Entwicklung von neuen Waffen und Giftkampfstoffen beteiligt waren.

Wachsende Bedeutung der Arbeiterschaft

Eine unverzichtbare Ressource für die Rüstungsindustrie stellte die Arbeiterschaft dar. In allen Ländern ging man schnell dazu über, Teile der eingezogenen Facharbeiter vom Militärdienst freizustellen und darüber hinaus neue Gruppen zur Arbeit in den Rüstungsbetrieben anzuwerben, vor allem Frauen, Jugendliche, Ausländer und bald auch Kriegsgefangene. Um erfolgreich zu sein, mussten dabei auch die Interessen der Arbeiterschaft und ihrer Vertreter, der Gewerkschaften, in die Organisation der Kriegswirtschaft einbezogen werden, so dass der Krieg in mancher Hinsicht zu einem „Schrittmacher der Sozialpolitik" (Ludwig Preller) wurde. In Deutschland geschah dies vor allem auf Druck der Militärbehörden, von denen die zuerst mehrheitlich nicht bereiten Unternehmerverbände zur Zusammenarbeit mit den Gewerkschaften gedrängt wurden. Ein erster wichtiger Schritt war hier ein bereits Anfang 1915 für die Metallindustrie Groß-Berlins getroffenes, bald auch andernorts übernommenes Abkommen, durch das der von den Arbeitern zur Erzielung von Lohnerhöhungen häufig praktizierte Wechsel des Arbeitsplatzes zum einen reglementiert, zum anderen der Kontrolle einer paritätisch besetzten Kommission aus Gewerkschafts- und Unternehmervertretern unter Vorsitz eines Militärs übertragen wurde. Mit dem Kriegshilfsdienstgesetz vom Dezember 1916 wurde diese ambivalente, Zwangsmaßnahmen gegen die Arbeiterschaft und Mitspracherechte der Gewerkschaften verbindende Struktur dann reichsweit umgesetzt. Das Gesetz verfügte die Arbeitspflicht für alle nicht zum Militär eingezogenen männlichen Deutschen zwischen 16 und 60 Jahren, es legte zugleich aber auf Initiative der sogenannten Gewerkschaftsachse in der Reichstagsmehrheit von Mehrheitssozialdemokraten, Zentrum und Liberalen eine Reihe von Arbeitnehmerrechten fest. Dazu gehörte neben dem Recht zum Arbeitsplatzwechsel zwischen kriegswichtigen Betrieben zur Erzielung von Einkommensverbesserungen und der Einrichtung paritätisch besetzter Prüfkommissionen auch die Einführung von betrieblichen Vertretungsorganen der Arbeiter in Betrieben mit mehr als 50 Beschäftigten.

Q

Hindenburg schlägt dem Reichskanzler am 13. September 1917 eine allgemeine Mobilisierung der Bevölkerung vor

Aus: Erich Ludendorff (Hg.), Urkunden der Obersten Heeresleitung über ihre Tätigkeit 1916–18, 2. Auflage Berlin 1921, S. 65 ff.

I. Maßnahmen zur Einschränkung der Reklamationen, insbesondere eingehende Nachprüfung in jedem Fall.

II. Einstellung aller zur Zeit Untauglichen, die an heilbaren Krankheiten usw., z. B. Herzschwäche, Sportherz, allgemeine Körperschwäche usw. leiden, in besondere Abteilungen, die an geeigneten Orten einer Gesundungskur unterworfen werden. (...)

III. Erhöhung der Lebensaltersgrenze für die Wehr- bzw. Landsturmpflicht. Ich erachte es für angängig, damit bis auf 50 Jahre heraufzugehen. (...)

IV. Energische staatliche Ausbildung der männlichen Jugend vom 16. Lebensjahre an für den Militärdienst. (...)

Es ist möglich, daß innenpolitische Rücksichten dagegen sprechen. Der bittere Ernst der Lage zwingt aber dazu, und ich hoffe, daß bei einer sachlich ruhigen Aufklärung das Volk nicht zögern wird, die gewiß nicht gering einzuschätzenden Pflichten zu übernehmen.

Ein Kriegsleistungsgesetz gibt

a) die Möglichkeit, Arbeiter aus fast stillstehenden Industriezweigen (Textilbranche usw.) zu verpflanzen;

b) das Personal der gesamten Nichtkriegsindustrie (Warenhäuser usw.) einzuschränken und anders zu verwenden;

c) die Arbeitskraft jedes einzelnen voll auszunutzen. (...)

Arbeit für das Allgemeinwohl ist jetzt Pflicht für alle und gibt keinen Anspruch auf besondere Rechte, sondern ist höchstens ein Grund für die Existenzberechtigung.

Ausdehnung des Kriegsleistungsgesetzes auch auf die abkömmlichen Frauen ist nötig. Es gibt ungezählte Tausende von kinderlosen Kriegerfrauen, die nur dem Staat Geld kosten. Ebenso laufen tausende Frauen und Mädchen herum, die nichts tun oder höchst unnützen Berufen nachgehen. Der Grundsatz „Wer nicht arbeitet, soll auch nicht essen" ist in unserer jetzigen Lage mehr denn je berechtigt (...). Das ganze deutsche Volk darf nur im Dienste des Vaterlandes leben.

Militarisierung von Wirtschaft und Gesellschaft

Die ursprünglich von der III. Obersten Heeresleitung unter der Parole „Wer nicht arbeitet, soll auch nicht essen" anvisierte allgemeine Militarisierung der Wirtschaft unter Einschluss der Dienstpflicht für Frauen konnte so nicht umgesetzt werden. Als Option allerdings blieb die Unterstellung von Betrieben unter Militärrecht erhalten, wie vor allem das Vorgehen der Militärbehörden gegen die Belegschaften großer kriegsindustrieller Betriebe als Reaktion auf die großen Streikbewegungen Ende Januar/Anfang Februar 1918 zeigte. Und darüber hinaus darf nicht übersehen werden, dass wachsende Teile der Kriegswirtschaft in Deutschland von durchaus rigiden Formen der Zwangsarbeit geprägt waren. Denn bereits bei Kriegsbeginn waren die im Reich beschäftigten polnisch-russischen Landarbeiter unabhängig von ihren Arbeitsverträgen für die Dauer des Krieges zur Fortsetzung ihrer Tätigkeit verpflichtet worden, und bald wurden auch feindliche Zivilgefangene und kriegsgefangene Soldaten in großem Stil zum Arbeitseinsatz in der Kriegswirtschaft verpflichtet. Darüber hinaus warb man in den von deutschen Truppen besetzten Gebieten Arbeitskräfte an, wobei die Grenzen zwischen Freiwilligkeit und Zwang oft verschwammen, eine Rückkehr vor Kriegsende verboten wurde und die Arbeitskräfte dementsprechend einer immer schärferen Kontrolle mit Internierung in Lagern und polizeilicher Überwachung unterworfen werden mussten. Seit Herbst 1916 wurden im Zuge des Hindenburgprogramms dann auch ganz offen und massenhaft Arbeiter aus Polen und Belgien gegen ihren Willen zum Arbeitseinsatz nach Deutschland deportiert, wobei diese Praxis in Bezug auf die Belgier allerdings auf vehemente internationale Proteste stieß und bald wieder eingestellt wurde.

Das Problem des Arbeitszwangs

Eine allgemeine männliche Arbeitspflicht, wie sie in teilweise sehr weitreichenden, oft aber nicht flächendeckend umsetzbaren Formen auch in Österreich-Ungarn, Italien und Russland bestand, wurde in den parlamentarisch regierten Ländern England und Frankreich trotz mancher Diskussionen über eine *Industrial Conscription* schließlich nicht eingeführt. In Frankreich unterlagen allerdings die anfangs auf Initiative der Industrie, später durch das Rüstungsministerium von der Front requirierten Arbeiter, immerhin ca. 500.000 Mann, weitgehend militarisierten Arbeitsbedingungen. In England sah die Gesetzgebung nach den *Munitions of War Acts* von 1915 dagegen anfangs sogenannte *Leaving Certificats* der Arbeitgeber vor, die ähnlich wie die in Deutschland nach dem Hilfsdienstgesetz gebräuchlichen Abkehrscheine Vorbedingung für die Wiedereinstellung in einem kriegswichtigen Betrieb waren und so den Betriebswechsel einschränkten. Nach großen Streikbewegungen wurde diese Praxis allerdings 1915 eingeschränkt und 1917 schließlich ganz wieder abgeschafft.

Die Organisation der Arbeitsbeziehungen in der Kriegsindustrie vollzog sich in England und Frankreich auch sonst durchaus unterschiedlich. In Frankreich waren die Gewerkschaften relativ schwach, so dass sie trotz wohlwollender Unterstützung durch die Regierung keine hinreichende Sicherung der Interessen der Arbeiterschaft durchzusetzen vermochten. Diese wurden stattdessen vom sozialistisch geführten Rüstungsministerium zu wahren versucht, das die Einführung von Mindestlöhnen, sozialpolitische Besserstellungen und betriebliche Vertretungsorgane der Beschäftigten durchsetzen konnte. Auf der Insel existierten dagegen sehr starke Gewerkschaften, denen die Regierung weitreichende Zugeständnisse machen musste. Sie konnten 1915 in Verhandlungen mit dem von David Lloyd George geführten Rüstungsministerium vereinbaren, dass die *Dilution*, der forcierte Einsatz ungelernter oder angelernter Arbeitskräfte in der Rüstungswirtschaft, auf die Kriegszeit begrenzt werden sollte. Und sie setzten auch die Einführung einer strengen Besteuerung von Kriegsgewinnen durch, was entscheidend dazu beitrug, dass England einen vergleichsweise großen Teil seiner Kriegsausgaben durch Steuern finanzieren konnte.

Die Finanzierung des Krieges

Die Kriegsfinanzierung war in allen beteiligten Ländern darauf angelegt, nach dem erwarteten militärischen Sieg die Kosten den Verlierern aufzubürden. Dafür wurden von den Regierungen Kriegsanleihen aufgelegt, in die von der Bevölkerung mit der Erwartung eingezahlt wurde, ihre Einlagen nach Kriegsende in verzinster Form zurückzuerhalten. Darüber hinaus wurde der Krieg mit der Notenpresse finanziert, was zu einer zuerst im Zeichen der Kriegskonjunktur latenten, seit 1916 dann immer deutlicher werdenden Inflation führte. Während diese Entwicklung in England aufgrund einer Steuerquote von immerhin ca. 30% der Kriegskosten relativ begrenzt blieb, nahm sie in Deutschland eine beschleunigte Entwicklung, die schließlich am Ende des sogenannten Inflationsjahrzehnts 1923 in der Hyperinflation kulminierte. Dafür waren zweifellos in hohem Maße die Folgen der Niederlage verantwortlich, doch bereits während des Krieges konnte die Geldentwertung mit einer nur geringen Steuerquote von etwa 14% bald nicht mehr im Zaum gehalten werden. Denn die 1916 auf Druck der SPD schließlich im Reichstag verabschiedete Kriegsgewinnsteuer kam viel zu spät und konnte auch in der Folgezeit gegen widerstrebende, aber kriegswichtige Unternehmen kaum durchgesetzt werden, zumal in der Militärverwaltung entwickelte Pläne für eine rigidere Besteuerung auf Druck von Industrie und OHL ganz fallengelassen wurden. In Frankreich lag die Steuerquote bei der Finanzierung der Kriegskosten mit ca. 15% allerdings nicht viel höher als in Deutschland. Doch auch hier gelang es der Regierung, die Geldentwertung deutlicher zu begrenzen und vor allem die Lebensmittelversorgung der Bevölkerung einigermaßen sicherzustellen.

Probleme der Lebensmittelversorgung

Nicht nur die Rüstungsproduktion war für die Kriegswirtschaft von Bedeutung, sondern auch die Versorgung der Zivilbevölkerung mit Lebensmitteln und anderen Verbrauchsgütern. Vergleichende Studien sind zu dem Schluss gekommen, das Deutsche Reich habe gerade auf diesem Gebiet versagt und auch deshalb, so die weitreichende These von Jay Winter, den Krieg verloren. Von Bedeutung war hier nicht zuletzt die englische Wirtschaftsblockade, die als „Hungerblockade" lange für die Versorgungsengpässe in Deutschland verantwortlich gemacht wurde. Diese Sichtweise ist allerdings wohl zu relativieren, denn der deutsche Handel mit und über neutrale Staaten konnte lange nicht entscheidend behindert werden, gerade bei agrarischen Produkten wies das Reich zudem eine relativ hohe Selbstversorgungsrate auf und die militärischen Eroberungen in Mittel- und Osteuropa erlaubten darüber hinaus den Zugriff auf große agrarische Nutzflächen und Märkte. Die immer größer werdenden Probleme der Lebensmittelversorgung in Deutschland waren vor allem darauf zurückzuführen, dass die politischen und militärischen Leitungsinstanzen dem Ausbau der Rüstungsindustrie absolute Priorität gaben und dafür einen dramatischen Rückgang der Verbrauchsgüterindustrien und vor allem der landwirtschaftlichen Produktion auf etwa die Hälfte des Vorkriegswertes zuließen.

Landwirtschaftliche Produktion in Deutschland 1914–1918: 1913 = 100

	Weizen	Roggen	Hafer	Kartoffeln	Zuckerrüben
1914	83	85	93	84	91
1915	83	75	62	100	59
1916	66	73	72	46	55
1917	49	57	38	64	54
1918	50	55	45	46	53

Nach: Mai, Ende des Kaiserreichs, S. 112.

Die Versorgung der Bevölkerung versuchten die deutschen Behörden in erster Linie auf dem Wege der Mangelverwaltung, d. h. der Erfassung, Rationierung und Verteilung aller Bestände zu lösen. Dabei kam es nicht nur zu einer Reihe von unkoordinierten und widersprüchlichen Maßnahmen, deren Probleme und kontraproduktive Folgen im sogenannten **Schweinemord** des Jahres 1915 besonders deutlich wurden. Vielmehr entwickelte sich auch eine bürokratische Art der Zwangswirtschaft, die mit ihren Höchstpreisverordnungen, Requirierungen und sinkenden Lebensmittelrationen von allen Bevölkerungsgruppen, angefangen bei den Landwirten über den Handel bis zu den Konsumenten vor allem in den industriellen Großstädten, immer vehementer abgelehnt wurde.

E

Der Schweinemord von 1915

Nachdem zum Jahreswechsel 1914/15 reichsweit Höchstpreise für Getreide und Kartoffeln erlassen worden waren, gingen die Bauern dazu über, diese Lebensmittel an ihre Schweine zu verfüttern, um so mit dem noch nicht preislich regulierten Schweinefleisch höhere Erträge erzielen zu können. Daraufhin beschlossen die Behörden eine Zwangsschlachtung von mehreren Millionen Schweinen, die im Frühjahr 1915 durchgeführt wurde. Dies führte anfangs zu einem drastischen Rückgang der Preise für Schweinefleisch. Doch mittel- und langfristig hatte die Verringerung des Schweinebestandes von etwa 25 auf 17 Millionen Tiere dramatische Folgen. Schweinefleisch und Produkte wie Fett und Schmalz wurden extrem knapp, die Preise stiegen in nie gekannte Höhen, die staatliche Mangelverwaltung konnte schließlich trotz immer rigiderer Zwangsmaßnahmen nur noch unzureichende Kontingente zuteilen.

In England und Frankreich wurde demgegenüber deutlich mehr Wert auf die Versorgung der Bevölkerung gelegt. Neben dem Import waren die Behörden hier auch nachdrücklich um den Erhalt und den Ausbau von landwirtschaftlichen Anbauflächen und Produktionsstätten für den zivilen Bedarf bemüht. Die Verteilung funktionierte offenbar ebenfalls reibungsloser, wobei in Frankreich vor allem das ursprünglich nur für Importwaren geschaffene, dann aber auf immer mehr Güter ausgedehnte System der gemischtwirtschaftlichen Konsortien eine wichtige Rolle spielte. Auch in diesen Ländern mussten die Regierungen schließlich zu Maßnahmen der Mangelverwaltung greifen, doch im Vergleich zu Deutschland spät und begrenzt. Nach ersten Anfängen im Jahre 1917 wurde in England wie in Frankreich erst 1918 eine allgemeine Lebensmittelrationierung eingeführt. Gravierende Mangelerscheinungen, wie sie in Deutschland und Österreich-Ungarn spätestens seit dem Hungerwinter von 1916/17 zum Alltag der Bevölkerung gehörten, gab es hier nur in sehr begrenztem Maße.

Parlament, Industrie und Militär

Offensichtlich gelang es den parlamentarisch regierten Ländern besser, ihre militärischen und ökonomischen Kriegsanstrengungen einerseits, und ihre Bemühungen um die Versorgung der Bevölkerung andererseits in einem relativen Gleichgewicht zu halten. In Deutschland verschob sich das Verhältnis dagegen spätestens seit 1916 eindeutig zugunsten des Militärs, als die III. OHL gemeinsam mit der Rüstungsindustrie eine Art militärisch-industriellen Komplex ausbildete, der die zivilen Regierungsinstanzen in den Hintergrund drängte und den absoluten Vorrang der Rüstungsproduktion durchsetzte. Mit dem „Hindenburgprogramm für die Erzeugung von Heeresbedarf" konnte zwar vor allem durch forcierte Auftragsvergabe an die Industrie noch einmal eine deutliche Steigerung der Rüstungsproduktion erreicht werden. Doch geschah dies trotz der Einrichtung eines Obersten Kriegsamtes unter der Leitung von General Wilhelm Groener nicht nur auf vielfach unkoordinierte Weise, sondern auch auf Kosten eines allgemeinen Raubbaus an allen wirtschaftlichen und gesellschaftlichen Ressourcen. Die zivile Produktion wurde immer weiter reduziert, was trotz zwangswirtschaftlicher Maßnahmen zu einer weiteren Verschärfung der Versorgungslage führte, nur noch die Zuteilung von Mangelrationen zuließ, die Inflation anheizte, den Schwarzen Markt zum Blühen brachte und nicht zuletzt einen gravierenden Legitimitätsverlust des überforderten Interventionsstaates bei der erschöpften Bevölkerung zur Folge hatte. Ob dies tatsächlich eine Ursache für die militärische Niederlage war, muss allerdings zweifelhaft bleiben. In jedem Fall aber war es eine Voraussetzung für die Revolution.

4. Kriegsgegnerschaft und Spaltung der Arbeiterbewegung

Trotz des Burgfriedens gab es in allen Ländern Gruppierungen, die dem Krieg von Anfang an ablehnend gegenüberstanden und die vor allem in der zweiten Kriegshälfte immer machtvoller an die Öffentlichkeit drängten. Dabei führte die politische Gegnerschaft zum Krieg teilweise pazifistisch orientierte linksliberale Kräfte und Kriegsgegner aus den Reihen der sozialistischen Arbeiterparteien in neuartigen Organisationen zusammen. Dies gilt vor allem für die schon kurz nach Kriegsbeginn gegründete, durchaus einflussreiche *Union of Democratic Control* in England, aber auch für den im November 1914 ins Leben gerufenen Bund Neues Vaterland und den 1917 folgenden Volksbund für Freiheit und Vaterland, die im öffentlichen Leben Deutschlands allerdings nur eine bescheidene Rolle spielen konnten. Doch auch wenn in Westeuropa bürgerlich-pazifististische Kräfte insgesamt einen größere Rolle spielten als in Deutschland, waren es überall in erster Linie die Organisationen der Arbeiterbewegung, die durch ihre traditionelle Kriegsgegnerschaft, ihren Massenanhang und ihre Bedeutung für Kriegswirtschaft und Kriegsführung potentiell eine ernsthafte Bedrohung für die nationalen Kriegsanstrengungen darstellen konnten.

Integration und Opposition in der sozialistischen Arbeiterbewegung

Zwar hatten sich bei Kriegsbeginn die meisten Arbeiterparteien in den Burgfrieden integriert. Doch auch wo sie nicht in der Opposition verblieben – wie in Russland, Serbien und 1915 in Italien –, gab es überall mehr oder weniger starke kriegsgegnerische Minderheiten, die den Kurs der patriotisch ausgerichteten Mehrheitsrichtung ablehnten und nach eigenständigen, mehr oder weniger revolutionären Wegen zu seiner Beendigung suchten. Der Erste Weltkrieg führte so zum großen Schisma der sozialistischen Arbeiterbewegung, das schließlich mit der Entstehung kommunistischer Parteien überall ihren organisatorischen Ausdruck fand. Diese Spaltung vollzog sich allerdings erst in der frühen Nachkriegszeit und unter dem Einfluss der revolutionären Welle, die Europa in den Jahren 1917–1920 erfasste. Während des Krieges aber wurden ihre Grundlagen gelegt. Und in Deutschland kam es darüber hinaus erst einmal zu einer anders gestalteten Form der Parteispaltung, als im Frühjahr 1917 die Gegner der sozialdemokratischen Burgfriedenspolitik die ihrem Selbstverständnis nach ebenfalls sozialdemokratische „Unabhängige Sozialdemokratische Partei Deutschlands" (USPD) gründeten.

Unter dem Eindruck des Krieges vollzogen sich in der europäischen Arbeiterbewegung überall politische Umgruppierungen, ideologische Wandlungsprozesse und organisatorisch-strategische Veränderungen von oft weitreichender Bedeutung. Auch die Entstehung der faschistischen Bewegung gehört zumindest teilweise in diesen Kontext, denn Benito Mussolini (1883–1945) war bis Kriegsbeginn als Chefradakteur der Parteizeitung *Avanti* ein exponierter Vertreter des linken Flügels der italienischen Sozialisten. Seine bald einsetzende Agitation für den italienischen Kriegseintritt auf Seiten der Entente führte Mussolini in der Sozialistischen Partei Italiens allerdings schnell in die Isolation. 1915 kam er mit seinem Austritt einem Parteiausschluss zuvor und begann seine neue Karriere auf Seiten der politischen Rechten. Ähnliche Übergänge gab es auch in anderen Ländern; der spätere polnische Marschall und Diktator Jozéf Pilsudski (1867–1935) etwa wäre hier zu nennen, und in Deutschland begannen unter dem Einfluss des Kriegsnationalismus auch exponierte Sozialdemokraten wie der Linksradikale Paul Lensch oder der Gewerkschaftsführer August Winnig ihren Weg in die Reihen der politischen Rechten. Doch war dies letztlich fast immer mit einer Abkehr von der Arbeiterbewegung und der Hinwendung zu neuen sozialen Schichten und politischen Orientierungen verbunden.

Oppositionsgruppen

Anders dagegen verhielt es sich mit der entstehenden kommunistischen Bewegung, die zweifellos eine Weiterentwicklung der sozialistischen Arbeiterbewegung darstellte. Sie wurde wesentlich von den russischen Bolschewiki bestimmt, die von Kriegsbeginn an für den revolutionären Kampf gegen den imperialistischen Krieg eintraten, der in einen revolutionären Bürgerkrieg überführt werden sollte. Ihre ebenso radikale wie autoritäre politische Strategie blieb jedoch nicht nur in Russland lange minoritär, sie konnte vielmehr auch in den Oppositionsgruppen der anderen europäischen Länder vorerst keine prägende Kraft gewinnen. Hier dominierte vielmehr die traditionelle Gegnerschaft zu Militarismus und Krieg, Kapitalismus und Imperialismus, wie sie in England vor allem die *Independent Labour Party* unter Führung von Ramsay McDonald und Philip Snowdon vertrat. In Frankreich entwickelte sich die kriegsgegnerische Opposition anfangs insbesondere in der von Alphonse Merrheim geleiteten Gewerkschaft der Metallarbeiter, seit 1915 traten auch in der Sozialistischen Partei wachsende Oppositionsgruppen unter Führung von Jean Longuet, einem Enkel von Karl Marx, hervor. In der SPD gab es von Anfang an vehemente Kritiker der Burgfriedenspolitik, zu denen auch der Partei- und Reichstagsfraktionsvorsitzende Hugo Haase zählte. Doch ihre Existenz blieb lange verborgen, weil sie sich anfangs der Parteidisziplin unterwarfen und nicht öffentlich hervortraten. Das begann sich erst zu ändern, als Karl Liebknecht am 2. Dezember 1914 erstmals im Reichstag gegen die Kriegskredite stimmte und damit eine anschwellende Diskussion über die „Politik des 4. August" einleitete.

Die politische Stellung und Entwicklung der sozialistischen Parteien im Ersten Weltkrieg war wesentlich abhängig von dem Charakter und der Qualität der unterschiedlichen politischen Systeme, in denen sie agierten. In mehr oder weniger autokratisch regierten Ländern wie vor allem in Russland blieben die sozialistischen Parteien von Anfang an in der Opposition und entwickelten während des Krieges dann aktiv revolutionäre Tendenzen. Der parlamentarisch regierte Westen dagegen bot die Möglichkeit zur aktiven gestaltenden politischen Mitwirkung bis hin zur Integration in die Regierung, ein Weg, der in Belgien, Frankreich und England, aber auch in den mittelbar vom Krieg betroffenen skandinavischen Ländern eingeschlagen wurde. Die Auseinandersetzungen innerhalb der sozialistischen Parteien kreisten hier dementsprechend um die Frage, ob und unter welchen Bedingungen man sich an der Regierung beteiligen oder in die Opposition zurückkehren sollte. Die Regierungsbeteiligung führte anfangs zu einer Reihe von politischen und sozialpolitischen Erfolgen (vgl. Kap. III.2 und III.3). Doch im Bereich der Kriegsziele und der Kriegsführung blieben die Einflussmöglichkeiten vergleichsweise gering und nahmen vor allem in der zweiten Kriegshälfte immer weiter ab.

Wege in die Opposition

Vor diesem Hintergrund wurden die kriegsgegnerischen, auf einen Verständigungsfrieden zielenden Strömungen im Laufe des Krieges immer stärker und konnten, angetrieben auch von der Friedenssehnsucht der proletarischen Massen, in den Organisationen der Arbeiterbewegung einen wachsenden Einfluss gewinnen. In Frankreich wurden die oppositionellen *Minoritaires* in der Sozialistischen Partei bis Ende 1916 fast so stark wie die Mehrheit um den Parteivorsitzenden Pierre Renaudel. Auf britischer Seite war es vor allem die ILP, die zunehmend einen entschieden oppositionellen Standpunkt vertrat und mit ihren Positionen auch die Diskussionen in der *Labour Party* bestimmen konnte. Der Schritt zurück in die parlamentarische Opposition wurde von den französischen Sozialisten und weniger entschieden auch von *Labour* schließlich vollzogen, als im Herbst 1917 in beiden Ländern deutlich wurde, dass die Orientierung auf einen demokratischen Verständigungsfrieden in der nationalen Regierungspolitik nicht mehr durchsetzbar war. Den konkreten Anlass zum Austritt aus der Regierung bot die Verweigerung von Pässen zur Teilnahme an der in Stockholm geplanten internationalen sozialistischen Friedenskonferenz, die zum Symbol für die Möglichkeit eines Verhandlungsfriedens geworden war. Vor diesem Hintergrund rückten sowohl die französischen Sozialisten als auch die *Labour Party* in der Folgezeit weiter nach links. *Labour* gab sich im Februar 1918 ein neues Parteiprogramm, das erstmals explizit sozialistische Ziele wie die Vergesellschaftung von Produktionsmitteln enthielt. Und in der Sozialistischen Partei Frankreichs gewannen auf einer Konferenz im Juli 1918 die gemäßigt oppositionellen Kräfte schließlich die Mehrheit.

Spaltung der SPD

In Deutschland führten die Auseinandersetzungen über die Kriegspolitik dagegen 1916/17 zur Spaltung der Sozialdemokratie. Hier stellte sich die Situation anders dar, denn die Reichsleitung war nicht parlamentarisiert und eine Regierungsbeteiligung lag jenseits der politischen Möglichkeiten. Anders als in Österreich-Ungarn, wo der Reichsrat suspendiert war, rückte hier stattdessen die Frage in den Mittelpunkt, ob die Partei weiterhin bedingungslos Kriegskredite bewilligen und damit die von ihr nicht kontrollierbare Kriegsführung und Kriegspolitik der kaiserlichen Regierung unterstützen sollte. Eine Mehrheit in Parteiführung und Reichstagsfraktion unter Führung von Friedrich Ebert (1871–1925) und Philipp Scheidemann (1865–1939) hielt an dieser Politik fest, obwohl sie während des Krieges kaum Erfolge erzielen konnte und als „Gefangene der Burgfriedenspolitik" in einen „Teufelskreis der Einflusslosigkeit" (Susanne Miller) geriet. Immerhin gelang es der Gewerkschaftsführung, im Zusammenhang des Hilfsdienstgesetzes ihre Anerkennung als Vertretung der Arbeiterschaft durchzusetzen, allerdings auf Kosten einer tendenziellen Entfremdung von ihrer Basis. Auf politischer Ebene dagegen kam es weder zu einer Wahlrechtsreform in Preußen, noch konnte die SPD einen Einfluss auf die Kriegspolitik des Reiches gewinnen, auch wenn sie seit 1917 gemeinsam mit den bürgerlichen Mittelparteien für einen Verständigungsfrieden warb und einen „Scheidemannfrieden" propagierte. Ihre Mehrheit hielt trotzdem an der prinzipiellen Unterstützung der Kriegsanstrengungen fest, weil sie den eher gemäßigten Reichskanzler Bethmann Hollweg einer befürchteten Regierungsübernahme durch die konservativ-annexionistische Rechte vorzog und nicht zuletzt auch weil sie hoffte, auf diesem Wege den Vorwurf antinationaler Gesinnung ablegen zu können mit dem längerfristigen Ziel einer vollen Integration in das politische System, auf dessen grundlegende Reform als Folge von Krieg und Burgfrieden man hoffte. Es war ein Paradox dieser Politik, dass schließlich nicht der erhoffte deutsche Sieg, sondern Niederlage und Revolution zur Erfüllung der sozialdemokratischen Demokratisierungshoffnungen führten.

USPD und Spartakus

Eine wachsende Minderheit in der Sozialdemokratie bewertete die bedingungslose Unterstützung für die kaiserliche Kriegspolitik dagegen als Abkehr von den traditionellen, von Antimilitarismus, Antiimperialismus und Völkerverständigung geprägten Werten der Sozialdemokratie und kritisierte, angetrieben auch von kritischen Stimmen aus der Parteibasis, immer vehementer den imperialistischen Charakter des Kriegs, den Verzicht auf eine selbständige sozialdemokratische Kriegspolitik und die illusionären Hoffnungen, dass die Reichsleitung als Folge der sozialdemokratischen Burgfriedenspolitik eine gemäßigte Kriegspolitik, einen Verhandlungsfrieden und politische Reformen durchsetzen könne oder auch nur wolle. Am schärfsten wurde diese Kritik von linksradikalen Gruppen, vor allem von der Gruppe Internationale resp. dem Spartakusbund unter Führung von Rosa Luxemburg (1871–1919) und Karl Liebknecht (1871–1919) vorgetragen, der unter der Parole „Der Hauptfeind steht im eigenen Land!" eine revolutionäre Beendigung des Krieges forderte und zur Keimzelle der Anfang 1919 gegründeten „Kommunistischen Partei Deutschlands" (KPD) wurde. Doch die Mehrheit der innerparteilichen Opposition verfolgte einen gemäßigteren Kurs. Sie gruppierte sich um die Führungspersönlichkeiten des pazifistischen linken Zentrums der Partei, den Partei- und Fraktionsvorsitzende Hugo Haase (1863–1919) und den Parteitheoretiker Karl Kautsky (1854–1938). Die spezifischen Probleme der Kriegspolitik führten aber auch Vertreter des Revisionismus wie vor allem Kautskys alten Kontrahenten Eduard Bernstein (1850–1932) in die Opposition, die so das ganze politische Spektrum der alten Vorkriegssozialdemokratie umfasste und in erster Linie für eine politische Opposition zur Kriegspolitik des Deutschen Reiches eintrat.

Q

Eduard Bernstein, Hugo Haase, Karl Kautsky: Das Gebot der Stunde, 19. Juni 1915
Aus: Peter Friedemann (Hg.), Materialien zum politische Richtungsstreit in der deutschen Sozialdemokratie 1870–1917, Frankf./M. u. a. 1978, Bd. 2, S. 904 ff.

Was verschiedene unter uns befürchtet haben, zeichnet sich immer bemerkenswerter ab: Man erlaubt der deutschen Sozialdemokratie, die Kriegsmittel zu bewilligen, man geht aber kühl über sie hinweg bei den für die Zukunft unseres Vol-

kes folgenschwersten Beschlüssen. Dürfen wir dieses Verhältnis fortbestehen lassen, das uns die Möglichkeit raubt, die Kraft der deutschen Arbeiterklasse für eine Politik geltend zu machen, die nach unserer innersten, auf die Erfahrungen der Geschichte gestützten Überzeugung das Interesse des deutschen Volkes und mit diesem das aller beteiligten Völker gebietet? (...)
In weiten Kreisen unseres Volkes und derjenigen Völker, mit denen das Deutsche Reich im Krieg liegt, macht sich denn auch immer stärkere Friedenssehnsucht geltend. Während die Herrschenden davor zurückschrecken, diesem Friedensbedürfnis zu entsprechen, blicken Tausende und aber Tausende auf die Sozialdemokratie, die man als die Partei des Friedens zu betrachten gewohnt war, und erwartet von ihr das erlösende Wort und das entsprechende Verhalten.
Nachdem die Eroberungspläne vor aller Welt offenkundig sind, hat die Sozialdemokratie die volle Freiheit, ihren gegensätzlichen Standpunkt in nachdrücklichster Weise geltend zu machen, und die gegebene Situation macht aus der Freiheit eine Pflicht.

Ablehnung der Kriegskredite

Während die Spartakisten bald die Trennung von der SPD anvisierten, verfolgte die gemäßigtere Opposition lange das Ziel, innerhalb der SPD Mehrheiten zu gewinnen. Doch anders als in England und Frankreich, wo es der Opposition möglich war, von der Parteilinie abweichende Meinungen offen zu vertreten und schließlich eine Änderung der Kriegspolitik durchzusetzen, forderte die Parteiführung der deutschen Sozialdemokratie die Unterordnung unter die Burgfriedenspolitik und drängte die Opposition schließlich aus der Partei heraus. Aus ihrer Sicht wurde die Spaltung der SPD notwendig, als die Minderheit sich nicht mehr dem Prinzip der Parteidisziplin unterwarf, ihre abweichende Position in der Öffentlichkeit vertrat und ein Jahr nach Karl Liebknecht seit Ende 1915 im Reichstag auch die Kriegskredite verweigerte, womit sie den burgfriedlichen Integrationskurs der SPD insgesamt zu gefährden schien. Nun wurden die ‚Abweichler' von der bröckelnden Parteimehrheit erst aus der Reichstagsfraktion (März 1916 Bildung der Sozialdemokratischen Arbeitsgemeinschaft, SAG), dann auch aus der Partei herausgedrängt und gründeten Ostern 1917 mit der USPD eine eigene Partei, der sich vorerst auch Spartakus und andere linksradikale Gruppierungen anschlossen.

Falsche Scheidelinien?

Ausgehend von der langfristigen Spaltung der Arbeiterbewegung in sozialistische und kommunistische Parteien, ist viel über die Frage diskutiert worden, ob diese Parteispaltung der SPD im Ersten Weltkrieg nicht an „falschen Scheidelinien" erfolgt sei. Aus Sicht der marxistisch-leninistischen Geschichtswissenschaft wäre es besser gewesen, wenn die linksradikalen Kräfte schneller zu organisatorischer Eigenständigkeit gefunden hätten. Umgekehrt betonen der SPD nahestehende Historiker die prinzipiellen politischen Überreinstimmungen zwischen der Parteimehrheit und den gemäßigteren Teilen der Opposition. Doch wenn man von der Situation während des Krieges ausgeht, müssen solche Überlegungen durchaus zweifelhaft erscheinen, denn USPD und MSPD entwickelten tatsächlich diametral auseinanderlaufende politische Perspektiven. Die Mehrheitssozialdemokratie integrierte sich immer eindeutiger in das gesellschaftspolitische System des Kaiserreiches, wie nicht nur mit der allgemeinen Unterstützung für die deutsche Kriegspolitik, sondern auch mit der Zusammenarbeit im Interfraktionellen Ausschuss, der Zustimmung zum Kriegshilfsdienstgesetz und den Friedensschlüssen mit Rumänien und der Ukraine (zu Brest-Litowsk enthielt man sich der Stimme), schließlich auch im Oktober 1918 mit dem Eintritt in das Kabinett Max v. Baden deutlich wurde. Demgegenüber vertrat die USPD unter Einschluss ihres rechten Flügels einen fundamentaloppositionellen Standpunkt und entwickelte schließlich immer deutlicher auch revolutionäre Perspektiven. Besonders klar traten die Gegensätze während des Januarstreiks 1918 zutage, den die USPD-Führung zusammen mit den sogenannten Revolutionären Obleuten, einer Bewegung radikaler gewerkschaftlicher Vertrauensleute in der Berliner Rüstungsindustrie vorbereitet hatte, während die MSPD-Führer mit dem Ziel in die Streikleitung eintraten, den Ausstand so schnell wie möglich zu beenden. Erst auf dem Boden der nachrevolutionären Weimarer Demokratie und angesichts der Bolschewisierung der radikalen Linken ergaben sich dann andere Rahmenbedingungen, die 1920 auch zur Spaltung der USPD führten.

Spaltungen und Neugründungen der Internationale

Eine Ursache dafür lag in den weitreichenden Spaltungen und Neugründungen, die auch die Organisationen der internationalen Arbeiterbewegung im Krieg durchliefen. Die Sozialistische Internationale hatte den Krieg nicht verhindern können und verlor nach Kriegsbeginn angesichts der Integration ihrer Mitgliedspartei in die nationalen Einheitsfronten, ähnlich wie der Internationale Gewerkschaftsbund, jeden Zusammenhalt. Einzig die Vertreter der nicht am Krieg beteiligten Arbeiterparteien vor allem in Holland und Schweden bemühten sich, die Internationale nicht nur am Leben zu erhalten, sondern sie auch für friedenspolitische Initiativen zu nutzen. Zum Höhepunkt dieser Bemühungen sollte ein im Sommer 1917 geplanter internationaler Sozialistenkongress im neutralen Stockholm werden. Doch über eine lose Folge von Einzeltreffen zwischen verschiedenen nationalen Delegationen kam diese Initiative letztlich nicht hinaus. In Stockholm konferierten allerdings auch die Vertreter der sogenannten Zimmerwalder Bewegung, zu der sich seit 1915 burgfriedenskritische Parteien und Gruppierungen zusammengeschlossen hatten. Ausgehend von Initiativen des schweizer Sozialdemokraten Robert Grimm trafen sich im September 1915 in Zimmerwald oppositionelle Sozialdemokraten aus Deutschland und Frankreich mit russischen Emigranten und Vertretern der nicht in den Burgfrieden eingeschwenkten italienischen Sozialisten, um Kontakte herzustellen, eine Wiederbelebung der Internationale vorzubereiten und eine gemeinsame internationale Antikriegspolitik zu konzipieren. In Stockholm formulierte man schließlich unter dem Eindruck der russischen Revolution einen Aufruf an die Arbeiter der kriegführenden Länder, einen internationalen Generalstreik zur Beendigung des Krieges vorzubereiten. Zu einer koordinierten Umsetzung kam es zwar nicht, doch die großen Streikbewegungen, die im Januar/Februar 1918 vor allem Österreich-Ungarn und Deutschland erschütterten, waren von dieser Initiative beeinflusst.

Zimmerwalder Linke und kommunistische Internationale

Die Zimmerwalde Linke unter Führung von Lenin ging über solche Initiativen allerdings weit hinaus und strebte von Anfang an die Gründung einer ganz neuen Internationale an. Die alte Internationale, so argumentierten sie, habe sich durch die Eigenständigkeit der nationalen Mitgliedsparteien als Papiertiger erwiesen und müsse durch eine neue, zentralistische Organisation ersetzt werden. Diese Politik, die schließlich Anfang März 1919 zur

Gründung der Kommunistischen Internationale führte, traf jedoch auf den entschiedenen Widerstand der gemäßigteren Opposition, die gerade in der nationalen Eigenständigkeit ein demokratisches Grundprinzip sah und jede Unterordnung unter eine politikbestimmende Zentrale grundsätzlich ablehnte. Dieser Konflikt führte nicht nur auf internationaler Ebene schließlich zur Bildung verschiedener konkurrierender Organisationen, sondern er prägte auch die nationalen Konflikte und Spaltungsprozesse in der Arbeiterbewegung tiefgehend. So trieb er in Deutschland die anfangs vielfach kooperierenden Vertreter der radikalen und der gemäßigten Parteiopposition auseinander, als die Spartakusgruppe 1916 das Lenin'sche Konzept für den Aufbau einer neuen Internationale übernahm. Und nach Kriegsende spaltete sich nicht nur die USPD, als Lenin mit seinen berühmten 21 Punkten den Beitritt zur Kommunistischen Internationale mit der Unterordnung unter die Moskauer Direktiven verband. Darüber zerbrachen auch die Sozialistischen Parteien in Frankreich und Italien, deren Mehrheitsfraktionen sich wie die Mehrheit USPD zum Anschluss an die neue Internationale unter Führung der Bolschewiki entschieden, die als einzige eine erfolgreiche Revolution vollzogen hatten und nun daran gingen, dem revolutionären Flügel der Arbeiterbewegung ihren von Krieg und Bürgerkrieg geprägten, ebenso gewaltsamen wie autoritären Stempel aufzuprägen. Die tiefgehende organisatorische und ideologische Spaltung der Arbeiterbewegung in eine demokratisch-sozialistische und eine autoritär-kommunistische Richtung war so ein Produkt der auseinanderdriftenden politischen Konzeptionen, die sich unter dem Eindruck des Ersten Weltkrieges herausgebildet hatten.

Q

Adolf Hoffmann und Georg Ledebour: Gegen eine neue Internationale

Gedrucktes Manuskript, 20.2.1916, Aus: Stiftung Archiv der Parteien und Massenorganisationen der DDR im Bundesarchiv, V DF V 11Ü, Bl. 149f.

In der Parteipresse wie in bürgerlichen Zeitungen werden Mitteilungen aus Schriftsätzen veröffentlicht, die unter dem Namen Spartakus in Umlauf gebracht wurden. Was uns veranlaßt, dazu Stellung zu nehmen, ist die Tatsache, daß jene Schriftsätze Propaganda zu machen suchen für eine durchgreifende Neugestaltung des gesamten sozialistischen Parteiwesens auf internationaler Grundlage (...).

Es geht aus dem Entwurf ganz klar hervor, daß künftig die Internationale für alle ihr angegliederten Sektionen in den einzelnen Ländern Beschlüsse mit bindender Kraft zu fassen hätte. Die Länderparteien, oder Sektionen, würden dann zu der zentralisierten Internationale etwa in das nämliche Verhältnis treten, wie jetzt die Bezirksorganisation zu der deutschen Gesamtpartei. Die Leitung und Kontrolle der Landessektionen würde aber, nachdem die internationalen Kongresse die Direktive gegeben hätten, in die Hände einer Zentralbehörde gelegt werden müssen. (...) Der demokratische Grundgedanke unserer proletarischen Partei, daß alle Beschlüsse von unten herauf sich durchsetzen müssen, würde in dieser zentralisierten Internationale sich fast völlig verflüchtigen.

IV. Die Soldaten des Krieges

1. Kriegsverlauf und militärische Strategie

Die Hoffnung, durch schnell vorgetragene, umfassende Angriffsaktionen entscheidende militärische Siege erringen zu können, hatte sich bei Kriegsbeginn nicht erfüllt. Spätestens zum Jahresende 1914 war der Bewegungskrieg in den Stellungskrieg übergegangen, insbesondere im Westen. Trotzdem wankten beide Kriegsparteien nicht in ihrer Überzeugung, den Krieg durch immer weitere Mobilisierungsmaßnahmen und große Angriffsaktionen siegreich beenden zu können. Umstritten blieb jeweils, wo angegriffen werden sollte: im Osten oder im Westen, an den vermeintlich schwächeren oder an den stärkeren Fronten der Gegenseite.

Das Jahr 1915

Die Ententetruppen forcierten im Verlaufe des Jahres 1915 ihre Angriffe auf die deutsche Westfront, mussten aber beim Anrennen gegen die mittlerweile gut ausgebauten Verteidigungsstellungen riesige Verluste hinnehmen. Ein rascher Erfolg, so zeigte sich bereits in den ersten Wochen des Jahres 1915, schien unmöglich. Vor diesem Hintergrund gewannen jene Überlegungen an Gewicht, die schon Ende 1914 in der britischen und französischen Führung kursierten. Danach sollte ganz auf einen entschlossen durchgeführten Angriff auf die Türkei gesetzt und – einen raschen Sieg vorausgesetzt – ein wichtiger Verbündeter der Mittelmächte ausgeschaltet werden. Doch die auf dem Landweg vom Persischen Golf und von der Sinai-Halbinsel her vorgetragene Offensive britischer und französischer Einheiten blieb immer wieder stecken, und auch der im Februar/März 1915 beginnende Versuch, mit einem groß angelegten Flottenangriff und einer anschließenden Landungsoperation die Dardanellen zu erobern, scheiterte auf der Halbinsel Gallipoli unter großen Verlusten.

Für die Mittelmächte sah die Bilanz des Jahres 1915 dagegen besser aus. Die italienischen Angriffe im Alpenkrieg wurden von den Österreichern zurückgeschlagen, im Westen konnten die vorgeschobenen deutschen Stellungen in Nordfrankreich und Belgien gehalten, im Osten beachtliche Erfolge erzielt werden. Im Frühjahr und Sommer 1915 wurden große Teile Polens und des Baltikums erobert. Die Pläne des Oberkommandos Ost unter Hindenburg und Ludendorff, den sich zurückziehenden russischen Truppen in großem Stil nachzusetzen und eine militärische Entscheidung herbeizuführen, stießen jedoch bei der Obersten Heeresleitung unter General Falkenhayn auf Ablehnung. Hier sah man die Westfront als kriegsentscheidend an und war deshalb nicht bereit, die für einen weiteren Vormarsch im Osten notwendigen Truppen zur Verfügung zu stellen. Immerhin jedoch konnten deutsche, österreichische und bulgarische Armeen im Herbst 1915 Serbien militärisch vernichtend schlagen und besetzen.

Das Jahr 1916

Im Jahr 1916 wurden die verlustreichen, aber nicht kriegsentscheidenden Angriffsbemühungen noch auf gesteigertem Niveau fortgesetzt. Im Februar begann der deutsche Angriff auf Verdun. Falkenhayn hoffte, dass die französischen Truppen bei der Verteidigung der „Blutmühle" von Verdun „weißbluten", d.h. langsam aufgerieben würden. Doch als die Angriffe nach fünf

Monaten abgebrochen wurden, hatten beide Seiten hunderttausende von Toten, Verletzten und Vermissten zu beklagen, ohne dass sich an ihrer strategischen Situation etwas geändert hatte. Der offensive Kriegsplan der Entente sah für 1916 demgegenüber konzertierte Angriffe im Osten, Süden und Westen vor. Britische Truppen griffen nach längerer Vorbereitung im Juli an der Somme an, Italien attackierte erneut an der Isonzo-Front, während Russland die Brussilow-Offensive gegen die österreichisch-ungarischen Stellungen in Galizien eröffnete. Anfangs konnten hier beträchtliche Erfolge erzielt werden; erst nach der Verlegung von deutschen Einheiten wurde der russische Vormarsch schließlich gestoppt und auf die Ausgangslinie zurückgedrängt. An der Somme dagegen blieb von vornherein alles beim Alten, trotz gigantischer Anstrengungen und Opfer wurden die Frontlinien nur unwesentlich verschoben.

Industrialisierte Kriegsführung

Die im Wesentlichen erfolgreichen Verteidigungsbemühungen basierten waffentechnisch neben den immer weiter ausgebauten Graben- und Befestigungsanlagen vor allem auf dem massenhaften Einsatz von oft gut geschützten Maschinengewehren, die für anstürmende Truppen ein kaum überwindbares Hindernis darstellten. Die Hoffnung, durch den Elan der angreifenden Soldaten trotzdem zu siegen, hatte sich schon bei Kriegsbeginn als Illusion erwiesen. Um trotzdem erfolgreich angreifen zu können, griffen die Militärs auf andere, schnell weiter entwickelte Instrumente der industrialisierten Kriegsführung zurück. An erster Stelle stand dabei das sogenannte Trommelfeuer: Angriffe wurden durch Dauerbeschuss mit Granaten aller Kaliber vorbereitet. Eine besondere Weiterentwicklung stellte die „Feuerwalze" dar: Der Artilleriebeschuss wurde dabei in zeitlich genau festgelegten Abständen räumlich vorgeschoben, während gleichzeitig die Infanterie in die gerade noch beschossenen Gebiete vorrückte. Die Hoffnung, auf diese Weise die Verteidigungsstellungen und ihre Besatzungen so nachhaltig zerschlagen zu können, dass von ihnen kein Widerstand mehr erwartet werden konnte, erfüllte sich jedoch in der Regel nicht. Vielmehr wurden die Verteidigungsstellungen so ausgebaut, dass zumindest einige von ihnen auch dem Trommelfeuer standzuhalten vermochten, wenngleich manche Grabenbesatzungen durch das Dauerfeuer traumatisiert wurden. Aber oft genügten schon das Überleben weniger Verteidiger und einige intakt gebliebene Maschinengewehre, um die anstürmenden Truppen aufzuhalten oder ihnen doch empfindliche Verluste zuzufügen.

Der Gaskrieg

Neben Flammenwerfern, Mörsern und Handgranaten sowie der Verwendung moderner Kommunikationstechnologien wie vor allem dem Telefon lag ein anderes, neu entwickeltes Mittel der industriellen Kriegsführung zur Vorbereitung von Angriffen in dem kriegsvölkerrechtlich höchst problematischen Einsatz von Giftgas. Es wurde, nach frühen deutschen Versuchen, schließlich von allen am Krieg beteiligten Armeen seit 1915 eingesetzt – trotz mancher Skrupel der Militärs, die sich nach dem allerdings die Gaswirkung grob unterschätzendem Wort eines österreichisch-ungarischen Generals nicht als „Kammerjäger" sahen. Beim ersten großen Gaseinsatz durch die Deutschen am 22. April 1915 bei Ypern handelte es sich um Chlorgas, abgelassen aus über 5000 Stahlflaschen, die ein spezielles Gasbataillon Tage zuvor eingegraben hatte. Ersonnen und organisiert worden war dieser erste große Giftgaseinsatz von Fritz Haber, seines Zeichens Direktor des

Kaiser-Wilhelm-Institutes für Physikalische Chemie in Berlin. Das von Haber empfohlene Gas verätzte die Atemwegsorgane. Es war ein Gefühl, so ein Überlebender, als „kotze man seine Lunge stückweise aus" – eine Wirkung, die durch Beimischung von Phosgen noch verstärkt werden konnte. Fast 1.200 alliierte Soldaten, so die Schätzungen, starben am 22. April 1915, über 3.000 Männer überleben die Einatmung und blieben mitunter ihr Leben lang geschädigt. Militärisch aber bewirkte dies wenig, denn die Bresche, die so zeitweilig in die gegnerische Frontlinie geschlagen werden konnte, wurde von den unsicheren deutschen Militärs nicht für einen konsequenten Vorstoß ausgenutzt. Als in der Folgezeit das Überraschungsmoment wegfiel und Gegenmaßnahmen, vor allem Gasmasken entwickelt und eingesetzt wurden, stumpfte auch die Gaswaffe schnell ab.

Das „Buntschießen"

Die starke Abhängigkeit von der Windrichtung und die mögliche Gefährdung eigener Truppen lenkte das militärische Interesse bald auf die Entwicklung gasgefüllter Artilleriemunition – und immer gefährlicherer Gifte. Die sogenannten Grünkreuz-Gase etwa waren als Lungengifte für etwa 80% aller tödlichen Gasverletzungen verantwortlich. Von der deutschen Armee wurden im Juli 1917 zudem erstmals Blaukreuz-Kampfgase verschossen. Diese Gifte – im Militärjargon auch „Maskenbrecher" genannt – durchdrangen die damals üblichen Gasmaskenfilter, reizten Augen, Nase und Mundschleimhaut und erzwangen das Abreißen der Gasmaske. Unmittelbar darauf wurde dann ein todbringendes Gas verschossen. Dieses sogenannte Buntschießen führte zu hohen Verlusten. Geschätzte 90.000 Tote auf allen Seiten durch etwa 115.000 Tonnen Giftgas waren in der nach Millionen zählenden Todesbilanz der „Urkatastrophe" letztlich zwar vernachlässigbar. Aber die so unheimliche wie demoralisierende Wirkung der Gase verdeutlichte mehr als andere Waffen den radikal neuen, Menschen zu Ungeziefer degradierenden Charakter des Maschinenkrieges. Bis 1918 folgten über 400 weitere Einsätze mit flüssigem Gas, das aus Tonnen oder Luftdruckzylindern abgelassen wurde.

Stoßtruppen als „Überwinder des Raums"

Kriegsentscheidend war die am 22. April 1915 beginnende chemische Kriegführung jedoch nicht. Ähnliches gilt auch für die neuen, bald in großer Zahl produzierten Kampfflugzeuge, die sich zwar ausgesprochen spektakuläre Luftkämpfe lieferten, das Kampfgeschehen selbst jedoch nicht maßgeblich beeinflussen konnten. Wichtiger blieb im Ersten Weltkrieg noch die Beobachtung der gegnerischen Stellungen aus der Luft, die eigentlichen Kämpfe und Entscheidungen dagegen fanden am Boden statt. Die deutsche Seite setzte dabei im Grabenkrieg an der Westfront vor allem auf die Bildung kleiner Stoßtrupps, die als flexibel agierende „Überwinder des Raums", ausgerüstet mit transportablen Waffen, auch im industrialisierten Krieg die direkte Kampfsituation mit dem Gegner suchen und so die gegnerischen Frontlinien schwächen sollten. Es muss allerdings fragwürdig erscheinen, ob hiermit die von Niall Ferguson angestellten Berechnungen über eine besonders hohe *Killing-Rate* der deutschen Soldaten begründbar werden. Denn auch die überwiegend ihre vorgeschobenen Stellungen verteidigende Haltung begünstigte die deutschen Kampfhandlungen. Darüber hinaus wurde die Stoßtrupp-Taktik auch auf Seiten der Entente übernommen, während die zuerst von den Engländern eingesetzten *Sniper*, Scharfschützen, die von besonderen Stellungen aus gegnerische Soldaten ‚abzuschießen' versuchten, bald ebenfalls in allen Armeen zum Einsatz kamen.

Erfolge der Tanks

Vor allem aber setzte die Entente zunehmend auf *Tanks*, auf Panzer, die seit 1916 in wachsender Zahl entwickelt und zum Einsatz gebracht wurden. Die ersten Panzer wirkten auf den ersten Blick ebenso unförmig und unbeweglich wie furchteinflößend, und sie waren gegenüber feindlichen Waffen wie Flammenwerfern und Handgranaten sowie gegenüber Bodenlöchern noch hochgradig verwundbar und zugleich störungsanfällig. Doch konnten sie im Grabenkrieg trotzdem zunehmend Erfolge erzielen, weil sie in der Lage waren, Sperren niederzuwalzen, Gräben zu überwinden und Schutz für den Vormarsch der Infanterie zu bieten. Bereits im November 1917 gelang Engländern und Franzosen unter Einsatz von 300 Panzern bei Compiègne ein großer Durchbruch durch die deutsche Frontlinie, doch blieb dies letztlich ohne dauerhaften Erfolg, weil die Fußtruppen nicht zu folgen vermochten. Eingesetzt im Verbund mit Artillerie und Infanterie, wurden die Panzer am Ende des Krieges aber immer mehr zu einer Offensivwaffe, die in hohem Maße geeignet war, erfolgreiche Angriffe einzuleiten und vorzutragen. Während die deutsche Seite diese Entwicklung verschlafen hatte und nur über einige wenige selbst produzierte oder erbeutete Panzer verfügte, konnte die Entente 1918 hunderte von Panzern ins Feld führen. Der strategisch entscheidende Durchbruch durch die deutsche Front am 8. August 1918 wurde mit Unterstützung von mehr als 400 Panzern erreicht.

Handelskrieg und Seeblockade

Unmittelbare Angriffe auf die gegnerische ‚Heimatfront' spielten noch keine wichtige Rolle. Die deutsche Bombardierung von Paris und London mit Zeppelinen und weitreichenden Kanonen konnte zwar – ähnlich wie französische Bombenangriffe auf frontnahe Städte und Industriebetriebe – Schrecken verbreiten und forderte insgesamt mehrere tausend zivile Opfer. Doch angesichts fehlender strategischer Bombenflugzeuge waren systematische Angriffe auf Kriegswirtschaft und Zivilbevölkerung noch kaum möglich. Zentrale Bedeutung gewann dagegen die Kriegsführung gegen den gegnerischen Seehandel. Seit Kriegsbeginn blockierte die englische Flotte die Nordsee und versuchte auf diesem Wege, Deutschland und die Mittelmächte vom Weltmarkt abzuschließen und so den Nachschub und die Moral der „Heimatfront" zu brechen. Erst langsam allerdings konnten die vielfältigen Handelswege über neutrale Länder beschränkt werden, insbesondere über Verträge mit den deutschen Nachbarländern Holland, Dänemark und der Schweiz. Die von deutscher Seite sogenannte Hungerblockade beschränkte sich nicht auf Waffen und Munition, sondern sie bezog auch Rohstoffe und Lebensmittel ein und geriet so bald an die Grenze kriegsvölkerrechtlich legitimer Maßnahmen. Noch eindeutiger gilt dies allerdings für das deutsche Gegenmittel, den unbeschränkten U-Boot-Krieg.

Der U-Boot-Krieg

Bei Kriegsbeginn verfügte die deutsche Marine nur über wenige U-Boote, weil zuvor der Ausbau der Schlachtflotte im Mittelpunkt gestanden hatte. Anfangs konnten auch die deutschen Überseekreuzer einige spektakuläre Erfolge im Kampf gegen den britischen Seehandel erzielen, doch nach kurzer Zeit wurden Sie von überlegenen Einheiten der Royal Navy gestellt und versenkt. Die deutschen Schlachtschiffe dagegen spielten im Krieg keine Rolle. Nur einmal wurde ernsthaft der Versuch unternommen, die britische Blockade zu sprengen, doch in der Seeschlacht am Skagerrak Ende Mai 1916 wurde trotz begrenzter deutscher Erfolge die strategische Überlegenheit der *Royal Navy* so eindeutig unter Beweis gestellt, dass von deutscher

Seite kein weiterer Vorstoß mehr versucht wurde. Stattdessen griff man auf die nun forciert ausgebaute U-Boot Waffe zurück, die nach Kriegsbeginn mit der Versenkung von gegnerischen Kriegs- und Handelsschiffen durch Torpedos einige Erfolge hatte erzielen können. Doch nach der warnungslosen Versenkung des Passagierdampfers *Lusitania* am 7. Mai 1915 mit mehr als 1000 Todesopfern und großen Protesten von neutraler Seite war der unbeschränkte U-Boot Krieg gegen Handelsschiffe von der Reichsleitung erst einmal abgebrochen worden. Erst Anfang 1917 wurde er mit nunmehr gut 90 U-Booten erneut eröffnet – mit beachtlichen Erfolgen, denn anfangs konnten 200–300 Schiffe pro Monat versenkt werden. Die propagandistisch genährte Hoffnung, auf diesem Wege England innerhalb von 6 Monaten zur Aufgabe zwingen zu können, erfüllte sich jedoch nicht, und mit der Einführung des Konvoi-Systems, bei dem viele Handelsschiffe im Geleitzug unter dem Schutz von Kriegsschiffen fuhren, gelang es den Briten schließlich, die Verlustraten entscheidend zu senken.

Neue Dynamik und Kriegsentscheidung 1917/18

Erst in den Jahren 1917/18 kam wieder Bewegung in die fest gefügten Frontlinien. Zwar blieben die Angriffe der Westmächte am *Chemin de Dames* und bei Passchendaele erneut stecken, doch in Russland zeichnete sich nach der Februarrevolution auch der Zusammenbruch der Armee immer deutlicher ab. Im Sommer 1917 scheiterte die sogenannte Kerenski-Offensive, und die russischen Armeen lösten sich immer mehr auf, bis die Bolschewiki nach der Oktoberrevolution einen Waffenstillstand schlossen. Anfang 1918 zwang die deutsche Militärführung der Sowjetregierung schließlich durch einen groß angelegten, mit Eisenbahnen vorgetragenen militärischen Vormarsch den in Brest-Litowsk diktierten Gewaltfrieden auf, bevor sie im Frühjahr den Versuch unternahm, mit einem konzentrierten Großangriff im Westen den Krieg auch insgesamt zugunsten der Mittelmächte zu entscheiden. Zwar konnten dabei beträchtliche Gebietsgewinne erzielt werden, doch schließlich lief sich der Vormarsch nicht zuletzt aufgrund logistischer Probleme fest, während die nun immer stärker von amerikanischen Soldaten und Nachschublieferungen unterstützten Gegenoffensiven der Westalliierten bald wirksame Erfolge erzielen konnten und die erschöpften deutschen Truppen auf die sogenannte Siegfriedlinie zurückgezogen werden mussten. Nur noch ein „Spinnwebennetz von Kämpfern" hielt hier die zunehmend bröckelnde Front zusammen, und es war zunehmend absehbar, dass den Alliierten über kurz oder lang entscheidende

Mobilisierte und gefallene Soldaten 1914–1918

	Männer	Soldaten	Gefallene	Verwundete
England	19.638.000	6.211.427	744.702	1.693.262
Deutschland	32.040.000	13.205.000	2.044.900	4.148.158
Frankreich	19.254.000	8.660.000	1.400.000	4.222.600
Öst.-Ungarn	25.374.000	8.000.000	1.100.000	3.749.000
Russland	78.790.000	13.700.000	1.660.000	5.300.000

Aus: Chickering, Das Deutsche Reich, S. 235 u. Erg.

Durchbrüche gelingen würden. Ähnlich prekär sah die Situation auch für die Verbündeten des Deutschen Reiches aus. Teile der österreichischen Alpenfront standen kurz vor dem Zusammenbruch, auch Bulgarien konnte sich kaum noch halten, und im Zweistromland sowie in Palästina rückten englische und französische Truppen mit arabischer Unterstützung nun unaufhaltsam gegen die Türken vor.

2. Soldatische Kriegserfahrungen

Ideologisierungen des Kriegserlebnisses

Wer sich mit den Kriegserfahrungen der Soldaten befasst, der stößt besonders in Deutschland schnell auf hochgradig ideologisierte Bilder vom soldatischen „Kriegserlebnis", die es gewissermaßen abzutragen gilt, bevor der eigentliche Gegenstand in den Blick genommen werden kann. Das gilt zuerst einmal für die vorschnell verallgemeinerte Kriegsbegeisterung und Opferbereitschaft der Kriegsfreiwilligen, die im Kriegsalltag zumeist schnell verflogen. Dies gilt auch für die idealistischen Sinnstiftungen des Krieges, wie sie vor allem von bildungsbürgerlich geprägten Abiturienten und Studenten entwickelt wurden, für die Entstehung einer vermeintlich schichtenübergreifenden Gemeinschaft des Schützengrabens und schließlich für das Bild vom „in Stahlgewittern" gehärteten, soldatischen Mann als Produkt des industrialisierten Krieges. Dabei handelte es sich zwar um durchaus vorhandene Erfahrungen, die jedoch hochgradig ideologisiert wurden, mit den realen Kriegserfahrungen der großen Mehrheit der Soldaten wenig gemein hatten und teilweise sogar in einem krassen Gegensatz zu diesen standen. „Kotzen möchte man manchmal, wenn man die Feldpostbriefe liest, welche anscheinend auf Bestellung vielfach gemacht werden", so brachte der bei Kriegsbeginn eingezogene Berliner Arbeiter Carl Franke diesen Gegensatz Anfang 1915 in einem Brief an seine Familie mit krassen Worten zum Ausdruck. „Hoffentlich gehen Euch allen die Augen auf. Man hört nur von Allen: Laßt uns nur erst nach Hause kommen. Aber viele beißen immer wieder ins Gras, und damit verstummt eben viel. Ich danke für das Vaterland."

Kriegsfreiwillige

Kriegsfreiwillige gab es durchaus, besonders in England, das erst 1916 die allgemeine Wehrpflicht einführte und vorher seine Rekruten mit Hilfe von lange höchst erfolgreichen Werbekampagnen zu gewann. Doch auch in Ländern mit allgemeiner Wehrpflicht wie in Deutschland meldete sich nach Kriegsbeginn eine beträchtliche Zahl von noch nicht wehrpflichtigen jungen Männern freiwillig zum Kriegseinsatz. Überwiegend handelte es sich dabei um Gymnasiasten und Studenten, die ihre Entscheidung oft im nationalen Überschwang trafen, dabei aber auch einem sozialen Anpassungsdruck ausgesetzt waren, der die Abstinenz vom Kriegseinsatz mit Feigheit, mangelnder Männlichkeit etc. gleichsetzte. Bei den in der Literatur oft genannten Zahlenangaben, nach denen sich 1914 in Deutschland 1,3 oder sogar 2 Millionen junge Männer freiwillig gemeldet haben sollen, handelte es sich jedoch um zeitgenössische Propagandameldungen. Genauere Zahlenangaben liegen kaum vor, seriöse Hochrechnungen gehen aber davon aus, dass im August 1914 ca. 185.000 Kriegsfreiwillige in die deutsche Armee aufgenommen wurden, während die Freiwilligmeldungen in den folgenden Monaten wieder deutlich rückläufig waren. Bei der großen Mehrheit der Soldaten handelte es sich aber um Wehrpflichtige, die mit mehr oder weniger großem Enthusiasmus ihrer staatsbürgerlichen Pflicht nachkamen.

Idealistische Sinnstiftungen des Krieges

Wofür kämpften die Soldaten, und wie nahmen sie die Realität des Krieges wahr? Wichtig ist zuerst einmal, dass die Kriegserfahrungen nicht für alle gleich waren, sondern durch die zuvor ausgebildeten Wahrnehmungs- und Deutungsmuster gefiltert wurden. Vorstellungen von Heldenmut und Opfertod fanden zwar durch Quellensammlungen wie Philipp Witkops „Kriegsbriefe gefallener Studenten" nachträglich eine weite Verbreitung. Doch handelte es sich dabei zweifellos um die idealistischen Kriegsbilder bildungsbürgerlich geprägter Kriegsfreiwilliger, die den Realitäten des Krieges nicht lange standhielten und einen schnellen Prozess der Desillusionierung durchliefen.

Q

Der 23-jährige Student Alfred Buchalski schreibt aus Dixmuiden am 28. Oktober 1914, gut zwei Wochen vor seinem Tod

Aus: P. Witkop (Hg.), Kriegsbriefe gefallener Studenten, München 1928, S. 16.

Mit welcher Freude, welcher Lust bin ich hinausgezogen in den Kampf, der mir als die schönste Gelegenheit erschien, Lebensdrang und Lebenslust sich austoben zu lassen. Mit welcher Enttäuschung sitze ich hier, das Grauen im Herzen. (...) Ich möchte Dir in einem dieses ganze große Erlebnis; die Schlacht, berichten, und doch sind es wieder nur Einzelheiten, die sich in den Vordergrund drängen. – Es war furchtbar! Nicht das vergossene Blut, nicht auch der Umstand, daß es vergeblich vergossen war, auch nicht, daß in dunkler Nacht die eigenen Kameraden auf uns schossen – nein, die ganze Kampfesweise ist es, die abstößt. Kämpfen wollen und sich nicht wehren können! Der Angriff, der mich so schön dünkte, was ist er anderes als der Drang: hin zur nächsten Deckung da vorn gegen diesen Hagel tückischer Geschosse. Und der Feind, der sie entsendet, nicht zu sehen!
Freilich, noch habe ich Hoffnung, daß man auch an diese Kampfesweise sich gewöhnen werde, und daß sich der Drang: Vorwärts, ran an den Feind! – wird betätigen lassen. Erst etwas leisten, dann schmerzt auch die Kugel gewiß nicht so sehr.

Desillusionierung und Kriegsgegnerschaft

Die Auswertung anderer Quellen – vor allem nicht editierte Feldpostbriefe, Postüberwachungsberichte und Schützengrabenzeitungen – macht deutlich, dass unter der Masse der Soldaten schon früh und bald immer stärker distanzierte Haltungen zum Krieg und seiner Sinnhaftigkeit verbreitet waren. Anfangs spielte immerhin die propagandistisch genährte Überzeugung eine große Rolle, das Vaterland verteidigen zu müssen. Insbesondere für Soldaten, die der Sozialdemokratie nahestanden, war dabei die Gegnerschaft zum russischen Zarismus von besonderer Bedeutung. Hier fanden sich allerdings von Anfang an auch sehr skeptische Äußerungen über den Sinn des Krieges, dessen schreckliche Realität nicht als Desillusionierung, sondern als Bestätigung für die bisherige Kriegsgegnerschaft interpretiert wurde. Rekruten aus ländlichen Gegenden sahen den Krieg oft als störende Unterbrechung ihrer landwirtschaftlichen Aufgaben, insbesondere bei der anstehenden Ernte, und wie andere versuchten gerade auch sie, in christlich geprägten Interpretationsmustern Sinndeutungen für ihr kriegerisches Handeln zu finden. Doch ein besonderer Enthusiasmus war unter der großen Masse der

Soldaten spätestens angesichts der schrecklichen Realitäten des Sterbens und Tötens in der Regel ebenso wenig verbreitet wie besonders chauvinistische Feindbilder oder ausgeprägt nationalistische Kriegsziele. Alles dies erschien den Soldaten vielmehr oft als eine Angelegenheit von Zivilisten, die weit entfernt von den Schrecken des Krieges waren. Damit verbanden sich oft auch generationelle Kriegsdeutungen, denn die Soldaten an der Front waren vergleichsweise jung, während die Politiker, Propagandisten und Profiteure des Krieges einer älteren Generation angehörten, von der die Jugend für zunehmend leer erscheinende nationale Ideale geopfert bzw. verheizt zu werden schien. Der Krieg war mit den Worten eines jungen englischen Soldaten „das Opfer der Jungen und Unschuldigen auf einem Altar, den die Alten und Mittelalten errichtet hatten".

Q

Der Soldat M. André kommentiert in einem Feldpostbrief die Durchhalteparolen des SPD-Reichstagsabgeordneten Wolfgang Heine Anfang 1915 mit der Forderung, ihn doch einmal an die Front zu schicken

Aus: Bundesarchiv Potsdam, Nachlaß Heine, Parteipolitik 4, Bl. 151–53.

Wenn er dann tagelang im Schmutz wie das liebe Vieh im Schützengraben, oder in einem primitiven Unterstand mit mehreren Kameraden zusammengekauert liegen würde, wo in einer Stunde hunderte von Granaten über einen hinwegsausen, wo in Folge des Luftdrucks das ganze Nervensystem erfasst und erschüttert wird und das Jammern und Wehklagen der Verwundeten, ihre Bitte um Hilfe in ihrer Todesangst das allerhärteste Gemüt erregen und man liegt da und kann ihnen nicht helfen, und nicht zuletzt das eigene marternde Gefühl an Frau und Kinder, welche nicht versorgt sind, wenn der Ernährer nicht wieder kommt, dann würde auch Heine sagen, was alle sagen: So'n Blödsinn, – so'n Wahnsinn, so eine Verrücktheit, so ein Hundepack, und würde es jemand wagen, in solcher Erregung von Zorn zu sagen: ‚Den Frieden zu verlangen ist die Zeit noch nicht gekommen', wer weiß was dann eintreten würde.

Feindbilder

Das bedeutet indes nicht, dass die Soldaten frei waren von Feindbildern und Sinngebungen ihres kriegerischen Handelns. Ihre Feindwahrnehmung wurde vielmehr tiefgehend beeinflusst von der Semantik vorgeprägter Interpretationsmuster, nach denen deutsche Soldaten etwa den Kriegseinsatz von farbigen Kolonialtruppen auf Seiten der Engländer und Franzosen vehement ablehnten, weil ihnen diese Soldaten als unzivilisierte Wilde erschienen. In ähnlicher Weise nahmen sie auch die russischen Soldaten wie die Zivilbevölkerung im Osten als zivilisatorisch unterentwickelt wahr und entwickelten in der Zeit ihrer Militärherrschaft über weite Teile Mittel- und Osteuropas vor allem wohl im Offizierskorps Vorstellungen, hier zur Errichtung einer neuen deutschen Ordnung berufen zu sein. Doch als Begründung für den Krieg reichte das auf Dauer nicht aus, und vor allem die gemeinen Soldaten stellten seinen Sinn zunehmend in Frage. Vielfach erkannten sie auf allen Seiten der Fronten auch die Ähnlichkeit ihrer Situation und begriffen sich als Opfer eines Krieges, den sie nicht gewollt hatten. Andererseits mussten sie sich mit ihrer Situation arrangieren, und manche fanden auch Gefallen daran, als Soldaten gut zu funktionieren. In diesen Zusammenhängen konnten sich zweifellos Kämpfer- und Killermentalitäten ausbilden, denen der Krieg und das Töten zum Selbstzweck wurden. Den meisten

Soldaten ging es aber vor allem darum, nach Möglichkeit zu überleben, auf eine möglichst erträgliche und Gefahren minimierende Weise, und sie hofften auf sein möglichst schnelles Ende, am besten, aber schließlich nicht notwendigerweise durch einen Sieg. Und je länger der Krieg dauerte, desto mehr traten noch ganz andere Probleme und Orientierungen des soldatischen Kriegsalltags in den Vordergrund.

Verhältnis Front – Heimat

Die Auswertung von Feldpostbriefen zeigt auch, dass die oft beschworene Entfremdung zwischen Front und Heimat relativiert werden muss. Die wenn auch zumeist nur indirekte Kommunikation mit der Familie wurde für die meisten Soldaten, insbesondere für die Verheirateten unter ihnen, zu einem der wichtigsten Bezugs- und Orientierungspunkte. Ob es um die Bestellung des Hofes, die Versorgung mit Lebensmitteln oder den Schulbesuch der Kinder ging, alle Themen des zivilen Alltags beschäftigten die Soldaten weiterhin und sie versuchten, mit ihren begrenzten Möglichkeiten Einfluss darauf zu nehmen. Das galt auch andersherum, denn die Angehörigen in der Heimat bemühten sich zumeist ebenso intensiv darum, den Kontakt aufrecht zu erhalten, ihre Männer im Felde über die Entwicklung in der Heimat zu informieren und ihnen Unterstützung sowohl emotionaler als auch materieller Art zukommen zu lassen. Die Feldpost wurde so zu einer der wichtigsten Institutionen der Kriegszeit, die allein in Deutschland von 1914 bis 1918 etwa 29,7 Milliarden Sendungen in beiden Richtungen befördert hat. Demgegenüber trat der ersehnte Heimaturlaub fast in den Hintergrund, weil er nur selten gewährt wurde und darüber hinaus zu vielfältigen Unzufriedenheiten und Konflikten wegen vermeintlicher Bevorzugung bzw. Benachteilung führte. Wenn die Soldaten allerdings nach langer Zeit für wenige Tage nach Hause kamen, wurde vielfach doch deutlich, dass Front und Heimat auseinanderdriftende Erfahrungswelten waren und Fremdheitserfahrungen letztlich nur schwer vermieden werden konnten. Der junge englische Frontsoldat Richard H. Tawney etwa sah sich beim Heimaturlaub 1916 „wie ein Besucher unter Fremden" und stellte fest: „zwischen euch und uns, da hängt ein Schleier."

Lebensbedingungen an der Front

An der Front waren die Soldaten mit höchst unterschiedlichen Bedingungen konfrontiert, je nachdem wo sie stationiert waren, ob sie in vorderster Linie oder in der Etappe Dienst taten und nicht zuletzt, wie intensiv an ihren Einsatzorten die Kampfhandlungen waren. An manchen Frontabschnitten wurde über längere Phasen kaum gekämpft, an anderen gehörte der Kampfeinsatz zum Alltag. Generell aber gilt, dass es schwer war, im Kriegsalltag ein gewisses Maß an Zivilisation aufrecht zu erhalten. Die Soldaten hatten unter Hunger, Vernachlässigung und Ungeziefer zu leiden, sie lebten oft buchstäblich in Schlamm und Dreck, eine Privatsphäre gab es für sie kaum noch, und in der Regel durchliefen sie einen mehr oder weniger deutlich ausgeprägten Verrohungsprozess. Dazu gehörten auch die Alltäglichkeit von Leid und Tod, die Allgegenwart der Leichen und die Selbstverständlichkeit des aktiven Tötens sowie die permanente Gefahr, selbst verwundet oder getötet zu werden. Hinzu kamen die spezifischen Erfahrungen des industrialisierten Krieges, der das Töten und Sterben oft weitgehend anonymisierte und die Soldaten zu soldatischen Arbeitern ohne jede Selbstbestimmung in einer mechanisierten, entfremdeten Kriegsmaschinerie und in einer von umfassender Zerstörung geprägten Kriegslandschaft degradierte. Ihre

Qualität bestand nicht mehr darin, gut kämpfen zu können; es ging vielmehr darum, eine Maschine zu bedienen und trotz der Flut der im Schlachtgeschehenen wirksamen Eindrücke zu funktionieren und nicht die Nerven zu verlieren.

Shell Shock

Das ist ganz wörtlich zu nehmen, denn vor allem im industrialisierten Krieg an der Westfront verlor eine große Zahl von Soldaten zeitweise oder dauerhaft die Kontrolle über Geist und/oder Körper. *Shell Shock* lautete die Diagnose im britischen Heer, in Deutschland fand vor allem das Phänomen der Kriegszitterer Beachtung, die, oft nach einer Verschüttung im Schützengraben, nicht mehr in der Lage waren, die Bewegung ihrer Glieder zu koordinieren. Während in England jedoch kriegsspezifische Erkrankungen psychiatrischer Art lange generell geleugnet, die Betroffenen als Simulanten behandelt und bestraft wurden, kamen in der deutschen Armee insgesamt mehr als 300.000 Soldaten in psychiatrische Behandlung, so dass der Erste Weltkrieg zu einem wichtigen Entwicklungsschub für die junge psychiatrische Wissenschaft und Medizin wurde. Für die betroffenen Soldaten war dies indes weniger mit eingehender medizinischer Versorgung oder gar Heilung als vielmehr mit schwer erträglichen Torturen verbunden. Denn die wenig erfahrenen Ärzte gingen in der Regel davon aus, dass sie es mit ängstlichen Versagern zu tun hatten, die im Lichte rassistischer, sozialdarwinistischer oder auch klassenbezogener Deutungsmuster als „haltlose Affektmenschen“, „reizbare Querulierer und Hetzer“ oder auch als „Entartete“ klassifiziert wurden. Ihre Aufgabe sahen die Kriegspsychiater – neben der Abwehr eventueller Rentenansprüche – vor allem darin, ihre minderwertig erscheinenden Patienten wieder kriegsverwendungsfähig zu machen, indem sie ihnen soviel Schmerz und Angst zuzufügen, dass die Fortsetzung des Militärdienstes schließlich als das kleinere Übel erschien. Die üblichen Behandlungsmethoden bestanden deshalb in „Hungerkuren“, Isolation, Zwangsexerzieren, Elektroschocks oder der Einführung von Kehlkopfsonden, die Erstickungsanfälle und Angstzustände auslösten.

Q

Privatdozent Dr. Kehrer, Chefarzt eines Reservelazaretts für Nervenkranke, über die Behandlung ertaubter Soldaten

Aus: Ulrich u. Ziemann, Frontalltag im Ersten Weltkrieg, S. 106.

Berthold, der alle meine Anregungen mit höchstem Eifer aufnahm und produktiv weiterverarbeitete, verfuhr in diesen Fällen schließlich so, dass er den mit verbundenen Augen auf ein Ruhebett gelegten Kranken, immer unter entsprechender Verbalsuggestion (gemeint ist: Anschreien), Kochsalzeinspritzungen ins Ohr und unter die Haut der Ohrumgebung machte, dann in einem Umkreis von etwa 5 cm Durchmesser um die äußere Gehörgangsöffnung kaum blutende Stichelungen mit steriler Nadel ausführte und nun unter höchster Einwirkung auf den Willen zum Hören (gemein ist: Anschreien) tourenweise einschleichend galvanische Ströme bis zu 5 AM (Ampere/Stromstärke) vom Warzenfortsatze aus erteilte. Durch die völlige Ausschaltung des Gesichtssinnes wurde, bildlich gesprochen, dem Kranken so nur der Ausweg zwischen dem Hörenwollen und dem nicht Stärkerschmerzleiden gelassen.

Neben Tod, Krankheit und Wahnsinn gehörte schließlich auch eine Vielzahl von Verwundungen und Verstümmelungen, insbesondere durch Schussverletzungen, Granatsplitter und Verätzungen durch Gas, zum Kriegsalltag der Soldaten. Auch in diesem Bereich erlebte die entsprechende medizinische Versorgung einen Entwicklungsschub. Dies betraf insbesondere die Entwicklung von Prothesen, um die Geschädigten wieder kriegsverwendungsfähig zu machen oder sie jedenfalls zur Ausübung von Arbeitstätigkeiten in der Kriegsindustrie zu befähigen.

Soziale Gegensätze und Konflikte

Auch die sozialen Beziehungen in der militärischen Zwangsgesellschaft wiesen ein hohes Maß an Zwanghaftigkeit, Konflikthaltigkeit und wachsenden Aggressionen auf. Die vielgerühmte Kameradschaft der Frontsoldaten stellt sich bei genauerer Betrachtung eher als eine Notgemeinschaft dar, die das gemeinsame Überleben sichern konnte, ansonsten aber von vielfältigen Egoismen und Verwerfungen zwischen Menschen höchst unterschiedlicher Herkunft und Orientierung geprägt war. Landsmannschaftliche Gegensätze spielten dabei eine beträchtliche Rolle, und besonders Angehörige von nationalen Minderheiten hatten oft darunter zu leiden. Die deutschen Juden wurden sogar förmlich von der Reichswehr einer Prüfung ihres Kriegsengagements, der **„Judenzählung"** unterzogen.

E

Die „Judenzählung" im deutschen Heer

Im Laufe der Jahre 1915/16 wurde in der deutschen Öffentlichkeit und im Offizierskorps immer schärfer gegen die jüdischen Bürger gehetzt. Sie würden sich, so hieß es, vor dem Kriegsdienst drücken und stattdessen in der Heimat Geschäfte mit dem Krieg machen, die Frauen der deutschen Soldaten verführen etc. Der preußische Kriegsminister Wild von Hohenborn ordnete daraufhin am 11. Oktober 1916 eine Untersuchung über die Zahl der „beim Heer befindlichen wehrpflichtigen Juden" an und leitete damit trotz Protesten von jüdischen Organisationen, Sozialdemokraten und Liberalen eine Sonderüberprüfung ein, wie sie für keine andere Bevölkerungsgruppe vollzogen wurde. Der sowieso grassierende Antisemitismus erhielt so eine offizielle Bestätigung und wurde nachhaltig verstärkt.

Die „Judenzählung" gilt deshalb als ein Wendepunkt in der deutsch-jüdischen Emanzipationsgeschichte. Sie wurde im Februar 1917 ohne eine Veröffentlichung der Ergebnisse abgeschlossen. Erst nach Kriegsende brachte General Ernst Wrisberg Zahlen an die Öffentlichkeit, die den Vorwurf der jüdischen „Drückebergerei" zu bestätigen schienen und in die antisemitisch begründete Dolchstoßlegende eingingen. Genauere Untersuchungen konnten jedoch zeigen, dass die Ergebnisse statistisch nicht haltbar waren. Der deutsch-jüdische Anteil unter den aktiven Soldaten entsprach etwa dem Bevölkerungsdurchschnitt. Ungefähr 100.000 der 550.000 deutschen Juden hatten als Soldaten gedient, 12.000 waren gefallen. Über 30.000 jüdische Soldaten waren für besondere Tapferkeit ausgezeichnet worden. Nur 19.000 allerdings wurden während des Krieges befördert, und nur 2.000 deutsche Juden konnten in einem antisemitisch geprägten Umfeld in Offiziersränge aufsteigen.

Der Hass auf die Offiziere

Eine grundlegende, sich teilweise in Hassausbrüchen entladende Konfliktlinie bestand aber vor allem zwischen den Mannschaften und ihren Offizieren, die in allen Armeen deutlich voneinander separiert waren und höchst unterschiedliche Lebensbedingungen hatten. Offiziere wurden viel besser bezahlt und untergebracht, vor allem aber, was zu großer Unzufriedenheit unter den vielfach Hunger leidenden Soldaten führte, auch weit besser mit Lebensmitteln versorgt. Darüber hinaus waren ihnen die gemeinen Soldaten im streng hierarchischen Gefüge der Armee in vieler Hinsicht ausgeliefert.

Viele Soldaten mussten es erleben, von oft weit jüngeren Offizieren auf unflätige Art und Weise beschimpft, schikaniert, entwürdigt und teilweise auch körperlich misshandelt zu werden, von der Abkommandierung zu ebenso lebensgefährlichen wie sinnlos erscheinenden Einsätzen ganz abgesehen. Bereits im Jahre 1915 etwa befasste sich ein Ausschuss des Deutschen Reichstages mehrfach mit einer Fülle von Beschwerden über die menschenunwürdige Behandlung der Soldaten. „Ich habe, solange ich denken kann, die Welt durch die Augen derer gesehen, die unten sind", urteilte der damalige Unteroffizier und spätere sozialdemokratische Reichsjustizminister Gustav Radbruch angesichts dieser Verhältnisse Anfang 1917, „aber noch niemals mit solchem Haß wie jetzt".

Die Militärjustiz

Die Kontrolle der Feldpost durch die Vorgesetzten erbitterte ebenso wie die von ihnen ausgeübte Strafjustiz. Ein besonders deutliches Beispiel war etwa das stunden- oder auch tagelange Anbinden von Soldaten an einen Pfahl als Bestrafung für kleinere Vergehen, das in der deutschen wie in der österreichisch-ungarischen Armee bis 1916 üblich war. Darüber hinaus wurden von deutschen Militärgerichten so viele Haftstrafen gegen Soldaten ausgesprochen, dass die Militärgefängnisse gar nicht alle Verurteilten aufnehmen konnten und auf zivile Haftanstalten zurückgegriffen werden musste. Schließlich wurden stattdessen spezielle Militärstrafgefangenenkompanien gebildet, die in unmittelbarer Frontnähe zu Schanzarbeiten und anderen „Himmelfahrtskommandos" herangezogen wurden. Bei besonders schwerwiegenden militärischen Vergehen wie Fahnenflucht oder Feigheit vor dem Feind wurden von den Militärgerichten in der deutschen Armee dagegen mit 48 Hinrichtungen vergleichsweise weniger Todesurteile als in England (356) oder Frankreich (ca. 600) gefällt und vollstreckt. Noch deutlich höher lagen die Hinrichtungsziffern in Italien, Österreich-Ungarn und vor allem in Russland.

Das deutsche Heer als „Zerrbild des Klassenstaates"

Die Kluft zwischen Offizieren und Mannschaften spiegelte zugleich die sozialen Gegensätze der Zivilgesellschaft wider. Während die Offiziere aus dem Adel und dem höheren Bürgertum stammten und dementsprechend auch einem elitären Habitus frönten, stammten die einfachen Soldaten aus den handarbeitenden Schichten der Bevölkerung. Durch die hohen Kriegsverluste kam es mit der Zeit zwar zu einem massenhaften Aufstieg in Unteroffiziersränge. Doch während Unteroffiziere in England und Frankreich auch die Möglichkeit erhielten, durch besondere Verdienste zu vollwertigen Offizieren aufzusteigen, wurde in Deutschland die soziale Homogenität des Offizierskorps besonders scharf verteidigt. Das „Klassenheer" blieb gerade hier nach dem Urteil des Historikers Martin Hobohm, der für den Untersuchungsausschuss des Weimarer Reichstages über die Ursachen des militärischen Zusammenbruchs ein Gutachten zum Thema soziale Heeresmissstände verfasste, ein „Zerrbild des Klassenstaates". Besonders für Soldaten proletarischer Herkunft habe dies zu einer Radikalisierung ihrer sozialistischen Überzeugungen geführt: „Der Proletarier im Heer", so Hobohms Urteil, „sah es und ballte die Faust. Er sah sich im Heer mit den Klassengegensätzen zugleich die kapitalistischen Verhältnisse abspiegeln." Für dieses Urteil lassen sich in Feldpostbriefen viele Bestätigungen finden. „Abfällige Kritiken an Offizieren sind an der Tagesordnung", stellte etwa ein Feldpostüberwachungsbericht im Sommer 1917 fest: „Sie hätten mehr

Geld, nähmen den Mannschaften das beste Essen aus dem Munde fort. Sie und ihre Burschen genössen unerhörte Bevorzugung bei Urlaub usw. Dann kommen Vorwürfe über die Allgemeinheit, der ganze Staat sei nur ein Werkzeug des Kapitalismus und der Wucherer usw."

Q

Der Unteroffizier Hermann Kantorowicz über den Offiziershaß im deutschen Heer und seine politischen Auswirkungen, 1916
Denkschrift „Eine bedrohliche Stimmung im deutschen Heer", abgedruckt in: Der Offiziershaß im deutschen Heer, Freiburg 1919, S. 11–23, hier S. 13.

Die Zeit nach dem Krieg wird einen wilden Radikalismus bringen. Denn der Haß gegen den Offizier überträgt sich auf die staatliche Obrigkeit überhaupt, deren Eckstein er in Deutschland darstellt und gegen die sich ohnedies im Zusammenhang mit den wirtschaftlichen Schwierigkeiten so viel Zündstoff angehäuft hat. So zieht die Sozialdemokratie, weil sie sowohl den Krieg als den heutigen Staat als endlich den im Offizierskorps verkörperten ‚Militarismus' bekämpft, fast das ganze Heer (Teile der Bauernschaft ausgenommen) in ihren Bann. Eine sozialdemokratische Mehrheit im Reichstag ist nach dem Urteil aller, die die Stimmung im Heer kennen, schon heute gesichert; und zwar handelt es sich um eine Sozialdemokratie, welche zweierlei verlernt hat: das Maschinengewehr zu fürchten und in einem Bürgerkrieg auf andere zu schießen als die, die etwa das Schießen befehlen würden.

Wachsende Friedenssehnsucht

Mit der Zeit nahm die Ablehnung des Krieges und seiner Träger unter den Soldaten immer weiter zu, ohne dass dies unmittelbar in konkrete Handlungen münden musste. Friedenssehnsucht aber war spätestens seit Mitte 1915 unter den Soldaten weit verbreitet, sie verband sich zumeist jedoch noch mit der immer wieder mobilisierbaren Hoffnung, durch einen militärischen Sieg den Krieg beenden zu können. Trotzdem erschien die Friedensstimmung den militärischen Kommandostellen schließlich so bedrohlich, dass sie zu einer systematischen Kontrolle der Feldpost übergingen und die Soldaten zunehmend durch aktive Propaganda zu beeinflussen versuchten, etwa in Deutschland seit 1917 mit dem sogenannten Vaterländischen Unterricht. Die Ergebnisse zeigten indes, dass nationalistische Kriegsdeutungen unter den Soldaten kaum noch Anklang fanden, der Wunsch nach einem schnellen „Frieden ohne Annexionen und Kontributionen", wie die von der russischen Februarrevolution 1917 proklamierte, in allen Ländern übernommene Formel für einen Verständigungsfrieden lautete, trotzdem immer weiter um sich griff und von Überlegungen ergänzt wurde, den Krieg möglicherweise auch nach russischem Beispiel durch Verweigerung und Meuterei selbst zu beenden. „Es muss kommen wie in Russland", solche Auffassungen wurden von den Soldaten bald immer häufiger vertreten, „um von dem verdammten Militarismus befreit zu werden."

Q

Bericht der Postüberwachungsstelle der 6. Armee vom 4. September 1918
Aus: Ulrich und Ziemann, Frontalltag im Ersten Weltkrieg, S. 203 f.

Die Kriegsmüdigkeit und Gedrücktheit ist allgemein. Die Briefschreiber haben sich mit der für sie nackten Tatsache: „Wir können nicht siegen" abgefunden und

knüpfen daran sogar zum Teil die Anschauung, daß Deutschland unterliegen müsse. Eine gewisse Anzahl mahnt wohl zum Durchhalten, und manche Zeilen zeugen neben den vielen Stimmen des Mißmuts und der Unzufriedenheit von Königstreue und unveränderter Liebe zum Vaterlande, das aller Opfer wert sei. Die Zahl der Briefschreiber, die dem Vaterland offen den Tod wünschen, ist indes nicht viel geringer. Sie sagen: „Durch etwaige weitere Erfolge Deutschlands könne der Krieg nur verlängert werden, durch eine Niederlage hätten wir den ersehnten Frieden!" „Wir haben den gleichen Verdienst, ob unter französischer, englischer oder deutscher Herrschaft nach dem Kriege!" (...)
Ein Gefühl der Vaterlandsliebe wird in den Briefen fast gar nicht geäußert. Wie der Gesamteindruck der Postprüfung ergab, scheint beinahe ein gewisses Schamgefühl zu bestehen, einen vaterländischen Gedanken auch nur in Worte zu kleiden. Manchen Briefen liegt die Ansicht zugrunde: „Wer eine gute vaterländische Gesinnung zeigt, hat Interesse am Kriege und durch ihn Gewinn und Vorteil." Andererseits ist die Unlust so groß und die Gleichgültigkeit, an der guten Sache mitzuwirken, so ausgeprägt, daß die Leute, um dem „unnützen Morden" – wie sie in ihren Briefen schreiben – zu entgehen, sich zum Beispiel den Verlust des linken Armes und ähnliche Verletzungen wünschen. Das Interesse des Einzelnen am Kriege ist in den Hintergrund getreten; der Mann steht fast durchgehend auf dem Standpunkt: „Ich drücke mich von der Front, so gut ich kann!"

3. Kriegsgefangenschaft

Obwohl Kriegsgefangenschaft im Ersten Weltkrieg zu einer jahrelangen Massenerfahrung und nicht zuletzt auch zu einer propagandistisch hoch umkämpften Angelegenheit wurde, ist dieser Aspekt erst seit kurzem in den Fokus der historischen Forschung geraten. Nach Schätzungen gerieten in den Jahren 1914–1918 etwa 6,6 bis 8 Millionen in Kriegsgefangenschaft, d.h. mindestens 10% aller am Krieg beteiligten Soldaten. Deutlich häufiger geschah dies im Zusammenhang des Bewegungskrieges zu Anfang der Kämpfe und später dann im Osten, wo mit einem Schlag ganze Truppenkontingente in Gefangenschaft geraten konnten, während im Stellungskrieg an der Westfront die Gefangennahme eher selten vorkam. Bei Kriegsende befanden sich 328.000 Soldaten in englischer, 350.000 in französischer, 916.000 in österreichisch-ungarischer, 2.250.000 in russischer und sogar 2.374.769 Mannschaften sowie 40.274 Offiziere in deutscher Gefangenschaft. Alleine diese Zahlen belegen die enorme Bedeutung des Phänomens Kriegsgefangenschaft, vor allem wenn man in Rechnung stellt, dass sich große Teile der Gefangenen für Jahre in gegnerischem Gewahrsam befanden, die Kriegsgefangenschaft oft noch über das Kriegsende hinausreichte und viele dabei ihr Leben verloren. Klar ist auch, dass die Kriegsgefangenen durch ihre Gefangennahme nicht einfach aus dem immer totaler werdenden Krieg herausgetreten waren. Ihr Schicksal blieb vielmehr eng mit der Entwicklung des Krieges verbunden. Zugleich ist davon auszugehen, dass die gewaltigen Lagersysteme, in denen die Kriegsgefangenen während des

Krieges jahrelang eingesperrt waren, in mancher Hinsicht zu Vorformen des nationalsozialistischen Systems der Konzentrationslager wurden.

Chaos bei Kriegsbeginn

Anfangs war kein Land auf die Mengen an Kriegsgefangenen vorbereitet, die es bald zu internieren, zu bewachen und zu versorgen galt. Aus dieser Situation entstanden überall mehr oder weniger chaotische Verhältnisse in improvisierten Lagern mit unzureichenden Massenquartieren und zusammenbrechender Lebensmittelversorgung, die in großen Epidemien mit gewaltigen Opferzahlen unter den Gefangenen kulminierten. Zigtausende starben im Winter 1914/1915 vor allem an Infektions- und Mangelkrankheiten wie Fleckfieber, Typhus, Ruhr und Tuberkulose. „Wenn es unseren Leuten", stellte etwa ein österreichischer Feldarzt angesichts der Zustände im Lager Mauthausen Anfang 1915 fest, „auch so schlecht geht, wie es den hiesigen Gefangenen geht, dann wäre es besser, am Schlachtfeld zu fallen ..." Diese trostlosen Verhältnisse konsolidierten sich zwar zumeist in der Folgezeit mit der Errichtung von rational geplanten, besser ausgestatteten Lagern. Mit der Dauer des Krieges stellten sich zugleich jedoch immer dringlicher die Fragen, wie die Kriegsgefangenen mit Lebensmitteln versorgt werden sollten und auf welche Weise es möglich sein könnte, sie zu nutzbringenden Arbeiten heranzuziehen.

Das Völkerrecht

Nach der Haager Landkriegsordnung durften gefangene Soldaten nicht mehr als Feinde, sondern sie mussten als Menschen betrachtet und dementsprechend genauso untergebracht, versorgt und disziplinarisch behandelt werden wie die eigenen Soldaten. Offiziere und Mannschaften wurden infolgedessen getrennt voneinander untergebracht, Offiziere brauchten nicht zu arbeiten und erhielten auch sonst viele Vergünstigungen. Zu systematischen Verstöße gegen die völkerrechtlichen Grundsätze kam es – abgesehen von zwei noch zu behandelnden Bereichen – wohl eher selten. Allerdings ist dabei nicht nur zu bedenken, dass die konkreten Bedingungen höchst unterschiedlich waren und es im Einzelnen zweifellos zu einer Vielzahl von oft auch gravierenden Verstößen gegen die geforderte „menschliche Gefangenenbehandlung" gekommen ist. Vielmehr war es nach dem Prinzip der Gegenseitigkeit auch völkerrechtlich zulässig, Repressalien gegen die Gefangenen zu verhängen, wenn dies als Reaktion auf unzulässige oder vermeintlich unzulässige Behandlung der eigenen, in Gefangenschaft geratenen Soldaten durch ein anderes Land geschah. Dadurch konnte und wurde häufig eine Spirale in Gang gesetzt, in der wechselseitig immer schärfere Repressalien verhängt wurden. Das konnte vom zeitweiligen Entzug der Post über die Kürzung von (sowieso kargen) Lebensmittelrationen bis zur Einweisung in spezielle Straf-Arbeitslager reichen, wie sie von allen Ländern eingerichtet wurden. Darüber hinaus war die jahrelange Inhaftierung für viele Gefangene generell nur schwer zu ertragen, so dass sich Fälle der sogenannten Stacheldrahtpsychose bald häuften. Um dem entgegenzuwirken, entwickelte sich in vielen Lagern ein besonderes Kulturleben mit selbstorganisierten Theatervorführungen, Sportveranstaltungen etc.

Opferzahlen

Vergleichende Studien über die Kriegsgefangenschaft im Ersten Weltkrieg liegen bisher allerdings kaum vor, während Einzelstudien deutlich werden lassen, dass die Gefangenen je nach den unterschiedlichen sozialen und kulturellen Bedingungen ihrer Gewahrsamsmächte unterschiedlich behandelt wurden. Die Opferzahlen waren dementsprechend sowohl quantitativ als auch prozentual in Russland am höchsten. Nach offiziellen Angaben des Roten Kreuzes kamen hier 1914 bis 1917 über 471.000 Gefangene, also etwa 17% ums Leben, während das Deutsche Reich für seine Gefangenen nach Nationalität unterschiedliche Todesraten zwischen 3 und 6,5% angegeben hat. Diese Zahlen sind angesichts der propagandistischen Bedeutung des Themas allerdings mit Skepsis zu behandeln, vor allem für rumänische und russische Kriegsgefangene ist teilweise von deutlich höheren Sterberaten auszugehen.

Eingebrachte und umgekommene Kriegsgefangene 1914–1918

Gewahrsmacht	Kriegsgefangene	Verstorben/Vermisst
Russland	2.400.000	470.000
Frankreich	444.000	26.000
England	460.000	14.000
Deutschland	2.500.000	140.000
Öst.-Ungarn	1.900.000	140.000–200.000

Schätzung nach: Reinhard Nachtigal, Zur Anzahl der Kriegsgefangenen im Ersten Weltkrieg, in: Militärgeschichtliche Mitteilungen, 67.2008, H. 2, S. 345–84, hier S. 380.

Mangelernährung und Arbeitszwang

Wie Uta Hinz für Deutschland gezeigt hat, galt die Orientierung an den Bestimmungen des Kriegsvölkerrechts für zwei zentrale, jeweils eng mit den Problemen der Kriegswirtschaft verbundene Bereiche in zunehmendem Maße nicht: die Ernährung und die Arbeit. Hier vollzog sich im Lauf des Krieges vielmehr ein deutlicher Radikalisierungsprozess nach dem Grundsatz „Not kennt kein Gebot", der Mangelernährung und Zwangsarbeit zur Folge hatte. Für die zentralen Planungsinstanzen im Deutschen Reich spielte in der Ernährung die Gleichstellung mit den eigenen Soldaten von Anfang an kaum eine Rolle. Hauptbezugspunkt war vielmehr die Not der Zivilbevölkerung, und diese wurde im Zusammenhang der Propaganda gegen die „Hungerblockade" der Alliierten gedeutet. Völkerrechtliche Verpflichtungen rückten so in den Hintergrund, einer immer weitergehenden Herabsetzung der Rationen wurde Tür und Tor geöffnet. Dabei waren die Gefangenen je nach ihrer Nationalität höchst unterschiedlich betroffen. Denn während die gefangenen Franzosen und Engländer ihre Versorgung durch vielfältige Hilfslieferungen aus ihren Heimatländern deutlich verbessern konnten, war dies vor allem bei der größten nationalen Gefangenengruppe nicht der Fall, den Russen. Spätestens in der zweiten Kriegshälfte litten sie ähnlich wie etwa die Rumänen, von denen im Jahre 1917 etwa 29% verstarben, unter permanenter Unterversorgung. Begrenzt wurde diese Entwicklung oft nur durch die Einsicht, dass ein Mindestmaß an Ernährung notwendig war, wenn die Gefangenen nutzbringend in der Kriegswirtschaft eingesetzt werden sollten.

Q

Der Generalquartiermeister über den Umgang mit russischen Kriegsgefangenen, 1. Juni 1917
Aus: Hinz, Gefangen im Großen Krieg, S. 300

Von heimischen Dienststellen wird darüber Klage geführt, dass die aus dem Etappengebiet in die Stammlager zurückgeführten kranken und arbeitsunfähigen Kriegsgefangenen der Kriegsgefangenen-Arbeitsbataillone häufig in so schwer leidendem Zustande eintreffen, daß sie alsbald nach der Einlieferung sterben. Im Hinblick auf den Mangel an Arbeitskräften ist es dringend erforderlich, weitere Ausfälle nach Möglichkeit zu vermeiden. Es sind daher nur solche Gefangene der Kriegsgefangenen-Arbeitsbataillone zum Abschub in die Heimat zu bringen, deren Transportfähigkeit vorher durch ärztliche Untersuchung einwandfrei festgestellt ist. Auch ist Vorsorge zu treffen, daß die Kriegsgefangenen für die Dauer ihres Transportes mit ausreichenden Lebensmitteln versehen werden.

Rechtliche Grauzonen

Wie in den meisten anderen beteiligten Ländern setzten auch in Deutschland zu Anfang des Jahres 1915 angesichts des wachsenden Arbeitskräftemangels Versuche ein, die Kriegsgefangenen als Arbeitskräfte zu verwenden. Im Prinzip war dies völkerrechtlich zulässig, doch nur für Arbeiten, die nicht im Zusammenhang mit Krieg und Militär standen. Eindeutig völkerrechtswidrig war deshalb der überall mehr oder weniger intensiv praktizierte Einsatz von Kriegsgefangenen für Schanzarbeiten u. Ä. im Frontbereich. Doch auch bei Arbeiten an der „Heimatfront" gerieten die Praktiken im Zusammenhang der Totalisierung des industriellen Krieges schnell in eine rechtliche Grauzone. Schon Mitte 1915 wurden offiziell die Weichen dafür gestellt, Gefangene bei Bedarf auch in der Produktion von Waffen und Munition einzusetzen. Dafür wurden spezielle Arbeitskommandos eingerichtet, die zwar noch organisatorisch an die Stammlager angebunden waren, de facto aber in spezifischen Lagern in der Nähe der Einsatzbetriebe untergebracht waren. Hierfür liegt eine Vielzahl von Berichten über extreme Arbeitsbedingungen und Misshandlungen durch das Wachpersonal vor. Diese Radikalisierung „von unten" korrespondierte allerdings mit den immer radikaleren Vorgaben „von oben", die einen möglichst effizienten Kriegsgefangeneneinsatz forderten.

Landwirtschaft und Kriegsindustrie

Die Mehrzahl, im Schnitt etwa 2/3 der Kriegsgefangenen, wurde allerdings in der Landwirtschaft eingesetzt. Auch wenn dies ein vergleichsweise angenehmer, vor allem in der Lebensmittelversorgung bevorzugter Arbeitsbereich war, kam es darüber doch zu einer Vielzahl von Konflikten, insbesondere wenn die Gefangenen von den Bauern wie abhängige Knechte behandelt wurden. Doch im Vergleich zum Arbeitseinsatz in der Industrie waren die Verhältnisse in der Landwirtschaft offensichtlich weniger repressiv. Insbesondere beim Kriegsgefangeneneinsatz in Bergbau und Industrie ist demgegenüber eine deutliche Radikalisierung feststellbar, die in vieler Hinsicht Züge von Zwangsarbeit trug. Sie betraf vor allem die Ausdehnung der Arbeitszeit weit über 10 Stunden pro Tag hinaus, die Nichtberücksichtung der Eignung oder Nichteignung der Gefangenen für die verlangten Arbeiten und schließlich die Ablehnung und Bestrafung von Krankmeldungen. Hinzu kamen harte Strafen für Gefangene, die sich unter Berufung auf die Haager Landkriegsordnung weigerten, an der Produktion von Waffen und Munition mitzuwirken. Besonders extrem waren die Bedingungen allerdings in den Kriegsgefangenen-Arbeitsbataillonen, die in den besetzten Gebieten unter der direkten Regie des Militärs zum Einsatz kamen; 1916 betraf dies immerhin schon 250.000 Mann, die weitgehend rechtlos waren, schwerste und gefährliche Arbeiten zu verrichten hatten und unter großem Hunger litten. Ihren Höhepunkt erlebte die Entwicklung der Zwangsarbeit für Kriegsgefangene in Deutschland allerdings erst, als die russischen Kriegsgefangenen auch nach dem Frieden von Brest-Litowsk nicht in ihr Heimatland entlassen, sondern weiterhin zur Arbeit in der Kriegswirtschaft zwangsverpflichtet wurden.

Rotes Kreuz und Rote Garden

Ähnliche Entwicklungen vollzogen sich auch in den anderen beteiligten Ländern. Eine Ausnahme stellte England dar, dass nur über vergleichsweise wenige Gefangene verfügte und anfangs auch nicht so stark unter Arbeitskräftemangel litt. Erst mit der Einführung der allgemeinen Wehrpflicht im Jahre 1916 wurden auch hier die Weichen für einen Arbeitseinsatz der Kriegsgefangenen gestellt. Mit dem Massenphänomen der Kriegsgefangenschaft im Ersten Weltkrieg waren schließlich zwei allgemeine Entwicklungen von spezifischer Bedeutung verbunden. Zum Ersten trat das Rote Kreuz als internationale Kontrollinstanz für die Behandlung der Kriegsgefangenen hervor und konnte mit mehr oder weniger großem Erfolg Inspektionen in den jeweiligen Lagern durchführen und politischen Druck auf die Gewahrsamsmächte ausüben. Zum Zweiten veränderten sich die Bedingungen für die Kriegsgefangenen in Russland mit der Revolution. Teile von ihnen wurden davon erfasst, nahmen sogar aktiv am Revolutionsgeschehen teil und trugen bei ihrer Rückkehr revolutionäre Orientierungen in ihre Heimatländer. Man sollte diese von der marxistisch-leninistischen Geschichtswissenschaft immer wieder herausgestellten Zusammenhänge nicht überschätzen; wenn einige tausend Kriegsgefangene den Roten Garden beigetreten sind, war das zweifellos kein Massenphänomen. Doch es ist immerhin ein deutliches Indiz für die Wirkungen des revolutionären Geschehens auf die Kriegsgefangenen, wenn mit Béla Kun, Ernst Reuter, Otto Bauer, Josip Broz „Tito" oder Imre Nagy eine ganze Reihe von späteren Führungspersönlichkeiten der internationalen Arbeiterbewegung als Kriegsgefangene aktiv an der Revolution in Russland teilgenommen haben.

4. Verweigerungen und Proteste

Auf den ersten Blick muss es erstaunlich erscheinen, dass die Armeen des Ersten Weltkrieges trotz aller Schrecken, aller inneren Gegensätze und aller Unzufriedenheiten der Soldaten so lange funktioniert haben. Um dies verstehen zu können, ist eine Reihe von Faktoren zu berücksichtigen. Zuerst einmal war das Militär ein hierarchisches Zwangssystem, in dem jede Form von Aufbegehren auf rigide Weise unterdrückt bzw. bestraft werden konnte. Ferner war es schwer, den für ein gemeinsames Vorgehen notwendigen Zusammenhalt herzustellen, denn die militärischen Einheiten wurden immer wieder auseinandergerissen und neu zusammengesetzt. Schließlich ist generell zu konstatieren, dass die Soldaten auch selbst Deutungen ihrer Situation entwickelten, die dazu beitrugen, ihre Hoffnungen auf ein Überleben mit dem militärischen Durchhalten zu verbinden. Trotzdem kam es zu einer Vielzahl von individuellen und kollektiven Versuchen, sich den Zumutungen des Krieges zu entziehen, seine Realität erträglicher zu gestalten oder auch ihn zu beenden. Sie reichten von diversen, kaum quantifizierbaren, aber offensichtlich weit verbreiteten Formen der „Drückebergerei" wie der Simulation von Krankheiten und der Selbstverstümmelung über die Verweigerung spezifischer Kriegshandlungen, die Flucht in die Kriegsgefangenschaft, die zeitweilige Entfernung von der Truppe und die Desertion bis zu stillen Vereinbarungen und Verbrüderungen mit den gegnerischen Soldaten sowie schließlich auch bis zur offenen Meuterei.

Desertion

Die am weitesten gehende Form der persönlichen Verweigerung lag zweifellos in der Desertion. Insbesondere bei Kriegsbeginn war sie vor allem unter nationalen Minderheiten verbreitet, die wie etwa die Iren oder die Polen oft gar kein Interesse zur Beteiligung am Krieg eines sie benachteiligenden Nationalstaates hatten und teilweise sogar zum Kampf gegen ihre Herkunftsnation rekrutiert werden sollten. Das galt etwa für Teile der slawischen und italienischen Rekruten der österreichisch-ungarischen Armee oder für die Elsass-Lothringer in Deutschland. So flohen im August 1914 etwa 3.000 oberelsässische Wehrpflichtige vor der Einberufung in die deutsche Armee nach Frankreich, und in den folgenden Kriegsmonaten wurden viele weitere Fälle von Fahnenflucht gemeldet. Das Phänomen war so weit verbreitet, dass Anfang 1915 alle aus Elsass-Lothringen stammende Soldaten von der West- an die Ostfront verlegt und darüber hinaus weiteren Sonderregeln unterworfen wurden. Auch deutsche Soldaten polnischer Nationalität versuchten teilweise nach Frankreich zu desertieren, während Angehörige der dänischen Minderheit in Schleswig ins neutrale Dänemark zu gelangen suchten. Die meisten der nach Frankreich geflohenen Soldaten traten teils freiwillig, teils gezwungenermaßen in die französische Armee ein, und auf deutscher Seite war man intensiv darum bemüht, unter Kriegsgefangenen ehemals deutsche, fahnenflüchtige Soldaten ausfindig zu machen, die in besonderen „Verräter-Lagern" interniert und zu gefährlichen „Himmelfahrtskommandos" herangezogen wurden.

Andere Wege der Desertion führten ins neutrale Ausland, vor allem in die Schweiz, die sich allerdings bald abzuschotten begann. Und viele Soldaten, die sich dem Krieg aus den verschiedensten Gründen entziehen wollten, versuchten in privaten Zusammenhängen Unterschlupf zu finden. Verbreitet war auch der Versuch, sich zeitweise, etwa während aktiver Kampfhandlungen, von der Truppe zu entfernen. Und schließlich spielte auch die Möglichkeit eine Rolle, sich aktiv in gegnerische Kriegsgefangenschaft zu begeben. Quantitative Bestimmungen des Phänomens sind angesichts der Quellenlage allerdings ausgesprochen schwierig. Immerhin gibt es einige Hinweise. Von den 910.000 Soldaten des bayrischen Heeres wurden 1914–1918 12.695 Soldaten wegen Fahnenflucht bzw. unerlaubter Entfernung von der Truppe verurteilt. In der französischen Armee waren es bis 1917 gut 33.000 Soldaten, wobei hier zu beachten ist, dass in den ersten beiden Kriegsjahren noch der geringere Straftatbestand des „Verlassens des Postens vor dem Feind" hinzukam. Weit höhere Zahlenangaben liegen für

Italien vor, wo große Teile der bäuerlichen Rekruten keinen Bezug zum nationalen Staat hatten und ca. 100.000 Verurteilungen ausgesprochen wurden. Diese Zahlen lassen jedoch nur indirekte Schlüsse auf das gesamte Ausmaß dieser Form der Verweigerung zu, wobei die Dimensionen zuerst in der russischen Armee, dann vor allem bei den Mittelmächten im Jahre 1918 immer deutlicher zunahmen.

Simulation und Selbstverstümmelung

Noch schwerer quantitativ zu fassen sind die diversen Formen von Simulationen und Selbstverstümmelungen, mit denen Soldaten die Überführung ins Lazarett oder auch die dauerhafte Entlassung aus dem Militärdienst herbeizuführen versuchten. Soldaten fügten sich gezielt Verletzungen mit Bajonetten und Schusswaffen zu, sie ruinierten ihre Gesundheit durch das Trinken von Motoröl, Tabaksud oder Ammonium-Säure, und sie versuchten, die medizinisch nicht eindeutig erfassbaren psychischen Erkrankungen zu simulieren, trafen dabei allerdings oft auf Mediziner, die alles daransetzten, sie der Simulation zu überführen. Darüber hinaus gab es, wenn auch eher wenige, Soldaten, die den Kriegsdienst aus religiösen Gründen verweigerten, was von den Militärbehörden oft ebenfalls als psychischer Defekt betrachtet und entsprechend behandelt oder geahndet wurde. Schließlich war auch der Versuch verbreitet, durch disziplinarische Vergehen eine Haftstrafe zu bekommen, um so dem Kriegseinsatz zumindest zeitweilig entgehen zu können. Und zu solchen individuellen Verweigerungsformen traten bald auch kollektive Formen des Aufbegehrens hinzu.

Q

Verbrüderungen an der Westfront Weihnachten 1914
Aus: Feldpostbrief, abgedr. im Volksfreund Braunschweig, 14.1.1915.

Wir hatten uns vorgenommen, an diesem Tage (Erster Weihnachtsfeiertag, WK) so wenig als möglich zu schießen, sollte es doch ein Tag des Friedens sein. Die Engländer hatten auch keine Lust; nur dann und wann fiel ein Schuß. Gegen Mittag wurde die Sache immer friedlicher. Einige Leute von uns wagten es nun, die Köpfe über die Deckung zu strecken und nach den Herren da drüben mit der Mütze zu winken. Nach einiger Zeit wurde auch von drüben gewinkt. (...) Schließlich kam einer von uns auf den Gedanken, einen zu den Engländern hinüberzuschicken, ob man uns gestatte, unsere noch vor unserem Graben liegenden toten Kameraden zu begraben. (...)
Die Mannschaften hatten sich nun auch alle in voller Größe auf die Deckung gestellt und einige gingen zu den Engländern hinüber, die nun auch aus den Gräben herauskamen. Man ging aufeinander zu, reichte sich die Hände und verständigte sich, so gut es ging. Wir gaben den Engländern Zigaretten, wofür wir englische Messer oder sonstige Kleinigkeiten erhielten. (...) Die Toten wurden beerdigt und beim Auseinandergehen versprachen uns die Engländer, zwei Tage nicht zu schießen, und sie haben auch treu Wort gehalten. Wir selbst haben auch nicht geschossen und drei Tage ist kaum ein Schuß gefallen.

Verbrüderungen

Einen kollektiveren Charakter hatten verschiedenartige Versuche, über die Schützengräben hinweg Verabredungen zu treffen oder sich gar mit den gegnerischen Soldaten zu verbrüdern. Zu massenhaften Verbrüderungen kam es erstmals beim sogenannten *Christmas Truce* Ende 1914, als sich an der Westfront Soldaten über die Schützengräben hinweg zu gemeinsamen Weihnachtsfeiern trafen, miteinander sprachen und zusammen speisten.

Diese Verbrüderungen gingen von den Mannschaften aus, wurden oft aber auch von den Frontoffizieren geduldet. Sie hielten teilweise auch über Weihnachten hinaus an, wurden bald aber durch Eingriffe der höheren Militärbefehlshaber unterbunden, die etwa in Deutschland „das Fraternisieren und überhaupt jede Annäherung an den Feind" noch einmal ausdrücklich unter Strafe stellten. Trotzdem kam es in den folgenden Jahren immer wieder zu einzelnen Treffen im Niemandsland, sogar von einem deutsch-englischen Fußballspiel wird berichtet. Wichtiger aber waren langfristig die stillen Absprachen zwischen den oft nahe beieinander liegenden Schützengräben, die insbesondere an den Stellen der Front möglich wurden, an denen sich die gleichen Einheiten längere Zeit gegenüberlagen. Die Soldaten verabredeten Feuerpausen, an manchen Frontpassagen wurde zeitweilig gar nicht mehr geschossen, oder sie warnten die gegenüberliegenden Einheiten vor bevorstehenden Angriffen und forderten sie auf, durch eigene Aktionen geplante Angriffe zu vereiteln. Alle diesen stillen Vereinbarungen fanden allerdings in einer Grauzone der Unsicherheit statt, denn es konnte sich dabei immer auch um gezielte Fehlinformationen handeln und vor dem Feuer eines weiter entfernt stationierten Scharfschützen war man ebenfalls nie sicher. Zu besonders ausgeprägten Formen der Verbrüderung kam es schließlich seit 1917 an der Ostfront, als die Soldaten im Zuge der Revolution in Russland von einem bevorstehenden Frieden ausgingen. Auch die Militärbefehlshaber duldeten dies zeitweilig, weil sie wechselseitig hofften, die gegnerischen Soldaten propagandistisch beeinflussen zu können.

Meutereien

Insbesondere seit 1917 kam es schließlich auch zu einer wachsenden Zahl von kollektiven Meutereien. In der russischen Armee wurden sie spätestens mit der Februarrevolution, die ihren Sieg nicht zuletzt der Auflösung der Armee und dem Überlaufen der Petrograder Garnison verdankte, zu einem weit verbreiteten Phänomen. An der Westfront entwickelten sich im Frühjahr 1917 die schwersten Meutereien während des Krieges in der französischen Armee. Zwischen April und Juni 1917 wurden in mehr als der Hälfte der französischen Divisionen 250 Fälle von kollektiver Widersetzlichkeit gezählt, an denen etwa 30.000–40.000 aktive Soldaten beteiligt waren. Sie reagierten damit vor allem auf die ebenso verlustreichen wie sinnlos erscheinenden Offensiven, die Oberbefehlshaber Nivelle kurz zuvor am *Chemin des Dames* eingeleitet hatte. Teilweise gewannen die Meutereien allerdings auch einen deutlicher politischen Charakter, so wenn einzelne Einheiten Rote Fahnen schwenkten, die Internationale sangen und mit einem Marsch auf Paris drohten. Es gelang der Generalität schließlich, die Situation durch eine Mischung aus Repression und Entgegenkommen zu beruhigen. 3.457 Soldaten wurden vor Gericht gestellt, 554 zum Tode verurteilt, 49 tatsächlich hingerichtet. Zugleich jedoch wurde Nivelle abberufen und durch General Pétain (1856–1951) ersetzt, der hohes Ansehen unter den Soldaten genoss, schnell die Ruhe- und Urlaubsmöglichkeiten der Soldaten verbesserte und generell erfolgreich den Eindruck vermittelte, ihr Leben nicht mehr unnötig zu ‚verheizen'.

Nicht an der Front, aber in der Etappe, im Ausbildungslager Etaples, kam es im September 1917 nach Konflikten mit der Militärpolizei auch zu ernsthaften Meutereien und Demonstrationen unter englischen Soldaten, an denen sich etwa 1.000 Mann beteiligten. Und ähnliche Vorgänge ereigneten sich seit 1917 zunehmend auch in der deutschen Armee, besonders bei Truppentransporten. Vor allem Lazarettinsassen, die oft unmittelbar nach ihrer Genesung wieder an die Front verlegt wurden, und freigekommene Kriegsgefangene, die ebenfalls direkt wieder zum Kampfeinsatz abkommandiert wurden, randalierten auf Bahnhöfen und entzogen sich dem Transport. Einen besonders ausgeprägten Politisierungsgrad wiesen vor allem die Matrosenunruhen auf, die im Juli 1917 nach der Aufdeckung von Streikvorbereitungen mit einer Welle von Widersetzlichkeiten, Dienstverweigerungen und öffentlichen Demonstrationen die deutsche Hochseeflotte in Wilhelmshaven erschütterten und gewissermaßen eine Generalprobe für die Auslösung der Novemberrevolution 1918 darstellten.

E

Antikriegsbewegungen in der deutschen Marine 1917
Die Hochseeflotte lag während des Krieges überwiegend in Wilhelmshaven auf Rede. Unter den Soldaten entwickelte sich eine wachsende Unzufriedenheit, vor allem weil sie von den Offizieren sehr schlecht behandelt wurden. Als das Kommando der Hochseekräfte und die Schiffskommandanten die 1916 vom Reichsmarineamt zur sozialen Beruhigung beschlossene Einrichtung von sogenannten Menagekommissionen nicht umsetzten, griffen viele Schiffsbesatzungen zur Selbsthilfe und setzten auf eigene Faust entsprechende Kommissionen ein. In der Folgezeit entwickelte sich daraus eine kriegsgegnerische Bewegung unter den Matrosen, die Kontakt zur USPD suchte und für September 1917 einen Antikriegsstreik vorbereitete. Diese Pläne wurden allerdings durch einen Zufall bekannt und die Protagonisten verhaftet, woraufhin es zu einer Reihe von Unruhen und Streikaktionen auf einzelnen Schiffen kam.
Die Marinejustiz reagierte mit drakonischen Strafen: Fünf Matrosen wurden zum Tode verurteilt, zwei von ihnen – Albin Köbis und Max Reichpietsch – am 5. September 1917 tatsächlich hingerichtet; gegen weitere 50 Angeklagte wurden mehr als 400 Jahre Haftstrafen verhängt. Unter den Mannschaften führte dieses Vorgehen zu einer weiteren Erschütterung ihrer Loyalität gegenüber der Marineführung, denn sie sahen darin „ein Verbrechen ..., dessen Ungeheuerlichkeit alle Begriffe übersteigt", wie der christlich orientierte Matrose Richard Stumpf in seinem Tagebuch festhielt, das der Untersuchungsausschuss von Nationalversammlung und Reichstag über die Ursachen des deutschen Zusammenbruchs 1918 in den 1920er Jahren als Quelle benutzt und veröffentlicht hat. Ein Jahr später, im Oktober 1918, urteilte Stumpf: „Böse, böse, sieht es in dem Innern der meisten Kameraden aus. Bolschewistische Ideen haben manchem jungen Mann den Kopf verdreht. Allen Ernstes sprechen viele davon, wie sie sich demnächst als rote Gardisten benehmen werden."

Antikriegsbewegungen

Auch an der Front weigerten sich seit 1916 immer öfter ganze Kampfeinheiten, in die vorderste Linie vorzurücken oder den Schützengraben zu verlassen, und in einer unbekannten Zahl von Fällen wurde die oft geäußerte Drohung, unbeliebte Offiziere hinterrücks zu erschießen, wohl tatsächlich wahr gemacht. An der Ostfront bildeten sich erste Soldatenräte. „Schon das ist bezeichnend für unsere Batterie", hieß es im September 1917 in einem Brief an den Deutschen Studentendienst, „daß der Sozialismus gesiegt hat bei und in allem. Ein sogenannter Soldatenrat hat seine Hand in allem. Alle Handlungen des Offiziers, wenn sie nicht einwandfrei sind, werden aufs schärfste kritisiert von den Unteroffizieren und Mannschaften". Im Ostheer kam es im Laufe des Jahres 1918 sogar zu einer Reihe von teilweise blutig verlaufenden Zusammenstößen zwischen den sich organisierenden Mannschaften und ihren Offizieren. Von einem Streik der Soldaten war nun immer häufiger die Rede, und nicht zuletzt die vom Erlebnis der russischen Revolution geprägten Soldaten, die nun in großer Zahl an die Westfront verlegt wurden, trugen den Geist der Rebellion in sich. Sie rebellierten auf den Bahnhöfen, und mindestens 10% von ihnen verschwanden beim Transport. Ähnlich verhielt es sich mit den „Rädelsführern" des Januarstreiks, die massenhaft an die Front eingezogen wurden. Auch von ihnen kamen viele nicht an ihrem Bestimmungsort an, die anderen bedeuteten „weniger eine Stärkung als ein Gift für die Truppe", wie der Oberst im Generalstab v. Thaer urteilte. Und in einem von der Überwachungsstelle abgefangenen Feldpostbrief hieß es hellsichtig: „Ich glaube, daß der Krieg auch bald zu Ende geht, denn die Mannschaften haben auch schon über und wollen nicht mehr, und es überall das schon egal, bloß die Großen wollen noch keinen Frieden, aber sie werden sich auch reinfügen müssen, und es ist ja auch genug mit dem Morden …"

Auflösung der Armeen der Mittelmächte

Seit dem Sommer 1918 erlebten die Armeen der Mittelmächte dann, ähnlich wie ein Jahr zuvor die schon lange mit massenhafter Desertion konfrontierte russische Armee, einen forcierten Auflösungsprozess, der mit massenhaften Dienstverweigerungen, Insubordinationen und Entfernungen von der Truppe nicht nur ihre Kampffähigkeit immer weiter beeinträchtigte, sondern auch eine wichtige Voraussetzung für die Revolution schuf.

V. Die Kultur des Krieges

1. Kriegsideologien

Der Krieg wurde nicht nur auf militärischem und politischem Gebiet geführt, sondern es wurde auch intensiv um seine kulturelle Deutung gerungen. In einer Vielzahl von Kriegsreden und -predigten, von Aufrufen und Schriften versuchten Wissenschaftler und Künstler, Publizisten und Theologen den Sinn des Krieges zu bestimmen. Tatsächlich ging es dabei vor allem darum, den jeweiligen nationalen Kriegseinsatz zu rechtfertigen und die Notwendigkeit des eigenen Sieges zu begründen. Auf allen Seiten wurden „heilige Kriege" beschworen, die es im Interesse nicht nur der eigenen Nation, sondern auch Europas und der ganzen Menschheit wegen mit allen Mitteln zu gewinnen gelte. Diese Ideologisierung des Krieges war nicht in erster Linie eine Folge staatlicher Kriegspropaganda, sie wurde vielmehr überall von den kulturellen Eliten und gesellschaftlichen Meinungsführern selbsttätig, aus eigenen Antrieb entwickelt. Renommierte Hochschulen wie die Berliner Friedrich-Wilhelm-Universität oder die Universität Oxford organisierten Kriegsreden und Buchveröffentlichungen ihrer weltberühmten Professoren. Dichter und Denker verfassten eine Unzahl von Kriegsschriften und Manifesten, in denen sie nicht nur die Rolle der eigenen Nation rechtfertigten und die Schuld am Krieg der Gegenseite zuwiesen, sondern sich auch gegenseitig als Propagandisten beschimpften.

Der Krieg der Geister

Den Auftakt zu diesem „Krieg der Geister", der zu einer tiefgehenden Spaltung des europäischen Kulturlebens und zu einer weitgehenden Isolierung der deutschsprachigen Intelligenz führte, setzte der berühmte französische Philosoph Henri Bergson (1859–1941), als er, gefolgt von vielen anderen westlichen Geistesgrößen, den Krieg der Zivilisation und der Humanität gegen die Barbarei des deutschen Militarismus beschwor, der ohne Grund seine friedlichen Nachbarn überfallen habe und schreckliche Greueltaten gegen die Zivilbevölkerung verübe. Auf deutscher Seite antwortete man mit dem Aufruf „An die Kulturwelt", in dem 93 berühmte deutsche Wissenschaftler und Schriftsteller alle gegen Deutschland gerichteten Vorwürfe prinzipiell verwarfen und die Identität von deutscher Kultur und deutschem Militarismus beschworen, die im Interesse der Menschheitskultur den Sieg davontragen würden. Der Nationalökonom Werner Sombart erklärte 1915 in seinen „patriotischen Besinnungen" über „Händler und Helden" sogar, mit der Parole vom Kampf der westlichen Zivilisation gegen die „deutschen Bestien" sei „instinktiell der tiefste Gegensatz richtig angesprochen", wenn man ihn nur als Konflikt zwischen „händlerischer und heldischer Weltanschauung" verstehe; gegen die „unermessliche geistige Beschränktheit" der englischen Händlergesinnung rief er aus: „Was kann denn deutscher Militarismus anderes sein als deutscher Geist. (...) Er ist ‚Faust' und Beethovenpartitur in den Schützengräben."

Q

Aufruf der 93 „An die Kulturwelt!“
Aus: Klaus Böhme (Hg.), Aufrufe und Reden deutscher Professoren im Ersten Weltkrieg, Stuttgart 1975.

Wir als Vertreter deutscher Wissenschaft und Kunst erheben vor der gesamten Kulturwelt Protest gegen die Lügen und Verleumdungen, mit denen unsere Feinde Deutschlands reine Sache in dem ihm aufgezwungenen schweren Daseinskampfe zu beschmutzen trachten. (…) Es ist nicht wahr, daß Deutschland diesen Krieg verschuldet hat. Weder das Volk hat ihn gewollt noch die Regierung noch der Kaiser. Von deutscher Seite ist das Äußerste geschehen, ihn abzuwenden. (…) Es ist nicht wahr, daß wir freventlich die Neutralität Belgiens verletzt haben. (…). Es ist nicht wahr, daß eines einzigen belgischen Bürgers Leben und Eigentum von unseren Soldaten angetastet worden ist, ohne daß die bitterste Notwehr es gebot. (…) Es ist nicht wahr, daß unsere Kriegsführung die Gesetze des Völkerrechts mißachtet. Sie kennt keine zuchtlose Grausamkeit. Im Osten aber tränkt das Blut der von russischen Horden hingeschlachteten Frauen und Kinder die Erde, und im Westen zerreißen Dumdumgeschosse unseren Kriegern die Brust. Sich als Verteidiger europäischer Zivilisation zu gebärden, haben die am wenigstens das Recht, die sich mit Russen und Serben verbünden und der Welt das schmachvolle Schauspiel bieten, Mongolen und Neger auf die weiße Rasse zu hetzen.
Es ist nicht wahr, daß der Kampf gegen unseren sogenannten Militarismus kein Kampf gegen unsere Kultur ist, wie unsere Feinde heuchlerisch vorgeben. Ohne den deutschen Militarismus wäre die deutsche Kultur längst vom Erdboden getilgt. Zu ihrem Schutze ist er aus ihr hervorgegangen in einem Lande, das jahrhundertelang von Raubzügen heimgesucht wurde wie kein Zweites. Deutsches Heer und deutsches Volk sind eins.

Beschwörungen des „Kriegssegens“

Im Rückblick ist es schwer nachvollziehbar und in vieler Hinsicht erschreckend, wie intensiv sich selbst bedeutendste Dichter und Denker nationalistischen Kriegsdeutungen hingaben. Sie idealisierten den „Heldentod“ als Opfer auf dem „Altar des Vaterlandes“, sie beschworen den „Kriegssegen“ der inneren Erneuerung von Volk und Nation, und sie rechtfertigten den Krieg der Nationen als Auseinandersetzung zwischen höher- und minderwertigen geistigen und gesellschaftlichen Prinzipien. Nur wenige Intellektuelle konnten sich der vom „Kulturkrieg“ offensichtlich ausgehenden Faszination entziehen, wie etwa der britische Philosoph Bertrand Russell (1872–1970), der französische Dichter Romain Rolland (1866–1944) oder der deutsche Publizist Theodor Wolff (1868–1943), der treffend eine „intellektuelle Kriegsneurose“ diagnostizierte. Deutlich wurde dabei zum einen, wie tief nationale Emotionen und Denkmuster gerade im Bildungsbürgertum verankert waren. Zum anderen gewannen die Kriegsdeutungen ihre Radikalität aber auch aus den Zusammenhängen des Kriegsbeginns, aus dem vor allem in Deutschland viel beschworenen „Augusterlebnis“ der nationalen Einheit, das offensichtlich als eine Art Heilung von den vielfältigen Problemen und Frustrationen der Vorkriegsgesellschaft erlebt und zu einer „nationalen Erhebung des deutschen Volkes“ stilisiert wurde. Während die eigene Nation so in einem neuen, vielfach sakralisierten Glanze erstrahlte, konnten zugleich die zuvor im Zeichen von Kulturpessimismus, Materialismus und Wertezerfall ebenso wie von gesellschaftlichen und politischen Gegensätzen beklagten inneren Frustrationen, Probleme und Feindbilder nach Außen, auf die Kriegsgegner abgeleitet werden. Daraus ergab sich eine radikalisierende Dialektik von Selbst- und Feindbildern, aus der die Kriegsideologien eine wesentliche Antriebskraft bezogen. In den Sinnstiftungen des Krieges spiegelte sich so nicht nur das Selbstverständnis der kriegführenden Nationen, sonder sie weisen ex negativo auch auf die strukturellen Probleme der europäischen Gesellschaften zurück, die durch den Krieg nun scheinbar gelöst, tatsächlich oft aber weiter verschärft wurden.

Q

Hermann Bahr, Das deutsche Wesen ist uns erschienen!
Aus: Das Eiserne Buch. Die führenden Männer und Frauen zum Weltkrieg 1914/15, Hamburg 1915, S. 76f.

Und wenn ich hundert Jahre würde, diese Tage werde ich nicht vergessen! Es ist das Größte, was wir erlebt haben. Wir wussten nicht, daß so Großes erlebt werden kann. (...) Wir haben einander endlich erblickt. Wir wissen jetzt zum erstenmal, wie wir wirklich sind. Das ist das unbeschreibliche Geschenk dieser großen Zeit. Davon schlagen in dieser schweren Stunde die Herzen alle so hoch. Niemals sind wir ernster gewesen, aber auch nie so froh. In einer gläubigen Frömmigkeit stehen wir zusammen, die wir uns niemals kannten. Denn uns ist das deutsche Wesen erschienen. (...) In allen deutschen Herzen schlägt jetzt derselbe heilige Zorn. (...) Alle deutschen Wunden schließen sich. Wir sind genesen. Gelobt sei dieser Krieg, der uns am ersten Tag von allen deutschen Erbübeln erlöst hat! Und wenn dann erst wieder Friede sein wird, dann wollen wir es uns aber auch verdienen, diesen heiligen deutschen Krieg erlebt zu haben."

Traditionen und Sinnstiftungen

Inhaltlich waren vor allem zwei Faktoren von zentraler Bedeutung: Zum einen basierten die Sinnstiftungen des Krieges auf den Traditionen nationaler Selbst- und Fremdbilder, die nun in den Kampf legitimierende Selbst- und Feindbilder übertragen wurden. Dabei spielten, zum anderen, die spezifischen Inhalte, die dem nationalen Einheitserlebnis des Kriegsbeginns beigemessen wurden, eine wesentliche, oft radikalisierend wirkende Rolle. Denn sie wurden nicht nur als Bestätigung überkommener nationaler Identifikationsmuster und Fremd/Feindbilder gedeutet, sondern sie fügten auch neue, dynamische, in die Zukunft weisende Motive hinzu. In Frankreich bezog man sich vor allem auf die revolutionären Traditionen der Menschenrechte, der demokratischen Souveränität und der Republik, die es gegen das Kaisertum und den „deutschen Militarismus" zu verteidigen gelte. Der schon 1792 begonnene Krieg der Revolution gegen den überkommenen Feudalismus schien wieder aufzuleben und in eine neue, entscheidende Phase einzutreten. Auf englischer Seite rückten die liberalen Traditionen von individueller Selbstbestimmung, parlamentarischer Regierung und zivilen Rechtsformen in den Mittelpunkt des nationalen Selbstbildes. Aus der gemeinsamen Frontstellung zum gesellschaftspolitischen System des Deutschen Reiches entstand dabei das vereinheitlichende Bild einer westlichen politischen Kultur, der zugleich eine zivilisatorische Mission übertragen wurde: Der von Deutschland widerrechtlich begonnene und vermeintlich barbarisch geführte Krieg sollte nun umgekehrt zum Sturz des autokratischen Militarismus und zur Einführung einer ebenso liberaldemokratischen wie friedensfähigen, auf das Selbstbestimmungsrecht der Völker gestützten Gesellschaftsordnung in Deutschland und Mitteleuropa führen.

Westlicher Kreuzzug für Frieden, Freiheit und Demokratie

Zu Anfang wurde dabei zumeist noch deutlich zwischen dem „deutschen Militarismus" und der „deutschen Kultur" unterschieden. Doch unter dem Eindruck der auf deutscher Seite beschworenen Identität rückte stattdessen die Unterscheidung zwischen der autokratischen Herrschaftsordnung und ihrer militaristisch-chauvinistischen Kultur auf der einen, dem unterdrückten deutschen Volk auf der anderen Seite in den Mittelpunkt, das es durch den Krieg von seinen Herrschern zu befreien gelte. Den Krieg führte man auf das unkontrollierte Handeln der Militärmonarchie zurück, ihre Ablösung durch ein parlamentarisch-demokratisches Regime sollte nicht nur der Freiheit des deutschen Volkes dienen, sondern auch die Welt vom „deutschen Militarismus" befreien und damit zugleich künftige Kriege verhindern. Der Westen führte mit den Worten von H. G. Wells einen *War to end all Wars.* Die englischen und französischen Kriegsdeutungen nahmen so den Kreuzzug für Frieden, Freiheit und Demokratie vorweg, den die USA seit ihrem Kriegseintritt 1917 proklamierten. Insbesondere auf französischer Seite zeichneten sich im Laufe des Krieges aber auch immer deutlicher chauvinistische Kriegsdeutungen ab, die Feind- wie Selbstbild ethnisch konstruierten und das deutsche Volk, die *Boches,* insgesamt zu einem Feind des „ewigen Frankreich" erklärten, den es nicht zu befreien, sondern zu besiegen und zu beherrschen gelte.

Ein Krieg für die Selbstbehauptung des Deutschtums

Gegenüber den im Wesentlichen aber doch universalistisch konzipierten, den Kampf für Zivilisation, Recht und Demokratie beschwörenden westlichen Kriegsdeutungen wies die deutsche Weltkriegsideologie einen eher selbstbezogenen Charakter auf. Hier beschwor man einen Krieg für die Selbstbehauptung von „deutscher Kultur", „deutscher Freiheit" und „deutscher Gemeinwirtschaft" und feierte die „Zusammenfassung aller Deutschheit" als Kern des nationalen Erneuerungserlebnisses. Umgekehrt schienen die Kriegsgegner in einer Art „Objektwechsel der Aggressionen" nun alles das zu verkörpern, was man bislang in Deutschland selbst beklagt hatte. Für die Sozialdemokraten wurde das zaristische Russland zum Sinnbild der Reaktion, die bürgerlichen Weltkriegsideologen rückten dagegen den Konflikt mit dem Westen in den Mittelpunkt ihrer Kriegsdeutungen. Deutschland verteidige demnach im Krieg sein von persönlicher Innerlichkeit, sittlicher Kultur und nationaler Gemeinschaft des Volkes geprägtes Deutschtum gegen die Anmaßungen einer als oberflächlich, verkommen und zerstörerisch, eben als „undeutsch" abgewerteten „westlichen" Zivilisation und Gesellschaft. Frankreich stand dabei für die zersetzenden Traditionen der Revolution und die vermeintlich künstliche Oberflächlichkeit demokratischer Politik und Kultur, während England zum Sinn- oder besser Zerrbild von Kapitalismus und Materialismus stilisiert wurde. Kein Geringerer als Thomas Mann (1875–1955) brachte den deutschen Gegensatz zum Westen in aller Klarheit zum Ausdruck, als er in den 1918 erschienen „Betrachtungen eines Unpolitischen" Deutschtum als „Kultur, Seele, Freiheit, Kunst" definierte, das es vor den niederen Erscheinungsformen von „Zivilisation, Gesellschaft, Stimmrecht und Literatur" des Westens zu schützen gelte.

Widersprüche eines antiwestlichen Selbstbildes

Der Gegensatz zur westlichen Zivilisation, Politik und Gesellschaft wies darüber hinaus ein zweites Problem auf, das der deutschen Weltkriegsideologie einen spezifischen Charakter gab. Denn damit wurden zugleich allgemeine Strukturentwicklungen der bürgerlichen Moderne insgesamt abgelehnt, die auch in Deutschland längst prägende Kraft gewonnen hatten. Der Durchbruch zur industriellen Massengesellschaft, die Herrschaft des Marktes, die Fundamentaldemokratisierung der Politik, die Individualisierung und Vermassung des großstädtischen Lebens, die Ausbildung und Austragung von Klassengegensätzen, all dies wurde als undeutsch verdammt. Während die westlichen Kriegsdeutungen gewissermaßen im Einklang mit den – allerdings idealisierten – Grundlagen der eigenen Gesellschaftsentwicklung standen, kam in Deutschland ein zutiefst gespaltenes Verhältnis zur modernen bürgerlichen Gesellschaft zum Ausdruck. Und der Versuch, die Widersprüche zwischen den ebenso idealistischen wie konservativ geprägten, teilweise vorindustriellen Selbstbildern und den Realitäten einer modernen, industriekapitalistischen Klassengesellschaft und ihrem imperialistischen Krieg ideologisch aufzulösen, gaben den deutschen Kriegsdeutungen nicht nur einen zutiefst antiliberalen Charakter, sondern sie brachten auch Entwürfe einer nachbürgerlichen Moderne hervor, die in mancher Hinsicht deutlich faschistoide Züge trugen.

Nationale Reformprojekte?

Diese Einschätzung ist von der jüngsten Forschung allerdings infrage gestellt worden, weil eine Einordnung in die ideologische Vorgeschichte des Nationalsozialismus den Blick auf die tatsächlichen Intentionen der deutschen Sinndeuter des Krieges verzerre. Ihnen sei es vielmehr, so wird vor allem von Steffen Bruendel betont, in erster Linie darum gegangen, Perspektiven für eine Reform von Gesellschaft und Staat des Kaiserreiches zu entwerfen und dabei auf spezifisch deutsche Weise Freiheit, Demokratie und sozialen Zusammenhang in der modernen Gesellschaft neu zu konzipieren. Diese Auffassung kann sich darauf stützen, dass die deutschen Kriegs- und Zukunftsdeutungen im Zeichen der nationalen Einheit des Kriegsbeginns tatsächlich lange einen inklusiven, die Beteiligung aller Bevölkerungsschichten anvisierenden Charakter aufwiesen; erst in der zweiten Kriegshälfte traten verstärkt exklusive Konzeptionen von nationaler Einheit und Volksgemeinschaft hinzu, die sich auf die Beschwörung innerer Feindbilder stützten und vor allem Sozialdemokraten und Juden, Pazifisten und Liberale als „Volksfeinde" aus der nationalen Gemeinschaft ausschlossen. Und sie kann ferner darauf hinweisen, dass sich immerhin eine Minderheit der Kriegsideologen gegen den Eroberungskrieg und für innenpolitische Reformen aussprach. Sie verkennt zugleich aber nicht nur die tiefgehende Bindung auch der inklusiven Konzepte an die Ideologisierung des Krieges, sondern sie übersieht darüber hinaus die grundsätzlich problematischen Konsequenzen eines antiwestlichen konzipierten nationalen Selbstverständnisses, das als gemeinsamer Grundbezug der deutschen Weltkriegsideologie gelten kann.

Der deutsche Gegensatz zum Westen wurde vor allem im Zeichen der „Ideen von 1914" reflektiert, die als neuartige, mit Kriegsbeginn in die Welt getretene Prinzipien den „Ideen von 1789", d.h. der Französischen Revolution entgegengesetzt oder auch als ihre dialektische Überwindung interpretiert wurden. Manche Autoren, wie vor allem der Nationalökonom Johann Plenge (1874–1963) und der Religionsphilosoph Ernst Troeltsch (1865–1923), proklamierten explizit „Ideen von 1914". In der Literatur wird der Begriff aber vielfach auch in verallgemeinerter, das deutsche Selbstverständnis im „Kulturkrieg" gegen den Westen insgesamt erfassender Weise benutzt. Darin traten Bewusstsein und Programm eines spezifisch deutschen, von Westeuropa abgesetzten Sonderweges in die Moderne hervor, der nun im Weltkrieg seinen Höhepunkt erlebe.

Die deutsche Idee von der Freiheit

An erster Stelle stand die „deutsche Idee von der Freiheit", die sich bei Kriegsbeginn aufs Neue realisiert habe. Sie bezog sich auf die Tradition des deutschen Konstitutionalismus mit seiner starken Stellung der Monarchie und seiner bürokratischen Regierungsform „über den Parteien", die gerade für die Herausforderungen des Krieges gut geeignet zu sein schien, angesichts des Engagements der Bevölkerung zugleich aber auf eine verbreitete Basis gestellt werden sollte. Während eine Mehrheit der eher konservativen Weltkriegsideologen dabei auf korporatistische, in neuer Weise ständestaatliche Lösungen setzte, votierte eine Minderheit für vorsichtige Schritte zur Parlamentarisierung der Monarchie. Weitergehende demokratisch-reformistische Vorstellungen wurden nur von wenigen vertreten, und sie setzten sich, wie etwa Max Weber (1864–1920), explizit von den „Ideen von 1914" ab. Deren Vertreter orientierten sich dagegen gemeinsam an Freiheitsvorstellungen, die dem vermeintlich zerstörerischen, abstrakten Individualismus des westlichen, auf den Gesellschaftsvertrag gestützten Freiheitsbegriff die Einbindung der Person in die nationale Gemeinschaft des Volkes entgegensetzten und damit zugleich einen undemokratrischen, teilweise auch explizit antidemokratischen Charakter gewannen.

Die „deutsche Freiheit" wurde etwa mit den Worten von Ernst Troeltsch idealistisch und unpolitisch bestimmt als „Freiheit einer freiwilligen Verpflichtetheit für das Ganze (…), die Freiheit des Freisinns und der Disziplin, beide zusammen beruhend auf der Selbsthingabe an die Ideen und darum eng zusammenhängend mit unserem ganzen ethisch-religiösen Wesen, das vom englischen oder französischen so tief verschieden ist." Der Theologe Adolf v. Harnack (1851–1930) ergänzte „Was heißt denn Freiheit? Das mit Freude und ganzer Hingebung und unbehindert tun, was man tun soll, das tun wollen, was man tun muss." Der Staatsrechtler Rudolf Kjellén fasste zusammen, was das tatsächlich bedeuten sollte: „Eine große Umkehr braucht und erwartet jetzt die Gegenwart, eine Umkehr von den Ideen von 1789 zu dem neuen Stern von 1914, dem kalten, aber hellen Stern der Pflicht, der Ordnung, der Gerechtigkeit."

Q

Ernst Troeltsch, Die Ideen von 1914

Rede, gehalten in der Deutschen Gesellschaft von 1914 am 20.3.1916, abgedr. in: Ders., Deutscher Geist und Westeuropa. Gesammelte kulturphilosphische Aufsätze und Reden, Tübingen 1925, S. 31–58, hier S. 47, 48f., 52, 55.

Die militärisch und wirtschaftlich stark organisierte Volkseinheit wird auf lange Zeit die Idee sein, die unser inneres Leben bestimmt und die die ihr entsprechenden realen und geistigen Kräfte aufruft. (…) In dieser Selbstbesinnung aber ging uns die Idee einer Freiheit auf, die in der Tat anders ist als die der Westvölker, die von dem Individualismus des englischen Herrenmenschen ebenso verschieden ist wie von der enthusiastischen Gleichheitsidee der Menschenrechte, die nicht im Puritanismus und nicht in Rousseau wurzelt, sondern in eigentümlich deutschem Geiste. Es ist die Freiheit einer selbständigen und bewußten Bejahung des überindividuellen Gemeingeistes, verbunden mit der lebendigen Anteilnahme an ihm, die Freiheit einer freiwilligen Verpflichtetheit für das Ganze und einer persönlich-lebendigen Originalität des Einzelnen innerhalb des Ganzen, die Freiheit des Ge-

meinsinns und der Disziplin, beide zusammen beruhend auf der Selbsthingabe an die Ideen und darum eng zusammenhängend mit unserem ganzen ethisch-religiösen Wesen, das vom englischen und französischen so tief verschieden ist. (...)
Ein deutscher Imperialismus in der Art des englischen, russischen, amerikanischen und japanischen, deren Art das sinkende Frankreich mit letztem Aufgebot aller Kräfte nachstrebt, ist für uns aus vielen Gründen (...) nicht möglich. Wohl aber ist uns die Bildung eines Mitteleuropäischen Blocks möglich, an den wir hoffen können, alle Bedrohten und Verschluckten anzuschließen, und der unter wesentlichem Einfluß der deutschen politisch-militärischen, wissenschaftlich-technischen und ethisch-geistigen Kultur steht. (...) Ein solcher Block bedeutet dann natürlich in gewissem Sinne eine deutsche Führung, aber keine deutsche Herrschaft, und die Führung wiederum muß vor allem auf die geistige Leistung und politisch-sittliche Kraft gegründet werden (...).

Die Ideen von 1914

So wie hier die individuelle Freiheit auf die Einordnung in das größere Ganze der Nation bezogen und damit eingeschränkt wurde, so richteten sich auch die aus dem nationalen Einheitserlebnis des Kriegsbeginns abgeleiteten Gesellschaftsvorstellungen gegen die Austragung von sozialen Interessen und Konflikten. „Fort aber mit den Klassenkämpfen", so lautete die Konsequenz, die der Philosoph Alois Riehl (1844–1924) aus dem Einheitserlebnis des Kriegsbeginns zog. „Wer künftig von solchen wieder reden wollte, den erinnere man an die ersten Augusttage des Jahres 1914." Diese Grundhaltung verband sich bald mit dem Versuch, die deutsche Kriegswirtschaft als eine neue, höherwertige Form von Wirtschaft und Gesellschaft zu deuten, die von liberalen Egoismen ebenso frei sei wie von klassengesellschaftlichen Interessenkonflikten. Der Begriff der Organisation wurde zu einer das deutsche Volk in spezifischer Weise auszeichnenden Eigenschaft stilisiert, deren Anwendung auf die Kriegswirtschaft einen neuartigen „Kriegssozialismus" bzw. mit der Begrifflichkeit von Walther Rathenau, Organisator wie Ideologe der Kriegswirtschaft, eine „deutsche Gemeinwirtschaft" hervorbringe, die auf eine von rationaler Organisation und organischem Zusammenhalt geprägt Gesellschaft der Zukunft jenseits von liberalem Kapitalismus und klassenkämpferischem Marxismus verweise. Die Deutschen hätten sich im Krieg, so argumentierte Johann Plenge, als ein „Volk von Organisatoren" erwiesen, das sich auf dem Weg zum Aufbau einer „Volksgenossenschaft des nationalen Sozialismus" befinde. Die mit der Kriegswirtschaft verbundenen Staatseingiffe in die kapitalistischen Wirtschaftsstrukturen wurden allerdings auch in England und Frankreich in ähnlicher Weise als *War Socialism* bzw. als *Socialisme de Guerre* begriffen. Doch in Deutschland wurde die Kriegswirtschaft nicht nur in weit höherem Maße idealisiert, allein hier sprach man ihr auch eine nationale Qualität zu, die in eine geschichtsphilosophische Deutung des Krieges überführt wurde.

Q

Johann Plenge, Die Ideen von 1914
Aus: Ders., 1789 und 1914. Die symbolischen Jahre in der Geschichte des politischen Geistes, Berlin 1916, S. 85 ff.

Tausendfach ist von ‚Organisation gesprochen worden oder von der notwendigen ‚Konzentration' aller nationalen Kräfte! Tausendfach ist die deutsche Vereinigung

von Freiheit und Ordnung als das gelehrt und verteidigt worden, was uns den inneren Sieg und die Erhaltung unseres von der Vernichtung bedrohten Wirtschaftslebens allein möglich gemacht hat. Alle haben es sofort gewußt: schaffe mit, gliedere Dich ein, lebe im Ganzen. Wohl noch nie war ein Wort so schnell und so selbstverständlich als der wichtigste Begriff für die allgemeine Betätigung im Dienste der gemeinsamen Sache so schnell in aller Munde, wie 1914: ‚Organisation'. (...)
Das lebenskräftige Ganze von Staat und Wirtschaft, das den einzelnen mit seiner freiwilligen Arbeit in sich aufnimmt und ihm die Eingliederung in das größere Leben, in dem er als mitwirkender Teil zur Geltung kommt, zu seiner eigenen Lust und Freude macht: das ist die Idee von 1914. Sie geht nicht von den einzelnen als vereinzelten Willensatomen aus, denen Forderungen vorgehalten werden, die sie für sich anerkennen und zu deren Verfolgung sie sich zusammentun mögen. Sie ist vielmehr das von allen als ihr größeres Selbst erfaßte tatsächliche Zusammenleben des nationalen Staatskörpers, das jeder einzelne in seiner besonderen Weise miterlebt, in dem der einzelne über sich selbst hinauswachsen kann und in dem er dieses sein Wachstum als seine verstärkte Kraft und seine verstärkte innere Sicherheit genießt. (...)
Aber wenn man demgemäß das Grundbewußtsein von 1914 als die bewußt gewollte Gesinnung der Eingliederung in das Ganze betont, so ist es auch klar, daß in ihr, obwohl sie der Gegensatz von 1789 ist, damit doch der Geist von 1789, der Geist der Freiheit, weiter lebt. Denn der echte Entwicklungsgegensatz muß beides einbegreifen: Gegensatz und Erhaltung. Freiheit! Gleichheit! Brüderlichkeit! ‚Schaffe mit' ist die Freiheit der Tat! ‚Gliedere Dich ein' die Gleichheit des Dienstes! ‚Lebe im Ganzen' die Brüderlichkeit des echten Sozialismus!

Deutsche Führungsansprüche

Schon der Beginn des Krieges erschien den deutschen Kriegsideologen weniger als ein beklagenswerter Untergang der bürgerlichen Welt des 19. Jahrhunderts denn als Auftakt einer neuen, nun von Deutschland bestimmten Epoche der Weltgeschichte. „Eine neue geschichtliche Epoche", so stellte etwa der Historiker Friedrich Meinecke (1862–1954) fest, „begann für die Welt und voran für das deutsche Volk mit dem 1. August 1914". Die nun vielfach beschworene, nicht zuletzt von einem spezifisch protestantischen Kriegsnationalismus getragene „deutsche Sendung" in der Welt konnte die Selbstbezüglichkeit der nationalen Topoi allerdings kaum ablegen, so dass ihr Charakter als kriegsbezogenes Herrschaftsprogramm trotz aller Idealisierungen und Vorbehalte gegenüber offenen Annexionen immer wieder deutlich hervortrat. Plenge reklamierte für die nationale Erneuerung Deutschlands als erster den Begriff der Revolution und leitete aus der dialektisch begriffenen Analogie zu den Kriegen der Französischen Revolution und Napoleons eine weltgeschichtliche Führungsrolle Deutschlands ab, die nun das deutsche Kaiserreich im Weltkrieg vollziehe: „Seit 1789 hat es in der Welt keine solche Revolution gegeben wie die deutsche Revolution von 1914. Die Revolution des Aufbaus und des Zusammenschlusses aller staatlichen Kräfte im 20. Jahrhundert gegenüber der zerstörenden Befreiung im 19. Jahrhundert. (...) Zum zweiten Mal zieht ein Kaiser durch die Welt als der Führer eines Volkes mit dem ungeheuer weltbestimmenden Kraftgefühl der allerhöchsten Einheit. Und man darf behaupten, dass die ‚Ideen von 1914', die Ideen der deutschen Organisation zu einem so nachhaltigen Siegeszug über die Welt bestimmt sind, wie die ‚Ideen von 1789'."

Mission und Chauvinismus

Werner Sombart (1863–1941) dagegen ließ mit seinem radikalen Chauvinismus jeden Missionsgedanken beiseite und proklamierte die eindeutig rassistisch begründete Herrschaft eines deutschen Herrenvolkes, das er als „Geschlecht kühner, breitbrüstiger, hellhäutiger Menschen" sowie „breithüftiger Frauen um künftige Krieger zu gebären" bestimmte und von dem er forderte: „So sollen auch wir Deutsche in unserer Zeit durch die Welt gehen, stolz, erhobenen Hauptes, in dem sicheren Gefühl, das Gottesvolk zu sein."

2. Kriegspropaganda

Trotz der überschießenden Energien, mit denen das gebildete Bürgertum sich für Sinnstiftungen des Krieges begeistern konnte, überließen die kriegführenden Staaten die Lenkung der öffentlichen Meinung nirgendwo allein dem Engagement der Ideologen. Dafür erschien die Stimmung der breiteren Bevölkerungsschichten viel zu unsicher, dafür war auch das Spektrum der Aufgaben zwischen der Kontrolle der öffentlichen Meinung, der Mobilisierung der Bevölkerung und der Beeinflussung der öffentlichen Meinung bei den Kriegsgegnern wie den Neutralen, viel zu groß. Diese Tätigkeitsfelder sind zeitgenössisch sehr unterschiedlich benannt worden, und erst unter dem Eindruck der Erfahrungen des Krieges setzte sich der heute übliche Begriff der „Propaganda" zunehmend durch. Vorher hatte er im deutschen Sprachgebrauch soviel wie „Werbung" bedeutet. Nun jedoch entwickelte er sich schnell zu einem Sammelbegriff für alle Versuche, die öffentliche Meinung auf verschiedene Weise zu beeinflussen, und er gewann dabei zuerst einmal einen negativen Charakter. Propaganda wurde mit Verhetzung und Lüge der Gegner identifiziert, während man selbst „Aufklärung" oder „Unterrichtung" zu betreiben beanspruchte. Diese Unterscheidung wurde mit der Zeit jedoch fragwürdig, so dass Propaganda schließlich zum Synonym für eine manipulatorische Steuerung der öffentlichen Meinung wurde, wie sie im Krieg von allen Ländern sowohl gegenüber der eigenen Bevölkerung wie gegenüber dem Ausland betrieben wurde.

Zensur

Die Kriegspropaganda wurde von verschiedenen, militärischen, staatlichen oder zivilgesellschaftlichen Organisationen getragen, sie bearbeitete unterschiedliche Arbeitsfelder, stützte sich auf spezifische inhaltliche Grundlagen und sie durchlief im Krieg zugleich Entwicklungen, die mit verschiedenartigen Konzeptionen verbunden waren. Am Anfang stand vor allem die Zensur, die zumeist von den Militärbehörden, in Deutschland von den Stellvertretenden Generalkommandos praktiziert wurde, die in großer Eile spezielle Zensurabteilungen aufbauten. Während es 1914 in der ganzen deutschen Armee nur einen mit der Presse befassten Offizier gab, waren es 1916 bereits mehr als 1.000. Von der Zensur betroffen waren zuerst nur Nachrichten von militärischem Belang, doch sehr schnell wurden in der Regel auch darüber hinausgehende Meldungen wie etwa über die Stimmung der Bevölkerung, vor allem aber über kriegspolitische Differenzen als kriegswichtig eingestuft und damit der Zensur unterworfen. Allein im liberal geprägten England blieb die mit den drei *Defence of the Realm Acts* vom

August 1914 bis März 1915 sukzessive eingeführte Zensur weitgehend auf militärische Nachrichten und auf den Brief- und Depeschenverkehr ins Ausland beschränkt, während im Innern des Landes selbst relativ weitreichende politische Kritik an der Regierung zulässig blieb.

Nachrichtenregie

Die in allen anderen Ländern auch in direkter Weise politische Zensur betraf in erster Linie die Presse, die flächendeckend überwacht wurde, wobei gegen problematisch erscheinende Blätter die Vorzensur verhängt, einzelne Artikel gestrichen oder die Blätter auf Zeit bzw. dauerhaft verboten werden konnten. Darüber hinaus wurden auch alle anderen Publikationen der Zensur unterworfen. Und neben dieser Form der Kontrolle der veröffentlichen Meinung trat überall sehr schnell eine aktive Nachrichtenregie hervor, d. h. die Propandaabteilungen verbreiteten selbst offiziös gewünschte Meldungen. In Deutschland veranstaltete eine Unterabteilung des Generalstabes, seit 1915 dann das Kriegs-Presse-Amt, dreimal wöchentlich eine Pressekonferenz, in der die freigegebenen Nachrichten mitgeteilt wurden. Darüber hinaus wurden diese Meldungen über die öffiziöse Korrespondenz Wolffs Telegraphen Büro reichsweit vertrieben.

Meinungslenkung

Neben Zensur und Nachrichtenregie traten bald auch Versuche der aktiven Meinungsbeeinflussung, zuerst nach Außen. Man versuchte, die gegnerischen Truppen mit Flugblättern, die oft von Flugzeugen abgeworfen wurden, von der Sinnlosigkeit ihres Kampfes zu überzeugen, wobei auf deutscher Seite vor allem die Revolutionierung der russischen Armee in den Mittelpunkt rückte. Solche Versuche erwiesen sich tatsächlich jedoch nur dann als sinnvoll, wenn die Zuversicht der Soldaten bereits erschüttert war. Von den Alliierten wurden sie deshalb vor allem im Laufe des Jahres 1918 praktiziert, um die bröckelnde Kampfmoral der deutschen und österreichischen Soldaten weiter zu erschüttern. Im August 1918 wurden pro Tag mehr als 100.000 Flugblätter über der deutschen Front abgeworfen. Inhaltlich ging es dabei nicht nur darum, die Ausssichtslosigkeit einer Fortsetzung des Krieges zu demonstrieren, sondern den deutschen Soldaten wurde auch deutlich zu machen versucht, dass die Menschen in der Heimat hungerten und ein schnelles Ende des Krieges herbeisehnten

Propaganda im neutralen Ausland

Wichtiger als die Agitation der gegnerischen Soldaten wurde indes der Versuch, die Öffentlichkeit der neutralen Länder von der Gerechtigkeit der eigenen Sache zu überzeugen. Sowohl in Deutschland wie in England und Frankreich taten sich dabei anfangs private Organisationen hervor, vor allem mit Briefkampagnen und der Veröffentlichung von Kriegsschriften. Diese Aktivitäten wurden jedoch schnell von Regierungsstellen aufgegriffen und koordiniert. So entstand in Deutschland etwa am 5. Oktober 1914 die regierungsoffiziöse „Zentralstelle für Auslandsdienst", während in Großbritannien die Regierung schon kurz zuvor den Journalisten Charles Masterman mit dem Aufbau eines *War Propaganda Bureaus* für die Koordination der Propaganda im neutralen Ausland beauftragt hatte. Bis Juni 1915 hatte das *Bureau* bereits 2.500.000 Bücher, Proklamationen und Broschüren in 17 verschiedenen Sprachen herausgegeben, und bald widmeten sich noch weitere Unterabteilungen des Außen- sowie des Kriegsministeriums der Auslandspropaganda. In Frankreich koordinierte der offizielle Dienst Alliance Française 1917 insgesamt sogar etwa 30.000 gesellschaftliche Organisationen im In- und Ausland, die an den nationalen Propagandaaktivitäten beteiligt waren. In den Mittelpunkt rückte dabei sowohl auf deutscher wie auf alliierter Seite die Beeinflussung der öffentlichen Meinung in den USA. Deutschland war hierbei deutlich benachteiligt, weil die Briten schon bei Kriegsbeginn die deutschen Telegraphenkabel durch den Atlantik zerstört hatten. Doch der mit dem Kriegseintritt der USA schließlich deutlich werdende Sieg der alliierten Auslandspropaganda hatte – neben politischen Gründen – zweifellos auch mit den Schwächen der selbstbezüglichen Sinnstiftungen des Krieges wie der offiziellen Kriegspolitik in Deutschland zu tun.

Inlandspropaganda

Je länger der Krieg dauerte und je schlechter, ja kriegskritischer die Stimmung breiter Bevölkerungsschichten wurde, desto mehr rückte vor allem die Inlandspropaganda in den Vordergrund. Sie zeichnete sich inhaltlich überall durch drei übereinstimmende Grundstrukturen aus. Es wurde um Vertrauen in Regierung und Militärführung geworben, der Krieg musste als gerechter Krieg dargestellt werden und schließlich ging es darum, durch nationale Mythen kollektive Identität herzustellen. Dafür konnte man in hohem Maße auf die Kriegsideologien zurückgreifen. Doch für die Propagandaorganisationen ging es vor allem darum, sie an den Mann und an die Frau zu bringen. Wie dies am besten zu bewerkstelligen sei, dafür gab es eine Vielzahl unterschiedlicher Konzepte, wobei vor allem die Formen der Beeinflussung und Mobilisierung sowie die zu nutzenden Medien vielfach umstritten waren. Dies gilt besonders für Deutschland, wo sich Traditionalisten und Modernisten der Propagandaarbeit oft schroff gegenüberstanden.

In den ersten zwei Kriegsjahren wurde die deutsche Kriegspropaganda von einer älteren Generation von Offizieren und Beamten geprägt, die sich im Wesentlichen auf Zensur, Presseregie und inhaltliche Belehrung über den Sinn des Krieges beschränkten; darüber hinaus gab es eine Reihe selbsttätiger Initiativen und Kampagnen von zivilen Organisationen und Honoratioren, darunter oft hohe Beamte, die lose koordiniert wurden. Besonders wichtig war dabei der „Bund deutscher Gelehrter und Künstler", der eine Vielzahl von Publikationen und Vortragsveranstaltungen organisierte. Eine große Wirkung entfaltete auch die Anfang 1915 gegründete Initiative zur „Nagelung von Wahrzeichen zu Gunsten der Nationalstiftung für die Hinterbliebenen der im Kriege Gefallenen", möglichst in jedem Ort eine hölzerne Figur – bevorzugt einen Landwehrmann, Bismarck oder später Hindenburg – aufzustellen, der von der Bevölkerung gegen eine Geldspende durch das Einschlagen von Nägeln „in Eisen gekleidet" werden sollte. Auf alliierter Seite stützte man sich demgegenüber schon früh auf weitergehende Versuche zur Mobilisierung von Emotionen, insbesondere durch Bilder. Zum einen wurde hier von Anfang an mit aktiver Greuelpropaganda gearbeitet, in der die durchaus realen deutschen Kriegsverbrechen in Belgien und Nordfrankreich auf extreme Weise übersteigert wurden. Nicht nur in Berichten, sondern auch mit Hilfe von sehr eindeutigen, auch auf voyeuristische Interessen abzielenden Bildern wurden dem Publikum „deutsche Barbaren" vorgeführt, die unbewaffnete Zivilisten erschossen, Kinder verstümmelten, vor allem aber junge Frauen auf brutalste Weise schändeten. Damit wurde der Weg zu einer propagandistischen Bildsprache gewiesen, in der die Feinde ihrer Menschlichkeit prinzipiell beraubt wurden. Auf deutscher Seite antwortete man umgekehrt mit der Darstellung von Kosakengreueln, der vermeintlichen Unkultur der russischen Verbündeten, des Westens und seiner aus Farbigen bestehenden Kolonialtruppen, ergänzt durch Karikaturen über das vermeintlich krämerische Wesen der Engländer und die lasterhafte Oberflächlichkeit der Franzosen.

Nutzung neuer Medien

Zum anderen stützte sich die westliche Kriegspropaganda schon früh auf neue Medien, vor allem auf werbende Bildplakate, bald auch auf Photographien und Filme. Dadurch versuchte man, die Adressaten emotional anzusprechen und ihnen das Gefühl zu vermitteln, ein wichtiger Teil der kriegführenden nationalen Gemeinschaft zu sein, für die es sich zu engagieren lohne. Die traditionalistisch orientierten deutschen Beamten und Offiziere standen aktivistischen, auf visuelle Massenmedien gestützten Formen der Propaganda dagegen ablehnend gegenüber, weil sie darin einen Ausdruck westlicher Vermassungstendenzen sahen. Seit 1916 rückte jedoch zunehmend eine Gruppe jüngerer, moderner orientierter Nachrichtenoffiziere in den Vordergrund, die mit der Machtübernahme der III. OHL und der Rückendeckung durch General Ludendorff eine immer wichtigere Rolle spielten. Modern bedeutet in diesem Fall nicht fortschrittlich oder demokratisch in einem politischen Sinne. Vielmehr ging es darum, mit Hilfe moderner Medien und der Konzentration auf zentrale Parolen die Bevölkerung propagandistisch zu mobilisieren. Angeleitet wurde diese Modernisierung der Inlandspropaganda von massenpsychologisch geprägten Konzepten, die den Bezug auf die nationale Einheit des Kriegsbeginns zum Projekt einer bedingungslosen Geschlossenheit radikalisierten und den absoluten Willen zu Kampf und Sieg in den Mittelpunkt rückten.

Modernisierung der Propagandatätigkeit

Ein erstes Experimentierfeld dafür stellte die Werbung für Kriegsanleihen dar, die für die sechste Anleihekampagne Anfang 1917 von Text- auf Bildplakate umgestellt wurde. Sie war mit dem von Fritz Erler entworfenen Idealbild eines hochgradig stilisierten, den neu eingeführten Stahlhelm tragenden Frontsoldaten und der beschwörenden Parole „Helft uns siegen!" so erfolgreich, dass von nun an nicht mehr auf die Visualisierung der Botschaften verzichtet werden konnte. Damit war der Weg frei, um weitere Schritte zur Erweiterung und Modernisierung einer Propagandatätigkeit auf den Weg zu bringen, die „die ethische Pflicht der Opferwilligkeit bildhaft machen" sollte. Anfang 1917 wurde als Unterabteilung der Militärischen Abteilung des Auswärtigen Amtes das „Bild- und Film-Amt" (Bufa) gegründet, aus dem später die Ufa hervorging. Seine Aufgabe bestand darin, Photographien und Filme vom Kriegsgeschehen in die Propaganda zu integrieren. Einige Monate später trat ergänzend eine Graphische Abteilung hinzu, die vor allem geographische Karten vom Kriegsschauplatz und statistische Graphiken für Propagandazwecke entwarf. Zwar kam es nicht zu der von Ludendorff geforderten Gründung eines eigenen Propagandaministeriums, wie es England Anfang 1918 mit dem *Ministry of Information* ins Leben rief. Trotzdem aber wurde die deutsche Bevölkerung nun mit großangelegten Propagandakampagnen überzogen, die unter dem Stichwort „Vaterländischer Unterricht" die radikal zugespitzte Alternative von Sieg oder Untergang propagierten und vor allem auf die immer unruhiger werdende Industriearbeiterschaft zielten. Dabei ging es nicht nur um die Verteilung der neuen Propagandamedien, die nun bevorzugt Parolen wie „Durch Arbeit zum Sieg! Durch Sieg zum Frieden!" ausgaben, sondern auch um die

Durchführung von Lichtbildvorträgen und anderen „Informationsveranstaltungen“ durch geschulte Aufklärungsoffiziere.

Q

Richtlinien für die Aufklärungs- und Propagandatätigkeit im Bereich des stellv. Generalkommandos des X. AK, 10.5.1917
Aus: Deist, Militär und Innenpolitik im Weltkrieg 1914–1918, Teil 2, S. 816f.

Unter unbedingtem Ausschluß politischer Streitfragen will die Aufklärungsstelle des Generalkommandos alle Mittel: Presse, Flugblätter, Flugschriften, Vorträge, Kirche, Schule, Vereine, Theater, Kino usw. ausnützen, um Klarheit über Ursache und Zweck des Krieges zu verbreiten, der Verhetzung und Verärgerung mancher Kreise mit Erfolg entgegenzuarbeiten, die Zuversicht und Opferwilligkeit der Bevölkerung zu stärken und das Verständnis für die Kriegsereignisse zu erhöhen. Jeder Deutsche muß erkennen lernen, welche Gründe zu diesem Krieg gegen Deutschland geführt haben, daß es um Sein oder Nichtsein des deutschen Volkes geht, und daß wir gerade in den kommenden Monaten durchhalten müssen, um den Siegespreis für dreijährige Opfer und Entbehrungen zu erringen. (...)

Vaterländischer Unterricht

Trotz aller Modernisierungsbemühungen blieb jedoch der obrigkeitsstaatliche, auf die – wie schon im Begriff des „Unterrichts“ deutlich wurde – Erziehung der Bevölkerung abzielende Charakter erhalten. Das Programm konnte auch deshalb nur begrenzte Erfolge erzielen und etwa nicht mit dem tiefer in der Gesellschaft verankerten Vortragsprogramm der sogenannten *4-Minute Men* konkurrieren, die in den USA seit 1917 überall im Land jeden möglichen Anlass nutzten, um prägnante, für den Krieg werbende Vorträge zu halten. In Deutschland wurde die anhaltende Schwäche auch der modernistisch orientierten Propagandatätigkeit vor allem von einer kleineren Gruppe liberal orientierter Beamte und Offiziere erkannt, die reale politische Reformen als Voraussetzung für eine erfolgreiche Mobilisierung der Bevölkerung ansahen. Diese Gruppe blieb allerdings bis zu den Oktoberreformen isoliert, und sie stand immer in der Gefahr, mit der Beschwörung von Reformprojekten propagandistische Trugbilder zu entwerfen.

Manipulation und Entwertung

Bei Kriegsende stand Propaganda dann überall und generell in dem Ruf, die Öffentlichkeit manipuliert, belogen und damit langfristig nicht nur zu ihrer eigenen Entwertung beigetragen zu haben. „Viele Dinge und viele Worte“, stellte der Sozialdemokrat Max Beer 1918 fest, „werden für lange Zeiten, für immer vielleicht, entwertet bleiben; die Enttäuschungen, die sie uns brachten, der Missbrauch, den man mit ihnen trieb, hat ihnen Kraft und Inhalt genommen. Es gibt kaum einen moralischen und politischen Wert, der nicht in der Hexenküche der Propaganda, der politischen Bauerfängerei, der plumpen Nachrichtenmache durcheinandergerührt und umgekehrt worden wäre.“ Andererseits war nicht zu erwarten, dass Regierungen und Politiker darauf verzichten würden, propagandistische Mittel anzuwenden. In Deutschland herrschte besonders auf der rechten Seite des politischen Spektrums die Überzeugung vor, den Krieg auch verloren zu haben, weil es nicht gelungen sei, die Bevölkerung propagandistisch hinreichend zu mobilisieren. Deshalb wurden gerade hier Versuche unternommen, die modernistischen Propagandakonzepte der Kriegszeit weiterzuentwickeln, wobei der uns schon als Vertreter der „Ideen von 1914“ bekannte Johann Plenge mit dem von ihm entwickelten Konzept einer extrem komprimierten Symbolpropaganda eine zentrale Rolle spielte. Das wichtigste Bindeglied auf dem Weg von den obrigkeitsstaatlichen Konzepten der Kriegszeit zur nationalsozialistischen Propaganda und Massenmobilisierung lag dabei generell in einer Massenpsychologie, die die Bevölkerung als reines Objekt der Verführung und Beherrschung durch eine hervorragende Propaganda verstand.

3. Krieg und Massenkultur

Die Kriegspropaganda zielte auf die Beeinflussung breiter Schichten der Bevölkerung, und sie kam dabei nicht umhin, sich auf die Formen und Medien der Massenkultur einzulassen, die in den Jahrzehnten vor Kriegsbeginn entstanden waren. Die Menschen selbst handelten jedoch keineswegs nur als fremdbestimmte Objekte der Propagandaapparate. Sie besaßen vielmehr ihren Eigensinn und versuchten auf vielfältige Weise, den Zumutungen der Propaganda zu entgehen, sich auf eigenständige Weise mit dem Krieg auseinanderzusetzen und sich nicht zuletzt durch Unterhaltung von seinen Schrecken abzulenken. Sie drückten der Massenkultur des Krieges so ihren eigenen Stempel auf, nicht nur indem sie die Medien der Propaganda selektiv wahrnahmen und auf ihre Weise benutzten, sondern auch indem sie andere Möglichkeiten der modernen Massenkultur praktizierten und konsumierten. Von besonderer Bedeutung waren dabei zum einen vielfältige Formen der öffentlichen Vergnügungskultur, vor allem Theater und Kino, Sport, Tanzbar und Kneipe. Zum anderen erlebten nicht nur die Schallplatte und das Grammophon im Ersten Weltkrieg einen ersten Boom, sondern auch das private Photographieren wurde zu einer Massenbewegung.

Kontrolle der Freizeitgestaltung

Im Juli 1916 forderte Kaiser Wilhelm II. höchstpersönlich vom Berliner Polizeipräsidenten strenge Maßnahmen gegen die unübersehbaren Unziemlichkeiten der Berliner Jugend und des Berliner Nachtlebens, die dem Ernst der Zeit nicht angemessen seien. Nicht nur in Deutschland, sondern in allen am Krieg beteiligten Ländern war die Obrigkeit darum bemüht, auch die Freizeitgestaltung der Menschen zu kontrollieren. In England etwa wurde nach einer Pressekampagne im Frühjahr 1915 das Endspiel um die nationale Fußballmeisterschaft als nicht mehr in die Zeit passend abgesagt, gefolgt von einer verschärften Kontrolle des Alkoholausschanks, einer Verkürzung der Öffnungszeiten von Kneipen und strengeren Regeln für Theater und Musikhallen. Der Amateurfußball allerdings blieb unbehelligt. In Deutschland waren die Stellvertretenden Generalkommandeure förmlich für die Regulierung des öffentlichen Lebens zuständig, und in Zusammenarbeit mit der Polizei begrenzten sie nicht nur die Öffnungszeiten von Kneipen und anderen öffentlichen Etablissements, sondern sie versuchten auch, die Inhalte und Formen aller öffentlichen Aufführungen und Veranstaltungen zu kontrollieren. So wurde in Berlin etwa die Aufführung von Stücken Carl Sternheims verboten, weil die kritische Darstellung bürgerlicher Eliten geeignet erschien, den inneren Frieden zu stören. Alle diese Versuche weisen jedoch ex negativo darauf zurück, wie sehr die tatsächlich vom Publikum nachgefragten und praktizierten Formen der Massenkultur von den öffentlichen Vorgaben abwichen.

Das Theater zwischen Verklärung, Parodie und Unterhaltung

Für das Berliner Theater etwa ist kürzlich gezeigt worden, dass es zwar in den ersten Kriegsmonaten zu einer Bühne für Kriegsbegeisterung nach dem Muster „Immer feste druff!" und für die Inszenierung des „Volks in Waffen" wurde. Doch schon nach kurzer Zeit war eine Gegenbewegung feststellbar. Zwar blieb der Krieg auf den Bühnen präsent, doch gelang dies nur, wenn, wie etwa in Otto Reutters „Heimatfronttheater", nicht primär Propaganda und Verklärung der Verhältnisse betrieben, sondern auch die Widersprüche der Kriegsgesellschaft angesprochen wurden, kritische Töne zumindest anklangen und nicht zuletzt über die Probleme des Krieges gelacht werden konnte. Vor allem Parodien typischer Rollenmuster der Kriegsgesellschaft wie der sich emanzipierenden Frau oder des Monokel tragenden preußischen Leutnants spielten dabei eine wichtige Rolle. Der Wunsch zur Distanzierung vom Alltag der Kriegsgesellschaft kam darüber hinaus in den Erfolgen von klassischen Singspielen und Operettenaufführungen zum Ausdruck. Auch Revuetheater und Zirkusvorstellungen wurden nun zu Publikumserfolgen, wobei nicht zuletzt Darstellungen der technischen Aspekte des modernen Krieges von Bedeutung waren.

Ähnlich verhielt es sich mit der neuen Form des modernen Filmtheaters, dem Kino. Die von den Aufklärungsabteilungen produzierten Propagandafilme wollte bald niemand mehr sehen. Erfolgreich beim Publikum waren dagegen zum einen dokumentarisch angelegte, tatsächlich meist auf nachgestellten Szenen basierende Filme über das Kriegsgeschehen an der Front, wie etwa der berühmte englische Dokumentarfilm *The Battle of the Somme* aus dem Jahre 1916, dem man in Deutschland den Film „Bei unseren Helden an der Somme" entgegenstellte, ohne die authentische Qualität der Vorlage zu erreichen. Zum anderen und vor allem aber gingen die Menschen aus demselben Grund ins Kino wie sie in Massen Krimis oder Groschenhefte lasen und Musikhallen oder Tanzbars besuchten, nämlich um die Schrecken des Krieges für kurze Zeit hinter sich zu lassen und sich zu amüsieren. Davon zeugt auch die schnelle Verbreitung, die das Grammophon im Krieg erlebte. „Wenn eine künftige Kriegsgeschichte einmal all die mannigfachen Erscheinungen in diesem, eine neue Welt-Arena eröffnenden Krieg würdigt, neben all den neuen Waffen (…), den neuen Kampfmethoden", stellte eine Zeitschrift schon 1915 fest, „dann wird sie auch des ‚Grammophons' gedenken, dankbar gedenken …"

Propaganda und Unterhaltung im Kino

Spielfilme, in denen der Krieg so realistisch und gehaltvoll dargestellt wurde, dass die Abneigung des Publikums gegen schönfärberische Propagandabilder angemessen berücksichtigt wurde, entstanden während des Krieges allerdings kaum; Ausnahmen waren vor allem die frühen französischen Filme von Abel Gance, „Mater Dolorosa" (1917) und „J'accuse" (1918), in denen der Krieg auf eindrückliche Weise als eine große Katastrophe für alle Beteiligten dargestellt wurde. Ansonsten waren die großen Publikumserfolge der Kriegszeit weder Dokumentarfilme noch auf den Krieg bezogene Tragödien, sondern Unterhaltungsfilme. In Frankreich handelte es sich dabei vor allem um Adaptionen nach Buchvorlagen von Alexandre Dumas d. Ä. wie „Der Graf von Monte Cristo". Und in Deutschland überboten sich die Lichtspielhäuser, wie es 1916 in einer empörten konservativen

Reichstagsanfrage hieß, „in der verwerflichen Darstellung von Ehebruchs-‚komödien' (sogenannten Sittenschlagern), Einbrecher- und Detektivstücken übelster Art, unter Verwendung schreiender bildlicher Anpreisung und mit Unterstreichung des sittlich Brüchigen und Anfechtbaren. Mit ihren Vorstellungen ‚nur für Erwachsene' übertreffen sie noch das, was sie leider schon vor dem Kriege dem Volke vorsetzen durften, und tragen damit fort und fort zur Verwilderung der Begriffe von Ehre und Sitte bei."

Unterhaltungskultur an der Front

Massenwirksame Formen der Unterhaltungskultur fanden auch Eingang in das Alltagsleben der Soldaten. Neben Feldzeitungen, in denen gezeichnete Pin-ups eine wichtige Rolle spielten, Sportveranstaltungen wie Fußballturnieren und Filmtheatervorführungen in der Etappe entwickelten sich vor allem vielfältige Formen des Truppentheaters. Von den Soldaten wurden oft selbstständig Amateurtheatergruppen gebildet und Vorführungen einstudiert, wobei allem Anschein nach spontane Versuche, den Schrecken des Kriegsalltags durch Parodien zu begegnen, den Anstoß gaben. „Die Bitterkeit, die das Gemüt der Frontsoldaten bedrückte", so wurde diese Entwicklung rückblickend in der Zeitschrift republikanischer Frontsoldaten „Das Reichsbanner" dargestellt, „machte sich oft in Zynismus Luft. Man parodierte und travestierte Schillersche Balladen, Armeebefehle, Uhlandsche Gedichte und Kompanieerlasse. Man fand Befreiung in diesen galligen Übungen und betrieb sie bald mit verteilten Rollen, so dass auch auf diese Weise dramatische Szenen zustande kamen, die die Freude am Spielen erweckten und den Auftakt zu richtigen, vorbereiteten Aufführungen gaben."

Fronttheater

Vor allem seit 1916 gingen die Militärbehörden dazu über, auch professionelle Fronttheater zu bilden, um so die Stimmung unter den Soldaten zu verbessern. Hier konnten soldatische Entertainer wie Ferdinand Weisheitinger, genannt „Weiß Ferdl", ihre parodistischen Sketche vortragen und junge Schauspieler wie Erwin Piscator ihre ersten Bühnenerfahrungen sammeln. Wie in der Heimat, stand auch hier der Unterhaltungswert im Vordergrund. Jede direkt auf den Krieg bezogene Thematik, so stellte ein deutscher Feldarzt fest, rufe Ablehnung unter den Soldaten hervor, „da das in der Staffage gestellte und schönlackierte Frontleben in den Filmen genau das Gegenteil der grausigen Wirklichkeit auf den Schlachtfeldern" wiedergebe; stattdessen wollte man sich „wenigstens in seinen Kampfpausen vom Krieg erholen, und so seien Friedensbilder sehr gefragt". Auch Versuche, anspruchsvolle Stücke aus dem Kanon der Hochkultur zur Aufführung zu bringen, fanden keinen Anklang, wie ein enttäuscher Theaterleiter feststellen musste: „der ‚Mann' will nichts als lachen. Und das Hauptstück unseres deutschen Fronttheaters im Osten, das ein Wahrzeichen deutscher Kultur sein und bleiben sollte, blieb nach wie vor ‚Charleys Tante'." So dominierten Parodien und Lustspiele, in denen eine Ahnung des normalen Lebens jenseits von Kampf und Krieg aufschien, und kritisch-humorvolle Auseinandersetzungen mit der soldatischen Kriegsrealität. Wenn ausnahmsweise weibliche Schauspieler an den Aufführungen beteiligt waren, traf dies auf besonderes Interesse. Doch auch die oft praktizierte Darstellung von Frauenfiguren durch männliche Schauspieler wurde bejubelt und konnte als Ventil für erotische Wünsche dienen.

Vor allem die Soldaten waren es schließlich auch, die für den Boom der Photoindustrie verantwortlich waren. Bereits 1917 stellte etwa die deutsche

Fachzeitschrift „Photographische Industrie" fest, dass „die Photographie im Felde wesentlich dazu beigetragen hat, das Photographieren und namentlich die Amateurphotographie volkstümlich zu machen". Dabei ging es im Wesentlichen nicht um professionelle Photographen, die im Auftrag der Propaganda Bilder des Krieges produzierten. Die gab es auch, doch vor allem war es offensichtlich ein Anliegen der normalen Soldaten, ihre Kriegserlebnisse auf selbst gemachten Photos festzuhalten, wovon noch heute ein Vielzahl von Photoalben zeugen. Die Produktion kleiner, gut transportierbarer und leicht handhabbarer Handkameras auf Rollfilmbasis sowie der entsprechenden Filme nahmen deshalb während des Krieges einen enormen Aufschwung, von dem auch die mit der Entwicklung der Filme und der Herstellung der Abzüge betrauten Geschäfte profitierten.

Die Frage, wie die Geschichtswissenschaft mit den noch heute massenhaft vorhandenen soldatischen Kriegsphotographien als Quelle umgehen kann, ist nicht leicht zu beantworten. Naturgemäß findet sich die unmittelbare Wirklichkeit des Kampfgeschehens auf den Photos nicht oder nur indirekt wieder. Ihre Motive sind relativ stereotyp, es dominieren in Ruhepausen oder in der Etappe aufgenommene Abbildungen der Kameraden sowie Aufnahmen der zerstörerischen Folgen des Krieges, insbesondere zerstörter Gebäude, erbeuteter Kriegsgeräte und umgewühlter Kriegslandschaften, aber auch gefallener Soldaten. Rückschlüsse auf die Einstellungen der Photographen sind dabei oft kaum möglich, selbst wenn in Photoalben Beschriftungen hinzugefügt wurden, und insbesondere generalisierende Aussagen lassen sich darüber kaum treffen. Klar aber ist, dass die außergewöhnliche Situation des Krieges ganz offensichtlich bei vielen das Bedürfnis geweckt hat, sich das Erlebte in photographischer Form anzueignen und ihm Dauer zu verleihen. Diese Haltung wurde schnell auf zivile Bereiche des öffentlichen und privaten Lebens ausgeweitet, so dass der Erste Weltkrieg wesentliche Anstöße zur Entwicklung der Amateurphotographie gegeben hat, die in den 1920er Jahren zu einer wichtigen Form der Massenkultur wurde.

4. Zivilisationskrise und moderne Kunst

Auch das allgemeinere kulturelle Bewusstsein, die Vorstellungen von der menschlichen Existenz und ihre künstlerischen Ausdrucksformen, wurden vom Krieg zutiefst geprägt. In England entstand schon unter dem unmittelbaren Eindruck des Ersten Weltkrieges die Vorstellung von einer *Lost Generation*, einer „verlorenen Generation", die sich keineswegs nur auf den Blutzoll bezog, den die junge Generation im Krieg leistete. Sie thematisierte vielmehr auch die Zerstörung überkommener Weltbilder und Sinnbezüge, die insbesondere die in den Krieg hineingeworfene Jugend zutiefst erschütterte. In dieser Tradition hat vor allem die angelsächsische Geschichtsschreibung in der letzten Zeit herausgearbeitet, wie die Erfahrung des Ersten Weltkrieges von den Zeitgenossen als Bruch in der zivilisatorischen Geschichte der Moderne wahrgenommen wurde, das kulturelle und historische Bewusstsein Europas verändert und eine neuartige, distanziert-ironische, teilweise auch zynisch-nihilistische Weltsicht hervorgebracht hat. Aufgezeigt wurde diese Entwicklung vor allem im Bereich der Hochkultur, insbesondere der modernen Kunst, die deshalb auch hier in den Mittelpunkt rücken wird. Doch vieles spricht dafür, dass sich in ihr auch allgemeinere Veränderungen der Einstellungen widerspiegeln. Der Krieg wurde tatsächlich von vielen Menschen als eine fundamentale Erschütterung der bürgerlich-liberalen Werte des 19. Jahrhunderts interpretiert, deren Fortschrittsoptimismus nun durch die Mobilisierung aller produktiven Kräfte für das Werk grenzenloser Zerstörung in sein Gegenteil verkehrt schien.

Erschütterung des Fortschrittsoptimismus

„Millionentod und -verstümmelung; Milliardenvernichtung bis zur finanziellen Erschöpfung; Himmel, Meer und Erde ein Schauplatz gegenseitiger Verwüstung. Die Welt eine Hölle, die Menschen wilde Teufel, wissenschaftliche Fortschritte und technische Möglichkeiten in den Dienst eines noch nie da gewesenen Barbarismus gestellt", so brachte der holländische Sozialistenführer Pieter Jelles Troelstra diese von sozialistischen Vordenkern wie Friedrich Engels schon lange als Folge eines imperialistischen Großkrieges prognostizierte Erfahrung des Rückfalls in die Barbarei 1916 zum Ausdruck. Dies blieb nicht ohne Folgen für die allgemeine Sicht auf die menschliche Zivilisation, deren Brüchigkeit nun in aller Klarheit hervortrat. Der österreichische Psychologe Sigmund Freund hatte bereits etwas früher als Folge des Krieges festgestellt, die Menschen würden „irre an der Bedeutung der Eindrücke, die sich uns aufdrängen, und an dem Werte der Urteile, die wir bilden", sie fühlten sich deshalb „befremdet in dieser einst so schönen und trauten Welt". Unter den Dingen, die durch den Krieg verletzten würden, so fügte der französische Lyriker und Philosoph Paul Valéry (1871–1945) hinzu, sei auch der menschliche Geist, denn er habe „wahrlich grausame Erschütterungen erfahren" und hege nun „tiefe Zweifel an sich selbst". Und sein deutscher Kollege Hermann Hesse (1877–1962) ließ kurz nach Kriegsende seine Romanfigur Klingsor den Schluss ziehen: „Bei uns im alten Europa ist alles das gestorben, was bei uns gut und unser eigen war; unsere schöne Vernunft ist Irrsinn geworden, unser Geld ist Papier, unsere Maschinen können bloß noch schießen und explodieren, unsere Kunst ist Selbstmord. Wir gehen unter, Freunde …"

Neue Erfahrungen und Ausdrucksformen

Während es Wissenschaftlern und Professoren in der Regel schwer fiel, sich aus ihren Sinnstiftungen des Krieges zu lösen, waren Künstler offenbar eher fähig, die mit dem Krieg verbundenen Erfahrungen von Zerstörung und Sinnlosigkeit zu erfassen und zum Ausdruck zu bringen. Von besonderer Bedeutung war dabei die Verarbeitung des realen Kriegsgeschehens an der Front mit seiner allumfassenden Gewalterfahrung. Der Versuch, die zerstörerische Vielfalt und Dynamik der modernen, industrialisierten Schlacht mit den neuen visuellen Medien, mit Photo und Film zu erfassen, stieß schnell an seine Grenzen. Der australische Kriegsfotograph James Francis Hurley etwa kommentierte seine eigenen Versuche im Jahre 1917 mit der enttäuschten Feststellung: „Nichts könnte einer Schlacht unähnlicher sein." Hurley versuchte stattdessen, ein angemesseneres Abbild des so dynamischen wie vielfältigen Schlachtgeschehens zu schaffen, indem er mehrere Negative mit unterschiedlichen Einzelmotiven zu einer Art Photomontage verband. Doch auch dieses zukunftsweisende Experiment kam über Äußerlichkeiten nicht wirklich hinaus und war vor allem nicht in der Lage, die Schrecken

Kriegsdichter

des Krieges einzufangen. Über bessere Mittel verfügten dagegen die Vertreter der künstlerischen Moderne, die schon vor dem Krieg begonnen hatten, mit neuen Ausdrucksformen zu experimentieren, und die nun den Versuch unternahmen, auf diese Weise auch die Erfahrungen des Krieges in künstlerische Gestaltungsformen umzusetzen. Wie eindrucksvoll dies gelingen konnte, zeigen etwa die frühen Kriegsgedichte expressionistischer Lyriker wie Georg Trakl (1887–1914) und August Stramm (1874–1915), in denen der die Körper der Menschen wie ihre Sinn- und Wertzusammenhänge zerstörende Charakter des Krieges einen vielschichtigen sprachlichen Ausdruck gefunden hatte. Auf etwas andere, elegischere Weise fassten die englischen Kriegsdichter Wilfried Owen, Robert Graves und Siegfried Sassoon das Grauen des Krieges und die Verlorenheit der ihm ausgelieferten Soldaten in Worte, wobei ihre Gedichte einen teils melancholischen, teils auch sarkastischen Einschlag gewannen.

Q

Georg Trakl, Grodek (2. Fassung)
(Kurz nach der Schlacht bei Grodek im Herbst 1914, an der Trakl als Sanitäter teilgenommen hatte, nahm er sich das Leben.)

Am Abend tönen die herbstlichen Wälder
Von tödlichen Waffen, die goldnen Ebenen
Und blauen Seen, darüber die Sonne
Düstrer hinrollt; umfängt die Nacht
Sterbende Krieger, die wilde Klage
Ihrer zerbrochenen Münder.
Doch stille sammelt im Weidengrund
Rotes Gewölk, darin ein zürnender Gott wohnt
Das vergoßne Blut sich, mondne Kühle;
Alle Straßen münden in schwarze Verwesung.

Kriegslandschaften

In der bildenden Kunst war es vor allem der britische Maler Paul Nash (1889–1946), der die Destruktionserfahrungen des industrialisierten Krieges an der Westfront in seinen nur noch entfernt an traditionelle Formen der Landschaftsmalerei erinnernden Darstellungen des Kriegsschauplatzes festgehalten hat. „Wir erschaffen eine Welt“, so betitelte er voller Sarkasmus eines seiner Gemälde, das eine vollständig zerstörte, von Granaten umgewühlte, urschleimhaft wabernde Kriegslandschaft zeigt. In einem Brief von der Front an seine Frau beschrieb er den Eindruck dieser aus technisierter Gewalt und Zerstörung hervorgehenden Neugestaltung folgendermaßen: „Keine Schreibfeder und keine Malkunst kann diese Landschaft vermitteln. (…) Sonnenuntergang und Sonnenaufgang sind Blasphemien, sie sind ein Hohn für den Menschen; nur der schwarze Regen aus den zerquetschten und geschwollenen Wolken im bitteren Schwarz der Nacht schafft eine angemessene Atmosphäre für so ein Land. Der Regen strömt weiter, der stinkende Schlamm nimmt ein bösartiges Gelb an, die Granattrichter füllen sich mit grünlich-weißem Wasser, die Straßen und Wege sind mit zolldickem Schleim überzogen, die schwarzen absterbenden Bäume triefen vor Schweiß und die Granaten hören nie auf …“

In dieser Landschaft grenzenloser Zerstörung schienen auch die Menschen jede Individualität zu verlieren. Weit mehr noch, in der industrialisierten Destruktionsarbeit an der Westfront konnte sich auch eine „technologische Vision des Menschen als Rohmaterial ohne eigene Substanz" (Bernd Hüppauf) ausbilden. Doch war das mehr die distanzierte Perspektive der militärischen Planer als das Erleben der Betroffenen, die der „Irrealität und Ortlosigkeit des Niemandslands" unmittelbar ausgeliefert waren. Der irrsinnige, die Soldaten tatsächlich oft im wahrsten Sinne des Wortes verrückt machende Charakter des Kampfgeschehens wurde in der Malerei wohl nirgendwo so klar zum Ausdruck gebracht wie in den frühen Kriegszeichnungen des deutschen Soldaten Otto Dix (1891–1969)), die er später zu seinen großen Kriegsgemälden umgestaltete. Und dem Engländer Wyndham Lewis (1882–1957) gelang es auf ähnlich beeindruckende Weise, den entfremdeten, geradezu roboterhaften Charakter der soldatischen „Arbeiter der Zerstörung" im industriellen Abnutzungskrieg auf der Leinwand festzuhalten, den der deutsche Dichter Ernst Toller so beschrieben hat: „Krieg wird zum Alltag, Frontdienst zum Tagwerk, Helden werden Opfer, Freiwillige Gekettete, das Leben ist eine Hölle, der Tod eine Bagatelle, wir alle sind Schrauben einer Maschine, die vorwärts sich wälzt, keiner weiß, wohin, die zurück sich wälzt, keiner weiß, warum, wir werden gelockert, gefeilt, angezogen, ausgewechselt, verworfen – der Sinn ist abhanden gekommen."

Zerstörung der Menschen und ihrer Sinnzusammenhänge

Die mit dem Krieg verbundene Zerstörung der Menschen wie ihrer Sinnzusammenhänge fand ihren Ausdruck aber auch in Werken, die sich äußerlich gar nicht auf den Krieg bezogen. So gestaltete der Bildhauer Ernst Lehmbruck (1881–1919) während des Krieges männliche Figuren wie den Sitzenden Jüngling und vor allem den Gestürzten, in denen der gebrochene Charakter des modernen Menschen einen nur aus der Erfahrung des Krieges erklärbaren Ausdruck gefunden hat. Und die Hauptfigur in D. H. Lawrence (1885–1930) 1920 erschienenem Roman „Liebende Frauen" charakterisierte die moderne Welt ebenfalls in einer Weise, die ohne die Erfahrung der Destruktivität des Krieges kaum denkbar gewesen wäre: „Die Auflösung schreitet voran, genau wie die Produktion ... Es ist ein fortschreitender Prozess – und er endet im allgemeinen Nichts – es ist das Ende der Welt, wenn man so will. Aber warum sollte das Ende der Welt nicht ebenso gut sein wie ihr Anfang?" Diese von umfassender Zerstörung der Umwelt, der Menschen und ihrer Sinnzusammenhänge geprägte Grunderfahrung des Krieges konnte allerdings zu sehr unterschiedlichen Konsequenzen führen. Sie bereitete einem Nihilismus den Weg, der den Sinn menschlichen Lebens generell verwarf. Vielfach äußerte sie sich aber auch in einem geballten, vom Gefühl des Aufbegehrens getragenen Zynismus, etwa wenn Christopher Nevinson 1917 ein Bild von zwei gefallenen, im Stacheldraht hängenden Soldaten mit der Überschrift „Paths of Glory/Wege des Ruhms" versah. Das war selbst für die eher liberale englische Zensur zu viel, die das Bild verbot. Doch das kaum weniger sarkastische Gedicht *The Hero* von Siegfried Sassoon wurde nicht nur in der Times veröffentlicht, sondern auch im Unterhaus des Parlaments verlesen. Es konfrontierte die idealisierte Mitteilung vom Tod des Soldaten Jack an seine Mutter mit der schrecklichen Realität seines Leidens, und: „wie er am Ende starb, zerschlagen in kleine Stücke".

Andere Künstler bemühten sich darum, in ihren Werken die Humanität gegen die umfassende Zerstörungskraft des totalen Krieges zu verteidigen. Dies gilt beispielsweise für den deutschen Bildhauer Ernst Barlach (1870–1938), der bei Kriegsbeginn noch den „Heiligen Krieg“ gefeiert hatte, bald aber mit der Gestaltung von Skulpturen begann, die dem Bedürfnis nach Frieden in demonstrativer, oft christlich geprägter Form Ausdruck gaben. „Dona nobis pacem/Gib uns Frieden“ betitelte er 1916 die als Titelbild der Zeitschrift „Der Bildermann“ dienende Zeichnung einer von Schwertern bedrängten Frauenfigur, die ihre gefalteten Hände flehend zum Himmel streckt. Eine ähnliche Entwicklung vollzog Käthe Kollwitz (1867–1945), die unter dem Eindruck des Kriegstodes ihres Sohnes Peter begann, die Trauer der hinterbliebenen Eltern in einer später auf einem belgischen Soldatenfriedhof aufgestellten Skulptur zu gestalten. Und sie fand in dieser Zeit das Thema, das ihr weiteres künstlerisches Schaffen prägen sollte: das Engagement der Mütter zum Schutz ihrer Kinder. „Saatfrüchte sollen nicht vermahlen werden“, mit diesem programmatischen Goethezitat wandte sie sich im Oktober 1918 im sozialdemokratischen „Vorwärts“ gegen eine Fortsetzung des Krieges.

Verteidigung der Humanität

Der französische Romancier Henri Barbusse (1873–1935) ließ in seinem 1917 mit dem *Prix Concourt* ausgezeichneten Roman „Das Feuer“ die das Grauen des Krieges überlebenden Soldaten mit folgenden Worten aus ihren „Schlammsärgen“ steigen: „Auf uns kommt es nun an! Auf uns alle ... Das Bündnis der Demokraten, das Bündnis der Massen, der Aufstand der Völker der ganzen Welt, der Glaube an die unverdorbene Einfachheit des Menschen.“ Auch in Deutschland entstanden schon während des Krieges ähnlich kritische Werke, doch wurde hier im Jahre 1917 der pazifistische Roman „Opfergang“ von Fritz von Unruh (1885–1970) nicht ausgezeichnet, sondern verboten. Tatsächlich spricht manches dafür, dass kriegskritische Kunst sich in den liberaleren Kultur der westlichen Ländern offener entwickeln konnte als im obrigkeitsstaatlich geprägten Deutschland, wo sie vorerst nur im Privaten, im Untergrund oder unter dem Denkmantel scheinbar unpolitischer Literatur gepflegt werden konnte, unter dem Franz Pfemfert seine Zeitschrift „Die Aktion“ über die Kriegsjahre zu retten vermochte.

Eine ästhetische Revolution: Dada

Die ästhetisch radikalste, zugleich die Entwicklung der modernen Kunst am nachhaltigsten prägende Auseinandersetzung mit den Erfahrungen des Ersten Weltkrieges fand allerdings in der neutralen Schweiz statt. Hier trafen sich in Zürich seit 1915 emigrierte Künstler aus verschiedenen Ländern wie die Deutschen Hugo Ball (1886–1927) und Richard Huelsenbeck (1892–1974), der Elsässer Hans/Jean Arp (1886–1966) sowie die Rumänen Tristan Tzara (1896–1963) und Marcel Janco (1895–1984) im *Cabaret Voltaire* und gründeten die Bewegung *Dada*, die bald in viele Länder ausstrahlte. Dieses als nihilistische Antikunst begriffene „Narrenspiel aus dem Nichts“ (H. Ball) ging aus von einem radikalen Antikriegsprotest, der das schreckliche Weltgeschehen bald nur noch als Groteske gestalten konnte.

Q

Richard Huelsenbeck, Ende der Welt

Soweit ist es nun tatsächlich mit dieser Welt gekommen
Auf den Telegraphenstangen sitzen die Kühe und spielen Schach.
So melancholisch singt der Kakadu unter den Röcken
der spanischen Tänzerin wie ein Stabstrompeter
und die Kanonen jammern den ganzen Tag.
Das ist die Landschaft in Lila von der Herr Mayer sprach

Als er das Auge verlor
(...)
Ach Ach Ihr großen Teufel – ach ach Ihr Imker und Platzkommandanten
Wille wau wau wau Wille wo wo wer weiß heute nicht
Was unser Vater Homer gedichtet hat
Ich halte den Krieg und den Frieden in meiner Toga
aber ich Entscheide mich für den Cherry-Brandy flip
Heute weiß keiner ob er morgen gewesen ist
Mit dem Sargdeckel schlägt man den Takt dazu
Wenn doch nur einer den Mut hätte der Trambahn
Die Schwanzfeder auszureißen es ist eine große Zeit

Die Kunst als Welt der Freiheit

Die Dadaisten haben sich von den Erfahrungen der totalen Destruktion und der absoluten Sinnlosigkeit des Krieges dazu inspirieren lassen, mit allen überkommenen, auf identifizierbare Realitäten bezogenen Gestaltungsformen zu brechen und die Kunst als eine ganz eigene, ihrer inneren Logik folgende Welt der Freiheit zu konzipieren. Mit anarchischem Unsinn und gezielter Provokation gegen den guten Geschmack wurde ebenso hemmungslos experimentiert wie mit der Fusion unterschiedlicher künstlerischer Gattungen und Materialien oder mit Lautmalerei und Abstraktion. Die künstlerische Kollage fand hier genauso ihre Anfänge wie kubistische und surrealistische Formprinzipien der modernen, die Entfremdung von Mensch und Umwelt gestaltenden Kunst. Darüber hinaus entwickelte die Dada-Bewegung aber auch jenseits des Antikriegsprotestes explizit politische Ausprägungen, früh vor allem schon in Berlin, wo im April 1918 Richard Huelsenbeck, Raoul Hausmann, George Grosz und Johannes Baader unter misstrauischer Überwachung durch die Obrigkeit die erste Dada-Messe zelebrierten und sich bald, gemeinsam mit den Brüdern Wieland Herzfelde und John Heartfield (Monteurdada), künstlerisch wie politisch für die Revolution engagierten.

Q

Richard Huelsenbeck u. a., Dadaistisches Manifest (1918)
Aus: K. Riha u. H. Bergius (Hg.), Dada Berlin. Texte, Manifeste, Aktionen, Stuttgart 1977, S. 21–25.

Die Kunst ist in ihrer Ausführung und Richtung von der Zeit abhängig, in der sie lebt, und die Künstler sind Kreaturen ihrer Epoche. Die höchste Kunst wird diejenige sein, die in ihren Bewußtseinsinhalten die tausendfachen Probleme der Zeit präsentiert, der man anmerkt, daß sie sich von den Explosionen der letzten Woche werfen ließ, die ihre Glieder immer wieder unter dem Stoß des letzten Tages zusammensucht. (...)
Das Wort Dada symbolisiert das primitivste Verhältnis zur umgebenden Wirklichkeit, mit dem Dadaismus tritt eine neue Realität in ihre Rechte. Das Leben erscheint als ein simultanes Gewirr von Geräuschen, Farben und geistigen Rhythmen, das in die dadaistische Kunst unbeirrt mit allen sensationellen Schreien und Fiebern seiner verwegenen Alltagspsyche und in seiner gesamten brutalen Realität übernommen wird. (...) Dada ist der internationale Ausdruck dieser Zeit, die große Fronde der Kunstbewegungen, der künstlerische Reflex aller dieser Offensiven, Friedenskongresse, Balgereien am Gemüsemarkt, Soupers im Esplanade usw. usw.

Destruktion als neues Lebensprinzip

Während die bisher vorgestellten künstlerischen Verarbeitungen der zivilisatorischen Erschütterungen von einer mehr oder weniger deutlichen Ablehnung des Krieges geprägt waren, versuchten andere Künstler, die Kriegserfahrungen in positive neue Sinnzusammenhänge zu überführen. In Italien konnte man sich dabei auf die Tradition des Futurismus stützen, der schon im frühen 20. Jahrhundert den modernen, technisierten Krieg als neue Existenzform des Menschen proklamiert hatte. Damit verband sich der Virilismus des Dichters Gabriele D'Annunzio (1863–1938), der die Männlichkeit des Soldatentums feierte. Ähnliche Kriegsbilder beschwor in Frankreich Pierre Drieu La Rochelle (1893–1945) Ende der 1920er Jahre, als es überall in Europa zu einem Boom von mehr oder weniger autobiographischen Kriegserinnerungen kam.

Q

Walter Flex, Wildgänse rauschen durch die Nacht
Aus: Der Wanderer zwischen beiden Welten. München 1917, S. 8.

1. Wildgänse rauschen durch die Nacht
Mit schrillem Schrei nach Norden –
Unstäte Fahrt habet acht, habet acht!
Die Welt ist voller Morden.

2. Fahrt durch die nachtdurchwogte Welt,
Graureisige Geschwader!
Fahlhelle zuckt, und Schlachtruf gellt,
Weit wallt und wogt der Hader,

3. Rausch' zu, fahr' zu, du graues Heer!
Rauscht zu, fahrt zu nach Norden!
Fahrt ihr nach Süden übers Meer –
Was ist aus uns geworden!

4. Wir sind wie ihr ein graues Heer
Und fahr'n in Kaisers Namen.
Und fahr'n wir ohne Wiederkehr,
Rauscht uns im Herbst ein Amen!

In Deutschland war aber auch schon während des Krieges eine deutlicher ausgeprägte Entwicklung feststellbar, die vom Propagandabild des idealistischen Kriegsfreiwilligen von 1914 zum Mythos eines neuen, im „Stahlbad" des industrialisierten Krieges geformten, spezifisch soldatischen Mannes führte. Bereits 1916 erschien Walter Flex' autobiographische Novelle „Der Wanderer zwischen beiden Welten", die mit ihrem jugendbewegten kriegerischen Idealismus, aber auch mit dem mythischen Fatalismus des berühmten, bald vertonten Gedichts „Wildgänse rauschen durch die Nacht" schnell zu einem Kultbuch der nationalistischen Jugendbewegung wurde. Ganz andere, modernere Akzente setzte demgegenüber Ernst Jünger (1895–1998), der einen neuen, in den „Stahlgewittern" von Verdun und an der Somme entstehenden, innerlich abgetöteten und mit stahlharten Körpern und Nerven ausgestatteten, als spezifisch deutsch begriffenen Typus des modernen Kämpfers feierte, der die bürgerliche Zivilisation hinter sich gelassen habe und die Zukunft der Menschheit bestimmen werde. In seiner 1922 veröffentlichten Schrift „Der Kampf als inneres Erlebnis" stellte er fest: „Dieser Krieg ist nicht das Ende, sondern der Auftakt der Gewalt. Er ist die Hammerschmiede, in der die neue Welt in neue Grenzen und neue Gemeinschaften zerschlagen wird. Neue Formen wollen mit Blut gefüllt werden, und die Macht will gepackt werden mit harter Faust. Der Krieg ist eine große Schule, und der neue Mensch wird von unserem Schlage sein."

VI. Die Gesellschaft des Krieges

1. Klassenspaltung und soziale Verelendung

Die Kriegsgesellschaft zeichnete sich nicht nur durch vielfältige Militarisierungstendenzen aus, wie sie hier schon in vielen Erscheinungsformen angesprochen wurden. Der Krieg formte vielmehr auch die sozialen Verhältnisse selbst, die Bedingungen, das Selbstverständnis, die Beziehungen und die Verhaltensmuster der verschiedenen sozialen Gruppen tiefgehend um. Von grundlegender Bedeutung dafür waren vor allem zwei miteinander verbundene Prozesse, die sich in allen am Krieg beteiligten Ländern in mehr oder weniger ausgeprägter Weise vollzogen: Die Kriegsgesellschaften erlebten zum einen immer deutlichere Ausprägungen von klassengesellschaftlichen Strukturen und Erfahrungen, sie standen zum anderen vor allem in Mittel- und Osteuropa im Zeichen eines rapiden Verelendungsprozesses großer Teile der Bevölkerung.

Klassengesellschaft im Krieg

Von besonderer Bedeutung für die Analyse insbesondere, aber keineswegs nur der deutschen Kriegsgesellschaft ist die erstmals 1973 veröffentlichte Studie „Klassengesellschaft im Krieg" von Jürgen Kocka. Sie geht konzeptionell vom marxistische Klassenmodell aus, nach dem industriekapitalistische Gesellschaften grundsätzlich die Tendenz aufweisen, in zwei einander feindlich gegenüberstehende Klassen, Bourgeoisie und Proletariat, auseinanderzufallen. Der besondere methodische Pfiff von Kockas Ansatz liegt nun darin, diese Theorie nicht als objektive Wahrheit zu begreifen, sondern sie als heuristisches Mittel zu benutzen und zu fragen, ob und in welchem Ausmaß sich die deutsche Gesellschaft im Ersten Weltkrieg tatsächlich dem theoretischen Modell entsprechend entwickelt hat. Im Ergebnis konnte Kocka feststellen, dass nicht nur der Konflikt zwischen Arbeitern und Unternehmern in der Industrie eine deutlichere Ausprägung gewann, sondern sich diese Klassenspaltung auch in den Mittelschichten immer deutlicher ausprägte. Während die Angestellten in sozialer Hinsicht eine Proletarisierungstendenz erlebten und in ihrem organisatorischen und politischen Verhalten zumindest tendenziell nach links rückten, orientierte sich der alte Mittelstand aus Selbständigen und höheren Beamten trotz seiner besonders großen Einkommensverluste umso entschiedener am höheren Bürgertum.

Gegenläufige Entwicklungen

Allerdings gab es auch gegenläufige Entwicklungen zur forcierten Klassenspaltung der Kriegsgesellschaft. Sie fand nicht nur im ländlichen Bereich keine Entsprechung, sondern vor allem entsprach die staatliche Politik nicht den marxistischen Grundannahmen. Denn die Obrigkeit agierte keineswegs nur als Interessenvertretung der herrschenden großbürgerlich-adeligen Klassen, sondern sie war für die Erfordernisse einer funktionierenden Kriegswirtschaft auch darum bemüht, die Interessen breiter Bevölkerungsschichten einschließlich der Arbeiterschaft zu berücksichtigen. Anders allerdings als in England, für das Bernard Waites in seiner Studie über *A Class Society at War* 15 Jahre nach Kocka ebenfalls eine deutliche Ausprägung homogener, gegeneinander profilierter Klassen feststellen konnte, war die staatliche

Politik in Deutschland letztlich nicht in der Lage, einen umfassenden Verelendungsprozess breiter Bevölkerungsschichten im Krieg zu verhindern.

Notlagen des Kriegsbeginns

Schon der Kriegsbeginn führte in der Regel zu einer sozialen Notlage breiter Bevölkerungsschichten. Die männlichen Familienernährer wurden in großer Zahl zur Armee eingezogen, und die Ersatzleistungen an ihre Ehefrauen reichten in der Regel nicht annähernd aus, um das wegfallende Einkommen zu ersetzten. Hinzu trat eine rapide anwachsende Arbeitslosigkeit, weil wichtige Wirtschaftszweige, vor allem die sogenannten Friedensindustrien einbrachen und die Konjunktur der Kriegsindustrie anfangs nur langsam anlief. Gleichzeitig kam es zu einem starken Anstieg der Preise für Lebensmittel und Güter des täglichen Bedarfs, der durch oft unkoordinierte Höchstpreisverordnungen anfangs kaum eingegrenzt werden konnte. Zwar wurde von privaten Vereinen und kommunalen Stellen eine Vielzahl von Notmaßnahmen wie die Einrichtung öffentlicher Suppenküchen auf den Weg gebracht. Doch die Notlagen des Kriegsbeginns konnten damit nicht wirklich gelöst werden. Abhilfe schaffte erst die einsetzende Kriegskonjunktur, die neue Arbeitsplätze in der expandierenden Rüstungswirtschaft schuf.

Mobilisierung von Arbeitskräften

Hier entwickelte sich nun schnell ein gravierender Arbeitskräftemangel. Die Kriegswirtschaft setzte vor diesem Hintergrund eine dramatische Umstrukturierung in der Zusammensetzung der industriellen Arbeiterschaft in Gang. Da große Teile der männlichen Arbeiter an die Front eingezogen wurden, versuchten Wirtschaft und Politik überall, die freigewordenen Lücken zu schließen. Besonders gut ausgebildete Facharbeiter wurden vom Militärdienst freigestellt, doch vor allem ging es bald darum, neue Arbeitskräfte insbesondere für die expandierenden Rüstungsbetriebe zu mobilisieren. Dafür wurden nicht nur Kriegsgefangene eingesetzt, sondern auch in großem Stil ausländische Arbeiter, Frauen und Jugendliche angeworben, wodurch der Anteil der un- und angelernten Arbeitskräfte gegenüber den Facharbeitern überall deutlich zunahm.

Entwicklung von Größe und Zusammensetzung der deutschen Arbeiterschaft in Industriebetrieben mit 10 und mehr Beschäftigten

	1913 (in 1000)	1918 (in 1000)	Veränderung 1913–18 (in %)
Männer			
Erwachsene	5410	4046	– 25
unter 16	384	421	+ 10
insgesamt	5794	4467	– 23
Frauen			
Erwachsene	1406	2139	+ 52
unter 16	187	181	– 3
insgesamt	1593	2320	+ 46
Männer und Frauen			
Erwachsene	6816	6185	– 9
unter 16	571	602	+ 6
insgesamt	7387	6787	– 8

Aus: Kocka, Klassengesellschaft, S. 27.

Verschlechterung der Arbeitsbedingungen

Diese ganz neu zusammengesetzten Belegschaften, die sich vor allem in den rasch wachsenden Riesenbetrieben der schwerindustriellen Zentren ballten, waren von Kriegsbeginn an einer verschärften Ausbeutung unterworfen. Die unter dem Belagerungszustand rasch verabschiedeten Kriegsgesetzte sahen überall weitreichende Einschnitte in die geltenden Arbeitsschutzbestimmungen vor, wobei insbesondere die Arbeitszeiten eine deutliche Verlängerung auf oft weit über 60 Arbeitsstunden pro Woche erfuhren und zugleich die Arbeitsbedingungen dramatisch verschlechtert wurden. Sonderbestimmungen für Frauen und Jugendliche wurden aufgehoben, ungelernte Arbeitskräfte an komplizierten und gefährlichen Maschinen eingesetzt. Vor allem bei der Herstellung von Granaten musste oft ohne Schutzmaßnahmen mit hochgiftigen Stoffen gearbeitet werden. Gesundheitsschäden und Arbeitsunfälle mit teilweise tödlichem Ausgang nahmen deutlich zu. Hinzu kamen sinkende Reallöhne. Im Zeichen der bald einsetzenden Kriegskonjunktur konnten die Beschäftigten zwar sektoral und regional unterschiedlich ausgeprägte Lohnsteigerungen erzielen, wobei vor allem die Arbeiter der kriegswichtigen Betriebe besonders profitierten. Doch mit der Preisentwicklung hielten die Lohnsteigerungen bald nicht mehr mit, so dass die Reallöhne deutlich zurückgingen. In Deutschland reduzierten sich die Realverdienste der Arbeiter von 1914 bis 1918 um mehr als ein Drittel. Noch deutlicher ausgeprägt waren allerdings die Reallohnverluste der Angestellten und Beamten, die in der Kriegswirtschaft an Bedeutung verloren und über keine starken gewerkschaftlichen Interessenvertretungen verfügten.

Durchschnittlicher jährlicher Reallohn deutscher und englischer Arbeiter 1914–1918

	Deutschland		England
	Männer	– Frauen	
1914	100		100
1915	86	84	90
1916	81	84	83
1917	64	68	88
1918	63	70	96

Gerundet nach: Kocka, Klassengesellschaft, S. 33/Winter, Great War, S. 233.

Reallohnverluste und Kriegsgewinne

Während in Frankreich die Rüstungsarbeiter durch die Lohnpolitik des zuständigen Ministeriums ihre Reallöhne noch weitgehend stabilisieren konnten, ging das durchschnittliche Reallohnniveau insgesamt auch hier um etwa ein Drittel zurück. Anders sah die Entwicklung dagegen in England aus, wo die Reallohnverluste vor allem aufgrund starker Gewerkschaften und einer ausgeprägten Streikbereitschaft der Belegschaften nur knapp 10% betrugen. Trotzdem kam es auch hier, wie überall, zu einer sozialen Angleichung der verschiedenen Gruppen von Arbeitern und tendenziell aller abhängig Beschäftigten. Das Lohngefälle zwischen Facharbeitern und un-

bzw. angelernten Arbeitern nahm ab, Frauenlöhne stiegen tendenziell stärker als Männerlöhne, und jugendliche Arbeitskräfte wurden ebenfalls deutlich besser bezahlt. Auch der Abstand zwischen Arbeitern und Angestellten im Lohnniveau wurde eingeebnet. Und dieser sowohl sozial homogenisierten als auch einer verschärften Ausbeutung ihrer Arbeitskraft unterworfenen Arbeiterklasse standen auf der anderen Seite Betriebe gegenüber, die in allen Ländern enorme Kriegsgewinne erzielen konnten. Auch hier verschoben sich allerdings die Gewichte. Während klassische Friedensindustrien deutlich rückläufig waren sowie Klein- und Mittelbetriebe oft ihre Selbständigkeit verloren, konnten vor allem die schwerindustriellen Rüstungsbetriebe deutlich zulegen. Hier entstanden während des Krieges nicht nur Riesenfabriken mit zehntausenden von Beschäftigten, sondern sie bildeten zugleich auch Kartelle und monopolartige Strukturen aus, die die großen Rüstungskonzerne zu eindeutigen Gewinnern der Kriegswirtschaft werden ließen. Ähnliche Prozesse fanden im Handel statt. Während der Kleinhandel unter Druck und staatliche Kontrolle geriet, konnte der Großhandel, teilweise in Verbindung mit den Industriekonzernen, seine Stellung bewahren und oft auch ausbauen.

Ausgewiesene Reingewinne von Rüstungsfirmen in Landeswährung

	Vorkriegsschnitt	1914/15	1915/16	1916/17
Krupp	31,6	33,9	86,5	79,7
DWM	5,5	8,2	11,5	12,7
Rheinmetall	4,3	6,5	14,5	14,7
Skodawerke	5,6	6,4	9,4	8,2
Waffenfabrik Steyr	2,7	6,7	17,7	18,3
Schneider-Creusot	6,9	9,2	10,8	11,2
Hotchkiss	–	–	2,0	14,0

Aus: Hardach, Der Erste Weltkrieg, S. 117.

Klassengesellschaft und Klassenbewusstsein

Vor diesem Hintergrund nahm auch das Klassenbewusstsein der Arbeiterschaft während des Krieges deutlich zu. Darauf weisen jedenfalls die Mitgliedszahlen der Gewerkschaften hin, die seit der zweiten Kriegshälfte überall deutlich anstiegen und nach Kriegsende weit über dem Vorkriegsniveau lagen. In Deutschland etwa führte der Kriegsbeginn zu einem Rückgang der vielfach eingezogenen Gewerkschaftsmitglieder von 3 auf 1.4 Millionen. In der zweiten Kriegshälfte ging es dagegen schnell wieder aufwärts, die Mitgliedschaft stieg auf 2.2 Millionen an und schnellte nach Kriegsende auf über 6 Millionen empor, wovon vor allem die sozialdemokratischen Freien Gewerkschaften profitierten. Dies galt auch und besonders für die Angestellten, bei denen die sozialistisch orientierte Arbeitsgemeinschaft freier Angestelltenverbände (AfA) schon bis 1918 fast eine Verdoppelung ihrer Mitglieder von 80.000 auf 146.000 verzeichnen konnte. Ähnlich verlief die Entwicklung in England und Frankreich. Die französische CGT übertraf nach anfangs gravierenden Einbrüchen in der Mitgliedschaft seit 1917 das Vorkriegsniveau und überschritt nach Kriegsende die Millionengrenze, während die Mitgliedszahlen des britischen *Trades Union Congress* (TUC), der anfangs kaum von Einberufungen betroffen war, in den Jahren 1914–1919 kontinuierlich von 2.3 auf über 5 Millionen anstiegen.

Abgebremste Verschlechterung der sozialen Lage in England und Frankreich

In England und teilweise auch in Frankreich vollzog sich die zugespitzte Ausbildung klassengesellschaftlicher Strukturen allerdings in einem gesamtgesellschaftlichen Rahmen, der aufgrund einer relativ stabilen Versorgungslage und des Ausbaus sozialstaatlicher Maßnahmen nicht von einem allgemeinen Verelendungsprozess der Bevölkerung gekennzeichnet war. Auf der Insel ging der private Konsum von 1914 bis 1918 um etwa 20%. zurück, wobei ein beträchtlicher Teil auf Alkohol entfiel. Die These von Jay Winter, die Kriegsgesellschaft habe vor allem aufgrund von Maßnahmen im Bereich der Gesundheitsversorgung sogar zu einer allgemeinen Verbesserung des Gesundheitszustandes der Bevölkerung geführt, erscheint angesichts einer bei Kriegsende deutlich ansteigenden Sterblichkeitsrate von Frauen und der Zunahme von Mangelerkränkungen wie Tuberkulose zwar kaum haltbar. Zweifellos aber ist trotzdem davon festzuhalten, dass die britische Bevölkerung ähnlich wie die französische im Krieg nicht unter ernsthaftem Mangel zu leiden hatte und die englische Arbeiterschaft relative Zugewinne an Einkommen und Versorgungssicherheit erzielen konnte.

Verelendung in Deutschland, Mittel- und Osteuropa

Anders sah die Situation in Deutschland und den übrigen Ländern Mittel- und Osteuropas aus, denn hier war die Bevölkerung bald mit einer akuten Mangelsituation konfrontiert. Die in Deutschland seit dem Jahreswechsel 1914/15 erlassenen Höchstpreisverordnungen für immer mehr Lebensmittel und Güter des alltäglichen Bedarfs reichten schon bald nicht mehr aus, um die Grundversorgung der Bevölkerung sicherzustellen. Angesichts der rückläufigen, sich teilweise halbierenden landwirtschaftlichen Produktion gelangten immer weniger Güter auf den Markt, so dass die Behörden zu einer allgemeinen Mangelbewirtschaftung übergingen. Die durch Lebensmittelkarten zugewiesenen offiziellen Lebensmittelrationen deckten jedoch schon seit 1916 für wichtige Lebensmittel nur noch Bruchteile des Vorkriegsverbrauchs und lagen weit unter dem notwendigen Kalorienbedarf. Wie schließlich selbst Regierungsstellen einräumen mussten, konnten große Teile der Bevölkerung eine einigermaßen auskömmliche Versorgung nur über den Schwarzen Markt erzielen. Da hier jedoch sehr hohe Preise verlangt wurden und die Besitzer von Sachmitteln deutlich bevorteilt waren, konnten die lohn- oder gehaltsabhängigen Teile der Bevölkerung auf dem Schwarzen Markt kaum mithalten. Insbesondere in den Großstädten herrschte bald eine enorme Mangelsituation, die im sogenannten Kohlrübenwinter 1916/17 einen ersten Höhepunkt erlebte und bis Kriegsende in Deutschland eine Bilanz von etwa 700.000 Hungertoten hinterließ.

Unruhe und soziale Proteste

Die extreme Mangelsituation führte in Deutschland nicht nur dazu, dass sich die gesellschaftlichen Gegensätze weiter zuspitzten und in der Arbeiterschaft klassengesellschaftliche Interpretationen des Krieges nach dem Muster „Gleicher Lohn und gleiches Fressen, wär' der Krieg schon längst vergessen" um sich griffen. Hinzu kam vielmehr auch eine mit dem allgegenwärtigen Schwarzen Markt verbundene, allgemeine Kriminalisierung des Lebensalltags, die Bevölkerung und Obrigkeit in einen strukturellen Ge-

Gewicht der offiziellen Nahrungsmittelrationen in Deutschland (in Prozent des Friedensverbrauchs)

	1916/17	1917/18	1.7.–28.12.1918
Fleisch	31,2	19,8	11,8
Eier	18,3	12,5	13,3
Schmalz	13,9	10,5	6,7
Butter	22	21,3	28,1
Zucker	48,5	55,7–66,7	82,1
Kartoffeln	70,8	94,2	94,3
Pflanzliche Fette	39	40,5	16,6

Aus: Kocka, Klassengesellschaft, S. 35.

gensatz zueinander brachte. Darüber hinaus entwickelte sich ein immer ausgeprägterer Gegensatz zwischen Stadt und Land. Die hungernde städtische Bevölkerung war schon lange und nicht immer grundlos davon überzeugt, dass die Landwirte ihre Produkte aus spekulativem Gewinnstreben zurückhielten und deshalb für ihre Not verantwortlich seien. Diese fühlten sich umgekehrt reglementiert und ausgebeutet von einer Obrigkeit, die vor allem die Versorgung der städtischen Wirtschaft und Bevölkerung im Auge habe. Als die Städter in wachsender Zahl zu Hamsterfahrten in das städtische Umland aufbrachen, sahen sie sich mit Bauern konfrontiert, die sich ihre Lebensmittel teuer bezahlen ließen bzw. als Tausch wertvolle Sachgüter verlangten. Schließlich kam es zu organisierten Plünderzügen der hungernden städtischen Arbeiterbevölkerung, die sich auf den Feldern der Bauern durch Diebstahl zu versorgen suchte.

Q

Bericht des II. Armeekorps über Hamsterfahrten, Juli 1917
Aus: Kocka, Klassengesellschaft, S. 176.

Ein großer Übelstand, den die Nahrungsmittelknappheit hervorgerufen hat, lag in den täglichen Raubzügen aufs Land, wo mit Überredung oder auch mit Gewalt in Massen herbeigeschleppt wurde. (...) Mit Wagen und kleinen Kähnen, die nicht auf der Oder, sondern auf der Reglitz herunterkommen, werden Kartoffeln und Gemüse weggeschafft. Auf den Eisenbahnen herrschten zeitweise geradezu anarchische Zustände. Das Eisenbahnpersonal, zum größten Teil aus weiblichen Schaffnern bestehend, war vollkommen machtlos, und auch die militärische Besatzung der Bahnhöfe war den Massen gegenüber unfähig durchzudringen. Zur Zeit ist es erheblich besser geworden. Das ist aber mehr dem eingetretenen Regenwetter und den jetzt reichlicher zufließenden Mengen von Kartoffeln und Gemüse zuzuschreiben als den getroffenen Maßnahmen, die wegen Mangel an Personal nicht durchgreifend sein konnten. Die staatliche Autorität wurde zeitweise geradezu in Frage gestellt.

Erosion der staatlichen Legitimität

Im Ergebnis führten alle diese Entwicklungen der „Klassengesellschaft im Krieg" zu einer allgemeinen Erosion der staatlichen Legitimität. Denn die

Obrigkeit war ganz offensichtlich trotz ihrer weitreichenden Eingriffe in Wirtschaft und Gesellschaft nicht in der Lage, eine ausreichende Versorgung der Bevölkerung und die Legalität der öffentlichen Ordnung sicherzustellen. Vor allem in der Arbeiterschaft wuchs darüber hinaus die Überzeugung, dass die für Krieg, Ausbeutung und soziale Verelendung verantwortliche politische Ordnung des Kaiserreiches umgestürzt werden müsste, um Frieden und bessere Lebensverhältnisse herbeiführen zu können. Die Revolutionierung der Kriegsgesellschaft war neben der Verschärfung der Klassengegensätze und dem Verfall der staatlichen Ordnung aber auch von anderen Entwicklungen geprägt, die mit der allgemeinen Mobilisierung der Bevölkerung sie überkommenen soziale Verhältnisse teilweise auf den Kopf zu stellen schien.

2. Frauen und Geschlechterverhältnisse

Traditionell gilt der Erste Weltkrieg trotz der vielfältigen Mangel- und Verlusterfahrungen als „Vater der Frauenemanzipation". Er habe, so heißt es, mit der Mobilisierung der Heimatfront die Frauenerwerbstätigkeit nachhaltig vergrößert, überkommene Geschlechterrollen aufgebrochen und schließlich auch, nicht zuletzt durch das nationale Kriegsengagement der Frauenbewegung, die Einführung des Frauenwahlrechts in den meisten europäischen Ländern zur Folge gehabt. Doch waren die Wirkungsverhältnisse wirklich so eindeutig? Die neuere sozial- und geschlechtergeschichtliche Forschung hat dieses Bild auf vielen Ebenen relativiert und zu differenzierteren Einsichten in die Geschlechterverhältnisse des Ersten Weltkrieges geführt.

Mitgliedschaft von Frauen in den deutschen Krankenkassen 1914–1918
(1. Juni 1914 = 100, Angaben jeweils für September.)

1914	1915	1916	1917	1918
80,0	96,4	104,0	116,1	116,6

Aus: Daniel, Arbeiterfrauen, S. 38.

Entwicklung weiblicher Erwerbsarbeit

Beginnen wir mit der Entwicklung der Frauenerwerbsarbeit. Anders als es den Zeitgenossen und vielen Historikern erschienen ist, zeigen genauere sozialgeschichtliche Untersuchungen, wie sie für Deutschland etwa Ute Daniel auf Basis der Mitgliedsstatistiken von Krankenkassen durchgeführt hat, dass die weibliche Erwerbsquote in den Jahren 1914 bis 1918 tatsächlich nur geringfügig zugenommen hat. Während in den Vorkriegsjahren hier die Steigerungsrate der versicherungspflichtig beschäftigten Frauen im Vierjahresdurchschnitt bei über 20% lag, nahm sie in den vier Jahren von 1914–1918, nach einem deutlichen Einbruch bei Kriegsbeginn, insgesamt nur um knapp 17% zu. Die wesentlich deutlichere Zunahme des Frauenanteils an den Beschäftigten basierte dagegen vor allem auf dem Rückgang der zur Armee eingezogenen Männer, nicht auf einer besonderen quantitativen Zunahme der Gesamtzahl erwerbstätiger Frauen. Dem Eindruck einer massenhaften Mobilisierung von Frauen im Rahmen der Kriegswirtschaft lagen tatsächlich andere Prozesse zugrunde. Es handelt sich dabei im Wesentlichen um eine Verschiebung der Beschäftigungsbereiche aus den rückläufigen Friedensindustrien und anderen Tätigkeitsfeldern mit vielen weiblichen Beschäftigten in die bisher männlich dominierten, schwerindustriellen Erwerbszweige mit besonderer kriegswirtschaftlicher Bedeutung. In der Regel waren es jedenfalls nicht vorher beschäftigungslose Hausfrauen, die nun massenhaft in den Rüstungsbetrieben tätig wurden, sondern ehemalige Dienstmädchen, Landarbeiterinnen sowie Arbeiterinnen im Textil- und Bekleidungsgewerbe, die nach Kriegsbeginn in großer Zahl arbeitslos geworden waren und deshalb neue Beschäftigungsfelder suchten. Sie fanden sie vor allem in den kriegswichtigen Industriebereichen wie der Maschinenindustrie, die 1918 in Deutschland etwa 35 mal so viele Frauen beschäftigte wie 1914, oder der Metall- und Elektroindustrie, in der es immerhin zu einer Verachtfachung der beschäftigten Frauen kam.

Frauenarbeit in der Kriegsindustrie

Trotz solcher Steigerungsraten, wie sie auch in anderen Ländern zu verzeichnen sind, waren Regierungen und Militärbehörden überall darum bemüht, die Frauenarbeit in der Rüstungsindustrie noch weiter zu erhöhen, um noch mehr Männer für den Frontdienst freistellen zu können. Für diesen Zweck wurden auch sozialpolitische Maßnahmen etwa in der Kinderbetreuung auf den Weg gebracht und spezielle Fabrikpflegerinnen eingeführt, die den spezifischen Bedürfnissen von Arbeiterinnen gerecht werden sollten und nicht zuletzt den Vertreterinnen der bürgerlichen Frauenbewegung neue Beschäftigungsfelder eröffneten. In England begannen die staatlichen Bemühungen um die kriegswirtschaftliche Mobilisierung von Frauen schon im Laufe des Jahres 1915, wobei vor allem der Widerstand der Gewerkschaften gegen die mit der Anwerbung von Frauen verbundene Gefahr der Lohndrückerei (*Dilution*) zu überwinden war. Die Hoffnungen, die mit der Mobilisierung von Frauen für die Kriegswirtschaft verbunden waren, erfüllten sich jedoch in England wie in den anderen kriegführenden Ländern auch langfristig nur teilweise. Denn zum einen benötigten die Rüstungsbetriebe vor allem Facharbeiter und setzten deshalb lieber auf die Anwerbung von ausländischen Arbeitern oder den Einsatz von Kriegsgefangenen. Zum anderen waren viele Frauen trotz der Werbe- und Unterstützungsmaßnahmen nicht bereit, eine Beschäftigung in den Rüstungsbetrieben aufzunehmen. Insbesondere wenn sie Kinder zu versorgen hatten, zogen die meisten die Verbindung von staatlichen Unterstützungsleistungen und Zuverdienst durch Heimarbeit oder häusliche Dienstleistungen vor.

In Deutschland lag die Problematik der ersten Kriegsjahre allerdings weniger im mangelnden Willen der Frauen zur Aufnahme einer industriellen Betätigung als im Fehlen von entsprechenden Arbeitsplätzen; die Quote arbeitsuchender Frauen lag noch zwei Jahre nach Kriegsbeginn bei über 8 %. Dies änderte sich erst in der zweiten Hälfte des Jahres 1916 mit der Auflage des Hindenburg Programms. Die nun von der OHL geforderte Arbeitspflicht für Frauen konnte jedoch, anders als für Männer, nicht durchgesetzt werden, weil die Reichsleitung nicht nur in wirtschaftlicher, sondern auch in „sittlicher und sozialer Hinsicht die allerschwersten Bedenken" hatte. Stattdessen entschied man sich nach dem Muster der in England bereits Ende 1915 eingeführten Wohlfahrtsabteilung im Rüstungsministerium für sozialpolitische Begleitmaßnahmen, die die freiwillige Aufnahme einer Arbeit in der Rüstungsindustrie erleichtern sollten. Im neugeschaffenen Kriegsamt wurde ein Frauenreferat unter Leitung von Marie-Elisabeth Lüders eingerichtet, ergänzt durch eine Frauenarbeitszentrale und diverse Außenstellen in dezentralen Abteilungen des Kriegsamtes, in denen Anfang 1918 etwa 1.000 Mitarbeiterinnen beschäftigt waren. Doch weder konnten die Unternehmer dazu veranlasst werden, die Anwerbung weiblicher Arbeitskräfte besonders zu fördern, noch gelang es, viele bisher nicht erwerbstätige Frauen für die Aufnahme einer trotz aller sozialpolitischen Flankierungen weiterhin hochgradig belastenden, gesundheitsschädlichen und kaum mit der Versorgung von Kindern verbindbaren Tätigkeit in der Kriegsindustrie zu gewinnen. Solange es vermeidbar war, verzichteten die Frauen darauf, die extremen Belastungen in der Kriegsindustrie auf sich zu nehmen.

Familienarbeit und soziale Not

Ihre Hauptaufgabe sahen die meisten Frauen vor allem darin, ihre Familien, zumeist bei Abwesenheit des Ehemannes und Vaters, durch die Notzeiten des Krieges zu bringen. Während dies in Westeuropa oft ohne allzu große Abstriche möglich war und insbesondere in England einige sozialpolitische Fortschritte erzielt werden konnten, standen die Frauen in Mittel- und Osteuropa vor kaum überwindbaren Schwierigkeiten. Vor allem in den Städten war die Versorgung mit Nahrungsmitteln schwierig und extrem zeitaufwendig. Für den Einkauf der rationierten Nahrungsmittel musste oft stundenlanges Anstehen in Kauf genommen werden, und nicht selten geschah es, dass viele der in den „Lebensmittelpolonaisen" wartenden Frauen und Jugendlichen am Ende ohne Erfolg nach Hause gehen mussten. Selbst wer es sich leisten konnte, das eine oder andere zu weit höheren Preisen auf dem Schwarzen Markt einzukaufen, brauchte Zeit. Wegen der allgemeinen Unterversorgung, der schlechten Qualität der Ersatzstoffe und dem Mangel an Brennstoff wurde es auch immer schwieriger, Essen zuzubereiten. Die gesamte Haushaltführung war angesichts des allgemeinen Mangels an Hygieneartikeln, Reinigungsmitteln und anderen täglichen Bedarfsgütern mit enormen Schwierigkeiten belastet, Schuhe und Kleidungsstücke musste immer wieder repariert werden, von der Pflege und Beaufsichtigung der Kinder ganz zu schweigen. Und nachdem dies alles trotzdem geleistet war, bestand noch die Notwendigkeit, durch Heimarbeit oder andere Dienstleistungen, zur Not auch durch Fabrikarbeit, das Haushaltseinkommen zu sichern.

Vor dem Hintergrund dieser vielfältigen, oft frauenspezifischen Belastungen muss es in der Tat fragwürdig erscheinen, die Kriegsgesellschaft als emanzipatorischen Faktor zu bewerten. Die neuere, feministisch inspirierte Forschung hat dementsprechend die Erfahrungen und Bewertungsmaßstäbe der Zeitgenossinnen in den Mittelpunkt gerückt. Für Deutschland ist Ute Daniel dabei zu dem Ergebnis gekommen, dass den durch die Mobilisierung für den Krieg entstandenen, neuen weiblichen Freiräumen und Betätigungsfeldern viel zu viele Belastungen und Beschränkungen gegenüberstanden, um von emanzipatorischen Wirkungen sprechen zu können. Zwar hätten die (vor allem proletarischen) Frauen durch ihre Verweigerungshaltung gegenüber vielen staatlichen Zumutungen und durch ihre aktive Rolle in den sozialen Protesten der Kriegszeit eine „Emanzipation vom Staat" durchlaufen. Doch zu einer positiven, selbstbewussten und dauerhaft wirksamen Form weiblicher Emanzipation habe diese Entwicklung gerade nicht geführt. Nach Kriegsende sei es deshalb vielmehr ein Leichtes gewesen, Frauen aus allen neu gewonnenen Positionen wieder zu verdrängen und die traditionelle Geschlechterordnung wieder herzustellen.

Krieg und Emanzipation?

Doch bleibt dies nicht zuletzt eine Frage des Bewertungsmaßstabs. Beschränkungen, Not und Leid brachte der Krieg schließlich, in unterschiedlichen Formen, für beide Geschlechter, so dass die Frage nach strukturellen Veränderungen in ihrem Verhältnis zueinander unabhängig davon bestehen bleibt. Grundlegend war zuerst einmal die tiefgehende Trennung zwischen den Sphären einer eindeutig männlich geprägten, militärischen Front auf der einen, und einer immer deutlicher weiblich bestimmten „Heimatfront" auf der anderen Seite. Auch wenn die ‚große Politik' eine Domäne von (älteren) Männern blieb, drangen Frauen hier doch, oft nolens volens, in viele bislang Männern vorbehaltene Bereiche vor, nicht nur als Industriearbeiterinnen, sondern auch als Schaffnerinnen oder Schornsteinfegerinnen. Und sie konnten teilweise auch ihre Gestaltungsspielräume deutlich erweitern. Während die Mehrzahl der Männer in der militärischen Maschinerie ihre Selbständigkeit weitgehend einbüßte und, wenn sie überlebten, oft an Körper und/oder Seele versehrt heimkehrten, übernahmen die Frauen an ihrer Stelle die Rolle der Haushaltsvorstände, nahmen ihre Arbeitsplätze ein und konnten teilweise sogar in bestimmende Positionen gelangen, wie etwa Marie-Elisabeth Lüders, die als Leiterin des Frauenreferats im Kriegsamt in der militärischen Hierarchie den Rang eines Majors bekleidete.

Sexualität

Schließlich traten nicht zuletzt auch die im engeren Sinne sexuellen Erfahrungswelten deutlich auseinander. Die Trennung zeigt sich bereits darin, dass im Krieg die Zahl der Schwangerschaften und Geburten deutlich rückläufig war. Hinter der Front blühte die Prostitution, und angesichts der hohen Infektionsraten mit Geschlechtskrankheiten sahen sich die Militärbehörden veranlasst, kontrollierte Bordelle einzurichten, was ihnen in der Heimat den Vorwurf eintrug, Ehebruch und Prostitution zu fördern. Hier schuf der Krieg für die Frauen allerdings auch größere Möglichkeit, eine nicht mehr von Vätern und Ehemännern kontrollierte Sexualität zu leben. Wenn die untreue Kriegerfrau, die sich mit vom Kriegsdienst freigestellten Männern, Soldaten auf Heimaturlaub, ausländischen Arbeitern oder gar mit Kriegsgefangenen einließ, zu einem zentralen Topos der öffentlichen Kriegsdiskurse wurde, so kamen darin zweifellos oft eher die Ängste von Männern zum Ausdruck, die ihre eigenen Verhaltensweisen auf ihre Ehefrauen oder Bräute übertrugen. Doch ohne jeden Bezugspunkt waren sie auch nicht. „Je länger der Krieg, desto kürzer die Röcke", so brachte der Volksmund den Eindruck einer selbstbestimmteren weiblichen Sexualität in salopper Weise zum Ausdruck.

Vor diesem Hintergrund wurde der Krieg zeitgenössisch sowohl von Männern als auch von Frauen oft auch als ein „Krieg der Geschlechter" wahrgenommen. Der sozialdemokratische „Vorwärts" etwa stellte 1916 einen „Geschlechterkrieg" um die Arbeitsplätze fest, und die englische Frauenrechtlerin Nina Boyle hatte schon ein Jahr vorher die Bedrohungen beschworen, die von den militarisierten Männern ausgehen würde: „Die größte Gefahr für alle Frauen ist die ungezähmte Leidenschaft der Männer ... sogar jetzt, während des Krieges, in unserem eigenen Land, von unseren eigenen Männern, droht sie unvermindert und unkontrolliert." Zeitweilig schien es jedoch eher so, als würden die Frauen die Gewinner dieses Geschlechterkrieges sein. Nicht nur ein Rechtsnationaler wie Wilhelm Schwaner konstatierte 1918, es sei „traurig aber wahr; während der männlichsten Zeit, während des Krieges, regieren ‚zuhause' die Weiber." Auch Minna Cauer, Wortführerin des radikalen Flügels der bürgerlichen Frauenbewegung in Deutschland, vertrat die Auffassung: „Die heimkehrenden Männer finden ein anderes Frauengeschlecht vor – selbstbewusster, erfahrener, härter, unabhängiger, schwerer lenkbar." Und der Sexualwissenschaftler Curt Moreck urteilte noch zehn Jahre später rückblickend, der Krieg „erschütterte das Vertrauen in die männliche Überlegenheit; denn indem das Weib daheim die Arbeit der Männer ergriff, wurde es frei und selbständig".

Ein Krieg der Geschlechter?

Vieles spricht so dafür, dass die allgemeine Mobilmachung der Gesellschaft im Ersten Weltkrieg die traditionellen Geschlechterverhältnisse tatsächlich in Unordnung gebracht, die Selbstverständlichkeit der männlichen Vorherrschaft erschüttert und selbständige Entwicklungsperspektiven für Frauen eröffnet hat. Über den Ausgang des „Kriegs der Geschlechter" ist damit allerdings noch kein Urteil gesprochen. Es wird insgesamt wohl zwiespältig ausfallen müssen. Nach Kriegsende wurden in der Tat viele Frauen wieder aus den im Krieg eingenommenen Beschäftigungsverhältnissen und öffentlichen Positionen verdrängt, doch manche Stellungen konnten auch verteidigt werden. Die weibliche Erwerbstätigkeit blieb insgesamt deutlich höher als vor dem Krieg, und auch außerhalb der Arbeiterschaft wurde sie nun in höherem Maße akzeptiert. Nicht nur die Zahl der weiblichen Gewerkschaftsmitglieder war deutlich gestiegen, auch der Anteil gewerkschaftlich organisierter Frauen lag nun etwa doppelt so hoch wie vor dem Krieg. Die bereits in der Vorkriegszeit beschworene, im Krieg trotz oder gerade auch wegen des propagierten Soldatentums manifest werdende „Krise der Männlichkeit", die in Deutschland noch durch die militärische Niederlage verstärkt wurde, rief allerdings auch starke Gegenbewegungen hervor, die die in Unordnung geratenen traditionellen Geschlechterverhältnisse umso fest gefügter wieder herstellen wollten. Dabei konnten sie nicht zuletzt auf eine Vielzahl konservativer Topoi und Diskurse zurückgreifen, die im Krieg angesichts der sich wandelnden Verhältnisse umso nachhaltiger die „natürliche Bestimmung" der Frau als Gattin und Mutter beschworen und Hand in Hand mit sozialpolitischen Maßnahmen auch die politische Reglementierung und Verpflichtung der Frauen zur Mutterschaft propagierten.

Die Frauenbewegung

Die Ambivalenz der geschlechtergeschichtlichen Bedeutung des Ersten Weltkrieges spiegelt sich schließlich auch in der Politik der Frauenbewegung und in der Wahlrechtsfrage wider. Seit Kriegsbeginn hatten sich die Organisationen der Frauenbewegung überall für die sozialpolitische Absicherung der Heimatfront engagierte, in Deutschland etwa im „Nationalen Frauendienst" (NDF), der erstmals auch bürgerliche und proletarische

Frauenorganisationen zusammenführte. Sie nahmen damit wichtige, von der Öffentlichkeit beachtete Funktionen wahr, die gleichwohl mit der ihrer Konzeption der„organisierten Mütterlichkeit" entsprechenden Konzentration auf soziale Fürsorge und Pflegedienste dem traditionellen weiblichen Rollenverständnis entsprachen. Dementsprechend wurden die Hoffnungen, für das Kriegsengagement mit politischer Anerkennung und politischen Rechten belohnt zu werden, weiterhin nur sehr zurückhaltend formuliert. Immerhin forderte der „Bund Deutscher Frauenvereine" (BDF) im Jahre 1917, nachdem eine Reform des Preußischen Männerwahlrechts in Aussicht gestellt worden war, erstmals offen die Einführung auch des Frauenwahlrecht. Wie umstritten dies selbst in der Frauenbewegung war, zeigt der daraufhin im Protest vollzogene Austritt des größten Mitgliedsverbandes im BDF, des „Deutsch-Evangelischen Frauenbundes".

Entwicklung des Frauenwahlrechts

Das Frauenwahlrecht wurde dann bei Kriegsende in den meisten Staaten Mittel- und Osteuropas tatsächlich eingeführt. Doch muss es zweifelhaft bleiben, ob darin wirklich ein Ergebnis des Krieges zu sehen ist. Nur in England wurde bereits während des Krieges im Jahre 1917 das Frauenwahlrecht gesetzlich verankert. Hier war die Frauenbewegung allerdings bereits vor 1914 so stark und das Thema Frauenwahlrecht öffentlich längst so präsent gewesen, dass kritische Historikerinnen im Krieg mit seinen polarisierenden Geschlechterdiskursen eher einen verzögernden als einen beschleunigenden Faktor sehen. Darüber hinaus hielt die Wahlrechtsreform an Sonderbestimmungen für Frauen fest, die erst ab dem Alter von 30 Jahren (Männer 21 Jahre) wählen durften. Auf dem Kontinent wurde das Frauenwahlrecht überall erst im Zuge der Revolutionen zu Ende des Krieges eingeführt, und zwar auf Initiative der nun an die Macht gelangten sozialdemokratischen Parteien, von denen die Wahlrechtsforderung unabhängig vom Krieg schon lange vertreten worden war. Auch als diese in der Folgezeit ihre Vorrangstellung wieder verloren, blieb das Frauenwahlrecht allerdings zumeist mehr oder weniger selbstverständlich erhalten. In Frankreich dagegen wurde den Frauen trotz ihres Kriegsengagements das Wahlrecht von einer männlich dominierten, die traditionellen Rollenmuster verteidigenden politischen Öffentlichkeit weiterhin vorenthalten. Der Einfluss des Krieges auf die politische Emanzipation muss dementsprechend insgesamt wohl eher skeptisch, in jedem Fall aber ambivalent beurteilt werden.

3. Kindheit und Jugend

Generationelle Deutungen des Ersten Weltkriegs beziehen sich in der Regel auf die Generation der soldatischen Kriegsteilnehmer, die etwa in England als „lost generation" oder in Deutschland als kriegsfreiwillige „Jugend von Langemarck" bzw. allgemeiner als Generation der Frontsoldaten betrachtet werden. Der Krieg betraf darüber hinaus aber auch in spezifischer Weise die jüngere heranwachsende Generation, die Kinder und Jugendlichen an der Heimatfront. Dies ist bislang ein wenig erschlossenes Forschungsfeld, so dass hier nur einige Hinweise gegeben werden können. Die Heranwachsenden waren zuerst einmal in einem bis dahin nicht gekannten Ausmaß Zielobjekte einer massiven propagandistisch-militaristischen Beeinflussung, und sie wurden für diverse Kampagnen zur Unterstützung des Krieges mobilisiert. Ihre kriegsspezifische Sozialisation wurde ohne Zweifel aber auch auf vielfältige andere Weise von den sozialen Bedingungen der Kriegsgesellschaft geprägt.

Bedeutung der Schule

Eine zentrale Rolle spielte erst einmal die Schule, die nun bald ganz im Zeichen des Krieges stand. Die zuständigen Ministerien wiesen die Schulen an, ihren Schülern den Sinn des Krieges zu vermitteln, und die Lehrer kamen dieser Aufgabe vielfach mit großem Engagement nach. An erster Stelle ging es um die Oberstufenschüler der Gymnasien, die von ihren oft kriegsbegeisterten Lehrern intensiv dazu gedrängt wurden, ein schnelles Kriegsabitur abzulegen und sich freiwillig an die Front zu melden. Darüber hinaus wurde der Krieg auch inhaltlich zum festen, alle Schulformen bis hin zu vorschulischen Einrichtungen und alle Fächer auf propagandistische Weise durchziehenden Bestandteil eines Unterrichts, der die Rechtfertigung des Krieges, die Vermittlung von Feindbildern und Siegesgewissheiten, die Heroisierung der Soldaten und der Gefallenen sowie nicht zuletzt die engagierte und akribische Verfolgung des Kriegsverlaufs zum Inhalt hatte. Für die Schüler war es oft kaum möglich, sich dieser Beeinflussung zu entziehen, selbst die Themen für Hausaufgaben und Klassenarbeiten waren davon geprägt. Typische Aufsatzthemen für Abitur- und Klassenarbeiten im ersten Kriegsjahr an preußischen Gymnasien lauteten: „Welche Güter gilt es zu schützen in dem uns aufgezwungenen Kriege?"; „Erlebnisse aus den Tagen einer großen Zeit im August 1914"; „Ein Volk steht auf, der Sturm bricht los"; „Um welche Güter kämpfen wir Deutsche in dem jetzigen Kriege?"; „Mit welchem Recht wird die gegenwärtige Kriegszeit eine große Zeit genannt?" oder „Der Krieg als Erzieher".

Die Schulen boten auch die wichtigste institutionelle Grundlage für vielfältige Formen der kriegsspezifischen Mobilisierung von Kindern und Jugendlichen. Dabei ging es um Sammelaktionen wie „Gold gab ich für Eisen", um Werbung für die Zeichnung von Kriegsanleihen, um die Beteiligung an der Sammlung und Herstellung von sogenannten Liebesgaben für die Soldaten an der Front, um gemeinsamen Ernteeinsatz oder in allgemeinerer Weise um die Agitation der Eltern. „Durch die Kinder gewann man die Eltern", stellte ein zeitgenössischer Beobachter in Bezug auf die schulischen Propagandakampagnen fest. „Niemals hatte die Schule größeren Einfluss auf das Haus gewonnen als in der ersten Kriegszeit." Eine wichtige Rolle spielte die Schule auch für die Integration der Schüler in die vormilitärische Jugendausbildung, wie sie etwa in Deutschland, ähnlich wie in anderen Ländern, schon im August 1914 für männliche Jugendliche zwischen 14 und 18 Jahren eingeführt wurde. Verpflichtend war die Teilnahme an den sogenannten Jugendbrigaden trotz mancher Bestrebungen zwar nicht. Im Zusammenspiel mit den meisten traditionellen Jugendorganisationen konnte aber trotzdem eine hohe Mobilisierung erreicht werden. In der außerschulischen Öffentlichkeit gab es darüber hinaus vielfältige Medien, mit denen die Heranwachsenden propagandistisch auf den Krieg bezogen und in ihren Orientierungen und Verhaltensweisen militärisch geprägt wurden.

Das galt für das Angebot an Kinderbüchern und Jugendzeitschriften, in denen der Krieg nun durchgängig in den Mittelpunkt rückte, wie für das Spielzeug, bei dem vor allem Kanonen und Zinnsoldaten als zeitgemäße Geschenke beliebt waren. Das Nachspielen des Krieges wurde zur verbreiteten Freizeitgestaltung von Kindern und Jugendlichen.

Q

Richtlinien für die militärische Vorbildung der älteren Jahrgänge der Jugend-Abteilungen während des Kriegszustandes

Aus: Zentralblatt für die gesamte Unterrichtsverwaltung in Preußen, 1914, S. 643f.

Bei den Altersklassen vom 16. Lebensjahr aufwärts (...) tritt die Vorbereitung auf den Kriegsdienst in den Vordergrund, soweit es ohne Ausbildung mit der Waffe möglich ist.

Vor allen Dingen ist ihre Vaterlandsliebe, ihr Mut und ihre Entschlossenheit anzufeuern; ihre Hingabe für das Vaterland, für Kaiser und Reich zu entflammen durch den Gedanken an die ungeheure Gefahr, in der diese sich befinden.

Es ist ihnen klar zu machen, daß Deutschland untergehen würde, wenn wir nicht siegen, so daß wir siegen müssen und jeder einzelne Vaterlandsverteidiger bis zum jüngsten hinab den festen Willen dazu im Herzen trägt.

Die von ihnen vorzunehmenden Übungen werden folgende sein:

1. Schnelles lautloses Antreten in den einfachsten Aufstellungsformen: der Linie, der Gruppenkolonne. Sammeln in denselben Formen im Stehen und in der Bewegung nach bestimmten durch den Führer vorgegebenen Richtungen.
2. Die Einteilung der Abteilungen in Züge und Gruppen ist dabei wie bei einer Infanterie-Kompagnie.

(Es folgen weitere 31 Punkte.)

Grenzen der Begeisterung und Identifikation

Allerdings sollte man vorsichtig sein, die Geschichte von Kindheit und Jugend im Ersten Weltkrieg allein mit propagandistischer Verführung und militaristischer Mobilisierung zu identifizieren. Die begeisterte Identifikation der Heranwachsenden mit dem Krieg war vor allem ein Phänomen der ersten Phasen des Krieges, sie ließ mit der Zeit immer deutlicher nach. Vor allem aber handelte es sich dabei generell nur um einen Ausschnitt aus der Lebenswirklichkeit von Kindern und Jugendlichen der Kriegsjahre 1914 bis 1918, deren Großteil die besonders propagandistisch geprägte Sozialisationsinstanz Schule bereits nach der 8. Klasse im Alter von 14 Jahren verließ. Daneben gab es vielfältige andere Lebensbereiche und Verhaltensmöglichkeiten, die weniger von der Propaganda als von anderen, teils gegenläufigen Bedingungen geprägt waren. So zeigen beispielsweise Erinnerungen von österreichischen Kriegskindern, dass die in der bäuerlichen Landwirtschaft eingesetzten Kriegsgefangenen in der Regel keineswegs nur als Feinde wahrgenommen, sondern oft auch als Menschen gemocht wurden.

Soziale Notlagen

In erster Linie jedoch waren Kinder und Jugendliche insbesondere aus den unteren Bevölkerungsschichten in spezifischer Weise vom Krieg und der wachsenden sozialen Not betroffen, die ihren Lebensalltag zunehmend bestimmte. Ihre Väter waren an der Front, ihre Mütter mussten den Lebensunterhalt verdienen und waren kaum in der Lage, sich um die Heranwachsenden zu kümmern. Unterernährung, Vernachlässigung und Verwahrlosung waren oft die Folgen. Kindersterblichkeit und Mangelerkrankungen nahmen besonders in Mittel- und Osteuropa und vor allem in den beiden letzten Kriegsjahren deutlich zu. Wie Untersuchungen für Deutschland gezeigt haben, waren auch die überlebenden Kinder nach Kriegsende im Schnitt deutlich kleiner und leichter als ihre Altersgenossen vor dem Krieg. Zugleich machte sich eine wachsende Vernachlässigung der schulischen Ausbildung bemerkbar, denn der Unterricht litt nicht nur unter der Einberufung der Lehrer, sondern auch unter Einquartierungen, Arbeitseinsätzen und nicht zuletzt dem gravierenden Mangel an Brennstoffen, der im Winter häufig zur völligen Einstellung des Unterrichts führte. Auf die Schule folgte in der Regel nicht mehr eine Lehre, sondern die Jugendlichen nahmen Tätigkeiten als ungelernte Arbeiter auf, um schneller Geld zu verdienen. Eine mit der sozialen Not verbundene kriegsspezifische Erfahrung vieler Heranwachsender lag ferner in der Kriminalisierung weiter Bereiche des Alltagslebens, insbesondere in den von gravierenden Mangelsituationen geprägten Staaten Mittel- und Osteuropas. Das galt für den Schwarzen Markt ebenso wie für die Hamsterfahrten der Städter auf das Land, an denen Kinder und vor allem Jugendliche in hohem Maße beteiligt waren. Und hier ging es keineswegs nur darum, jenseits der kontrollierten Wirtschaft Handel zu treiben, sondern auch der offene Felddiebstahl spielte eine wachsende Rolle. Viele Heranwachsende gerieten so schon früh in Konflikte mit der Polizei, die von ihnen als Vertreter einer feindlichen Obrigkeit wahrgenommen wurde.

Freiräume

Trotzdem eröffneten die Bedingungen der ‚vaterlosen' Kriegsgesellschaft den Heranwachsenden auch größere Freiräume und Möglichkeiten für eine frühe Verselbständigung. Junge Frauen aus bürgerlichem Milieu etwa konnten aus der Enge ihres Elternhauses ausbrechen und sich auf eigene Füße stellen, indem sie sich als Kranken- bzw. Hilfsschwestern zur Verfügung stellten, nicht nur in den Krankenhäusern ihrer Heimatstädte, sondern auch in frontnahen Lazaretten. Oder sie engagierten sich in der sozialen Fürsorge, die während des Krieges einen enormen Aufschwung nahm und neue Arbeitsfelder bot. In der zweiten Kriegshälfte kam die besser bezahlte, vor allem von jungen Frauen aus unteren Bevölkerungsschichten wahrgenommene, oft aber auch schlecht angesehene Möglichkeit hinzu, als Etappenhelferin in den Verwaltungsbüros der Armee tätig zu werden.

Im Bereich der bäuerlichen Landwirtschaft mussten vor allem die größeren Jungen oft den zum Kriegsdienst eingezogenen Vater ersetzen und konnten damit gleichzeitig eine größere Bedeutung auf dem Hof und in der ländlichen Gesellschaft gewinnen. Für Mädchen und Jungen aus den unteren Bevölkerungsschichten bot jedoch vor allem die Arbeit in den wachsenden Rüstungsbetrieben Möglichkeiten, schnell zu einem eigenen Einkommen zu gelangen und damit einerseits eine wichtigere Rolle für die Ernährung der Familie zu spielen, andererseits aber auch früher ein finanziell eigenständiges, selbstbestimmteres Leben führen zu können. Dies äußerte sich nicht zuletzt in einer beträchtlichen Vergnügungssucht unter den Jugendlichen, wobei gerade die jungen Männer das Leben noch einmal genießen wollten, bevor die Einberufung zum Militär drohte. Diese Entwicklung spiegelte sich ex negativo in den vielfältigen kritischen Stellungnahmen und Einflussversuchen der Obrigkeit, von der die Verhaltensweisen der Jugendlichen kritisiert wurden, weil sie nicht in den Ernst der Zeit passen würden. In Deutschland wurde deshalb 1916 von vielen Stellvertretenden Generalkommandos der sogenannte Jugendsparzwang eingeführt, nach dem Teile des Einkommens jugendlicher Arbeiter von den Arbeitgebern nicht ausgezahlt wurden, sondern direkt auf obrigkeitlich verwaltete Sparkonten abgeführt werden mussten und nur auf einen besonders begründeten und von den Militärbehörden begutachteten Antrag hin abgehoben werden konnten.

Politisierung

Schließlich war das Leben vieler Heranwachsender des Ersten Weltkrieges auch von den sozialen und politischen Protestformen geprägt, die sich insbesondere in der Arbeiterschaft ausbildeten und an denen sie oft aktiv teilnahmen. Hier ist zuerst einmal das immer weiter um sich greifende Phänomen der Randale vor überteuerten oder ausverkauften Lebensmittelgeschäften zu nennen, bei denen Jugendliche besonders hervortraten und sich oft auch Auseinandersetzungen mit der Polizei lieferten. Hinzu trat bald auch die Beteiligung an den sozialen und politischen Streikbewegungen der Arbeiterschaft, in denen jugendliche Arbeiter und Arbeiterinnen eine treibende Kraft darstellten. Weniger gebunden an die traditionellen, in den Burgfrieden eingebundenen Organisationen der Arbeiterbewegung und auch weniger geprägt von der hier eingeübten Disziplin, waren die jugendlichen Arbeiter und Arbeiterinnen oft eher als ihre älteren Kollegen zu spontanen Protestaktionen fähig. Und sie entwickelten in diesen Zusammenhängen eine spezifische politische Radikalität, die in die Revolutionen des Kriegsendes einmündete und nicht zuletzt die Politik der entstehenden kommunistischen Parteien prägte, oft aber auch nur von kurzer Dauer war.

Auch auf der anderen Seite des politischen Spektrums wurden allerdings viele Jugendliche zumeist bürgerlicher Herkunft in radikaler Weise politisch aktiv, die während des Krieges ihre als Soldaten kämpfenden Väter und großen Brüder bewundert hatten, vielleicht auch in den letzten Kriegsmonaten noch eingezogen worden waren und nun in den entstehenden Freikorps ihre Feuertaufe suchten.

4. Soziale und politische Proteste

Die gravierenden sozialen Probleme, Verelendungsprozesse und Gegensätze der Kriegsgesellschaft schufen schnell Konfliktpotentiale, die sich in vielfältigen sozialen Protestformen insbesondere der proletarischen Massen entluden. Anders als in Friedenszeiten hatten diese Proteste, so unpolitisch sie im Einzelnen auch sein mochten, grundsätzlich von Kriegsbeginn an eine ausgeprägt politische Bedeutung, weil sie im Blick der Obrigkeit den burgfriedlichen Zusammenhang der nationalen Kriegsanstrengungen bedrohten. Und je länger der Krieg dauerte, desto eindeutiger bestimmte der Zusammenhang zwischen dem Krieg und der sozialen Not auch das Bewusstsein der leidenden Massen, so dass die sozialen Protestbewegungen der zweiten Kriegshälfte auch selbst eine ausgeprägt politische, kriegsgegnerische, schließlich revolutionäre Qualität gewannen. Da die traditionellen Organisationen der Arbeiterbewegung diese Protestpotentiale durch ihre Einbindung in die Organisation der Kriegsgesellschaft allerdings nur begrenzt aufgreifen und zum Ausdruck bringen konnten, kam die angestaute Unzufriedenheit auf politischer Ebene nur verzögert zum Ausdruck und die Protestbewegungen mussten sich teilweise neuartige, eigenständige Vertretungsorgane schaffen.

Lohnbewegungen unter dem Burgfrieden

Auch wenn die Gewerkschaften bei Kriegsbeginn förmlich jede Streikunterstützung einstellten, brachen Streiks und Lohnbewegungen in den Betrieben nicht vollständig ab. An die Stelle förmlicher Streiks traten allerdings in der Regel Lohnbewegungen ohne offene Arbeitseinstellungen, die etwa in Deutschland schon 1915 quantitativ wieder so umfangreich waren wie vor dem Krieg und in den folgenden Jahren dann auch in der Gesamtzahl der Lohnbewegungen wie der daran Beteiligten das Vorkriegsniveau weit übertrafen. In den Jahren 1917 und 1918 gab es in Deutschland nach Angaben der Gewerkschaften jeweils mehr als 10.000 Lohnbewegungen ohne offene Streiks, an denen etwa 2,5 Millionen Beschäftigte beteiligt waren. Wie solche Arbeitskämpfe aussehen konnten, hat Richard Müller, gewerkschaftlicher Vertrauensmann der hochqualifizierten Dreher in der Berliner Metallindustrie und bald ein Führer der Bewegung der Revolutionären Obleute, rückblickend beschrieben: Einzelne, für den gesamten Produktionsprozess zentrale Abteilungen wie die Dreher stellten die Arbeit ein und legten so ganze Betriebe lahm, bis die Betriebsleitungen die geforderten Lohnerhöhungen bewilligten. In England kam es darüber hinaus schon im Jahre 1915 trotz der förmlichen Einführung einer staatlich kontrollierten Rüstungswirtschaft zu großen Streikbewegungen mit mehreren Hunderttausend Beteiligten, die zugleich einen ausgeprägt politischen Charakter gewannen und erst in Verhandlungen zwischen den Gewerkschaften und der Regierung über die Bedingungen der *Dilution*, aber auch über die Besteuerung von Kriegsgewinnen beigelegt werden konnten.

Hungerproteste

In den meisten am Krieg beteiligten Ländern wurde angesichts des Mangels an Lebensmitteln und Verbrauchsgütern generell schnell deutlich, dass der Kampf für Tariferhöhungen nur begrenzt in der Lage war, die Versorgung der Arbeiterschaft zu verbessern und ihre Not zu lindern. Wie es in vorindustriellen Gesellschaften üblich gewesen war, rückten deshalb anstelle der Lohnhöhe in wachsendem Maße die allgemeine Versorgungslage, die Lebensmittelpreise und im Zeichen der staatlichen Mangelbewirtschaftung schließlich die Höhe der Lebensmittelzuteilungen in den Mittelpunkt der sozialen Auseinandersetzungen der Kriegszeit. Sie sind deshalb auch als Ausdruck einer am Ziel der auskömmlichen Lebenshaltung orientierten *Moral Economy* interpretiert worden, wie sie der englische Sozialhistoriker Edward P. Thompson ursprünglich für Unterschichtenproteste des ausgehenden 18. Jahrhunderts entwickelt hat. Zweifellos ähnelten die Hungerunruhen der Kriegszeit in mancher Hinsicht vorindustriellen Protestformen, und es ging dabei vielfach im Wesentlichen darum, eine hinreichende Lebensmittelversorgung für die unteren Bevölkerungsschichten einzuklagen. Zugleich aber ist die politische Qualität in Rechnung zu stellen, die bei den Protesten von Anfang an eine wichtige Rolle spielte. Immer ging dabei es auch, im Bewusstsein der Protestierer wie der Obrigkeit, um Probleme moderner staatlicher Sozialpolitik und schließlich um die Legitimität des kriegführenden Staates schlechthin.

Q

Bericht der Berliner Politischen Polizei über die Stimmung vor einem Kartoffelladen im Februar 1915
Aus: Dokumente aus geheimen Archiven, Bd. IV. Berichte des Berliner Polizeipräsidenten zur Stimmung und Lage der Bevölkerung in Berlin 1914–1918, hg. v. I. Materna u. H. J. Schreckenbach, Weimar 1987, S. 43 f.

Alle in Gruppen zusammenstehenden Frauen sowie Männer, die sich über diesen Zustand mit den Kartoffeln unterhielten, gaben alle der Regierung die Schuld an diesen Zuständen, weil sie den Lebensmittelpreistreibern höhere Preise in Aussicht gestellt habe, was diese bewogen habe, keine Kartoffeln auf den Markt zu bringen. Wenn die Regierung weiter mit den Lebensmittelwucherern Hand in Hand ginge, anstatt entgegenzutreten, so müßte von der arbeitenden Bevölkerung energisch dagegen demonstriert werden; die Zustände des Lebensmittelwuchers seien bald nicht mehr ertragbar. Seit gestern, nach der Bekanntgabe der Heraufsetzung der Kartoffelhöchstpreise, ist deutlich in der arbeitenden Bevölkerung zu merken, wie das Vertrauen zur Regierung betreffs Ergreifung von Gegenmaßregeln gegen die Teuerung geschwunden ist und in Enttäuschung und Mißstimmung umgeschlagen ist.

Aufläufe und Krawalle

Dieses Spannungsverhältnis spiegelten auch die konkreten Protestformen wider. Zuerst einmal handelte es sich dabei vor allem um Aufläufe und Krawalle vor Lebensmittelgeschäften. Während des oft stundenlangen Anstehens entwickelte sich unter den Beteiligten, zumeist Frauen und Jugendliche, eine enorme, von den vielfältig umlaufenden Gerüchten über Verschwendung und Skandale weiter angeheizte Gereiztheit, die schnell in offene Aggression umschlagen konnte, etwa wenn die Preise weiter erhöht wurden oder die Läden ganz ausverkauft waren und schließen wollten. In Paris registrierte die Sicherheitspolizei beispielsweise in der zweiten Jahreshälfte 1915 für mehr als die Hälfte der Stadtbezirke offene, teils gewalttätige Proteste gegen zu hohe Lebensmittelpreise. Und in Berlin sah die Situation nicht viel anders aus. Die anstehenden Arbeiterfrauen, stellte hier die Politische Polizei im September 1915 fest, „geben ihrem Unwillen in lebhafter Weise untereinander Ausdruck. Es herrscht hierbei eine äußerst gereizte Stimmung unter diesen Proletarierinnen und die Maßnahmen der Regierung erfahren häufig eine recht gehässige Kritik. Es (…) muss damit gerechnet werden, dass es gelegentlich solcher Vorkommnisse mal zu Tumulten kommt."

Tatsächlich kam es im Oktober 1915 in mehreren Berliner Arbeitervororten und in einer Reihe anderer deutscher Städte zu gewaltsamen Protesten vor Lebensmittelgeschäften, die mit Steinen beworfen und zu plündern versucht wurden. Beteiligten waren nach Feststellung der Polizei „neben aufgeregten und schlecht gesinnten älteren Frauenspersonen im wesentlichen junge Buschen mit jugendlichen Frauenzimmern". Als die Polizei anrückte, wurde auch diese heftig attackiert. Die anschließenden Auseinandersetzungen zwischen den Sicherheitskräften und vor allem jugendlichen Protestierern setzten sich oft bis in die Nächte hinein fort. Ähnliche Proteste und Auseinandersetzungen entwickelten sich fortan in allen am Krieg beteiligten Ländern zu regelmäßigen Erscheinungen. Selbst in England, wo die Versorgungslage weit besser war als auf dem Kontinent, traten sie 1918 vereinzelt auf.

Q

Bericht des Berliner Polizeipräsidenten über Lebensmittelunruhen in Berlin an den Preußischen Innenminister, 16. Oktober 1915
Aus: Dokumente aus geheimen Archiven IV, S. 90f.

In den Abendstunden des 14. d. Mts. haben kleinere Zusammenrottungen vor dort befindlichen Niederlassungen der Großbutterfirma Assmann stattgefunden. Die Schaufensterscheiben des Zweiggeschäfts Ebertystr. Ecke Straßmannstr. wurden eingeschlagen und die dadurch erreichbaren Lebensmittel (Butter, Eier und Käse) auf die Straße geworfen. Ein weiterer Angriff gegen eine andere in derselben Straße Ecke Kochhannstraße gelegene (im Original belegene, WK) Zweigniederlassung hatte nur das Ergebnis des Einschlagens der Fensterscheibe, da hier die Schutzmannschaft rechtzeitig zur Stelle sein konnte und die Versammelten auseinandertrieb. Es wurden aus diesem Anlaß im ganzen 4 Sistierungen vorgenommen. Leider haben sich diese Zusammenrottungen am gestrigen (15.) Abend im stärkeren Umfange wiederholt. (…) Einem Schutzmann wurde durch einen der Persönlichkeit nach nicht festgestellten Arbeiter tatsächlicher Widerstand geleistet und er durch einen Faustschlag auf die Nase nicht unerheblich verletzt. Die Unruhen dauerten von 5 Uhr nachmittags bis 11 Uhr abends. Ein weiterer Angriff gegen eine in der Proskauerstraße 24 gelegene Niederlassung der gleichen Firma erfolgte um 71/2 Uhr. Hier wurde von Kindern eine Schaufensterscheibe zertrümmert. Rechtzeitiges Eingreifen der Schutzmannschaft war hier unmöglich, weil der zur Bewachung aufgestellte Schutzmann gerade zur Schlichtung einer Schlägerei (…) gerufen war und die übrigen Kräfte des Reviers teils zum Schutze des in der Schreiner- Ecke Samariterstraße gelegenen weiteren Zweiggeschäftes, teils zur Unterdrückung von Ansammlungen auf Lichtenberger Gebiet (…) dringend benötigt waren. Ein weiterer Angriff richtete sich gegen das Buttergeschäft von Göbel, Landsbergstr. 54 (…) Es wurden vereinzelt Steine nach dem Geschäft geworfen und die Schaufenster damit zertrümmert. Auch erfolgten Steinwürfe gegen die vorgehenden Aufsichtsbeamten.

Politisierung der Unzufriedenheit

Neben den bereits deutlich politisierten Hungerunruhen wurde die wachsende soziale Unzufriedenheit der Arbeiterschaft auch in Aktionen deutlich, die sich in direkter Weise gegen Politik und Obrigkeit richteten. In England kam es seit dem Frühjahr 1915 in der Arbeiterschaft zu Mietstreiks und Demonstrationen gegen steigende Mieten, die schließlich dazu führten, dass die Regierung das Mietenniveau der Vorkriegszeit gesetzlich festschrieb. An solchen Protestaktionen waren vor allem Arbeiterfrauen oft führend beteiligt. Im Juli 1915 etwa drangen sozialdemokratische Frauen in eine Sitzung des SPD-Parteivorstandes ein, beschimpften die Parteien als „vollgefressene Kerle" und forderten, da normale Proteste gegen den Lebensmittelwucher wirkungslos geblieben seien, „nicht nur diese Proteste zu wiederholen, sondern sie mit anderen Mitteln zu steigern". In der Folgezeit zogen immer wieder Frauendemonstrationen zu den lokalen Behörden und brachten auf durchaus handgreifliche Weise ihre Forderungen nach einer besseren Lebensmittelversorgung zum Ausdruck. „Trotz des Belagerungszustandes", berichtete etwa eine Berliner Fabrikarbeiterin über eine solche Aktion im Februar 1917, „demonstrierten wir mit mehr als fünfhundert Frauen zum Britzer (Neuköllner, WK) Gemeindeamt. Die Polizisten wurden beiseite gedrängt. Bürgermeister Schmiedigen und die Brotkommissikon konnten nicht ausweichen. Der Gemeinderat musste Stellung beziehen."

Soziale Basis der Kriegsgegnerschaft

Ausgehend von solchen Vorkommnissen, hat Ute Daniel die These vertreten, dass vor allem die Arbeiterfrauen und mit ihnen generell die ungelernten, sozial schlechter gestellten und weniger stark von der Sozialdemokratie beeinflussten Teile der Arbeiterschaft eine kriegsgegnerische Einstellung entwickelt hätten und die eigentlichen Träger der Antikriegsproteste gewesen seien. Unterstützt wird diese Einschätzung dadurch, dass auch die vor allem in der zweiten Kriegshälfte hervortretenden Streikbewegungen in den Rüstungsbetrieben in beträchtlichem Maße von Arbeiterinnen und jugendlichen Arbeitern getragen wurden, die eine geringere Bindung an die in den Burgfrieden eingebundenen Organisationen der Arbeiterbewegung aufwiesen und eine höhere Bereitschaft zu spontanen Protestaktionen einbrachten. Da große Teile der männlichen Arbeiterschaft jedoch an der Front waren, muss die Frage, ob sie tatsächlich weniger protestbereit gewesen wären, offen bleiben. Feststellbar aber ist in jedem Fall, dass nicht nur die Politisierung der sozialen Proteste über die Aktionsformen, Symbole und Ziele der sozialistischen Arbeiterbewegung wie Streiks, rote Fahnen und Forderungen nach Demokratisierung und Sozialismus erfolgte. Es waren auch Kerngruppen der traditionellen Arbeiterbewegung, die bei der Organisierung und nicht zuletzt bei der kriegsgegnerisch-revolutionären Politisierung der sozialen Proteste eine wesentliche Rolle spielten, auch wenn sie dafür nach neuen Organisationsformen suchen mussten. In Russland wurden *Sowjets*, Arbeiter- und Soldatenräte nach dem Muster der Revolution von 1905, zur Organisationsform der Antikriegsproteste, und sie gewannen mit den revolutionären Erfolgen von 1917 eine große Ausstrahlungskraft auf die Arbeiterschaft in allen anderen Ländern. Dies gilt für die Bewegung der *Shop Stewards*, Betriebsräte in den britischen Industrierevieren, ebenso wie für die Betriebsausschüsse in französischen und deutschen Rüstungsfabriken, die für die sozialpolitische Interessenvertretung der Arbeiter eingerichtet worden waren, oft aber zu Kristallisationskernen weiterreichender Protestbewegungen wurden. In Deutschland wurde die proletarische Antikriegsbewegung der Jahre 1916–1918 darüber hinaus in hohem Maße von den sog. Revolutionären Obleuten in der Berliner Metallindustrie geprägt, die sich aus den gewerkschaftlichen Vertrauensleuten der großen Betriebe zusammensetzten.

Antikriegsstreiks

Das politische Potential dieser Bewegung deutete sich erstmals im Juni 1916 an, als in Berlin etwa 60.000 Arbeiter in den Streik traten, um gegen die Verurteilung Karl Liebknechts wegen der Verbreitung kriegsgegnerischer Parolen am 1. Mai zu protestieren. Im Frühjahr 1917 kam es dann unter dem Eindruck der russischen Februarrevolution in vielen Ländern zu großen Streikbewegungen der Industriearbeiterschaft, die sich in erster Linie gegen die soziale Verelendung in der Kriegsgesellschaft, zunehmend aber auch gegen den Krieg und seine Träger richteten und in der Bildung von Arbeiterräten ihren organisatorischen Ausdruck fanden. In der britischen Rüstungsindustrie etwa streikten im Mai 1917 ca. 200.000 Arbeiter und Arbeiterinnen, allein in Paris traten 130.000 in den Ausstand. In Deutschland stand am Anfang dieser Bewegungen, an denen allein in Berlin etwa 300.000 Arbeiter und Arbeiterinnen beteiligt waren, noch die Empörung über weiter abgesenkte Lebensmittelrationen. Doch schnell traten ausgeprägt politische Ziele hinzu, ausgehend von der Leipziger Streikbewegung, die einen Frieden ohne Annexionen, Wahlrechtsreformen, die Freilassung aller politischen Gefangenen, die Aufhebung des Belagerungszustandes, der Zensur und aller Beschränkungen des Koalitions-, Vereins- und Versammlungsrechts forderte.

Januarstreiks 1918: Eine Generalprobe für die Novemberrevolution

Zu einer zweiten großen Streikwelle mit nunmehr von Anfang an dezidiert politischer, teilweise revolutionärer Ausrichtung kam es Anfang 1918, wobei der Schwerpunkt nun in Deutschland und Österreich lag. Diese Bewegungen reagierten auf einen Aufruf zum Generalstreik, den die kriegsgegnerischen sozialistischen Parteien einige Monate vorher in Stockholm verabschiedet hatten. Vor allem aber standen sie unter dem Eindruck der Friedensverhandlungen in Brest-Litowsk, die zuerst Friedenshoffnungen geweckt und dann umso deutlicher die imperialistischen Ziele der Mittelmächte, insbesondere der deutschen Militärs offenbart hatten. Mitte Januar 1918 standen in der Habsburger Monarchie etwa 1.000.0000 Streikende im Ausstand und die Regierung sah sich zu Verhandlungen mit der sozialdemokratischen Parteiführung und sozialpolitischen Zugeständnissen gezwungen. Vieles spricht dafür, dass hier bereits objektiv eine revolutionäre Situation bestand, die von der deutlich nach links gerückten SPÖ-Führung jedoch nicht genutzt wurde, auch weil sie nicht zu Unrecht einen deutschen Einmarsch befürchtete. Wie gefestigt die deutsche Militärmacht tatsächlich noch war, wurde wenig später deutlich, als auch die Rüstungsindustrie des Reiches Ende Januar/Anfang Februar 1918 von einer großen Streikbewegung erfasst wurde.

Q

Forderungen der streikenden Berliner Rüstungsarbeiter Ende Januar 1918
Aus: Richard Müller, Vom Kaiserreich zur Republik. Geschichte der deutschen Revolution, Bd.1, Berlin 1974, S. 240.

1. Schleunige Herbeiführung des Friedens ohne Annexionen, ohne Kriegsentschädigung, auf Grund des Selbstbestimmungsrechts der Völker entsprechend den Ausführungsbestimmungen, die dafür von den russischen Volksbeauftragten in Brest-Litowsk formuliert wurden.
2. Zuziehung von Arbeitervertretern aller Länder zu den Friedensverhandlungen.
3. Ausgiebigere Nahrungsversorgung durch Erfassung der Lebensmittelbestände in den Produktionsbetrieben wie in den Handelslagern zwecks gleichmäßiger Zuführung an alle Bevölkerungskreise.
4. Der Belagerungszustand ist sofort aufzuheben. (...)
5. Die Militarisierung der Betriebe ist gleichfalls aufzuheben.
6. Alle wegen politischer Handlungen Verurteilte und Verhaftete sind sofort freizulassen.
7. Durchgreifende Demokratisierung der gesamten Staatseinrichtungen in Deutschland, und zwar zunächst die Einführung des allgemeinen, gleichen, direkten und geheimen Wahlrechts für alle Männer und Frauen im Alter von mehr als 20 Jahren für den preußischen Landtag.

Die Bewegung der Revolutionären Obleute

Diese Streiks waren von den Revolutionären Obleuten in Kooperation mit der USPD-Führung sorgfältig vorbereitet worden und sie nahmen schnell gewaltige Ausmaße an. Allein in den Berliner Rüstungsbetrieben traten etwa 500.000 Arbeiter und Arbeiterinnen in den Ausstand, reichsweit war etwa eine Million Menschen beteiligt. Anders als im Frühjahr 1917 verließen die Belegschaften nun in großer Zahl die Betriebe und trugen ihren Protest gegen den Krieg und die kriegführende Ordnung mit Massendemonstrationen offensiv in die Öffentlichkeit, wo sie sich, wie bereits 1917 in Russland, mit den Protestformen der Hungerunruhen verbanden und zu massiven Auseinandersetzungen mit der Polizei führten. Während die ebenfalls in die Streikleitung eingetretenen mehrheitssozialdemokratischen Parteiführer darum bemüht waren, die Aufstandsbewegung durch Verhandlungen mit der Regierung zu einem schnellen Ende zu führen, agitierten die Spartakisten für ihre Steigerung zum offenen Bürgerkrieg. Die Revolutionären Obleute dagegen erkannten, dass dies in einem Blutbad enden würde und brachen die Bewegung schließlich ab. Noch war man nicht stark genug, um den Militärstaat umzustürzen, der die Polizei durch den Einsatz von 5.000 Unteroffizieren der Reichswehr unterstützte, die Betriebe unter Militärherrschaft stellte und militärische Sondergerichte einsetzte, die eine große Zahl von „Rädelsführern" in Schnellverfahren aburteilten. Doch diese „Generalprobe für die Novemberrevolution" (Arthur Rosenberg) eröffnete zugleich die Perspektive auf einen erneuten, noch besser vorbereiten Anlauf zum revolutionären Umsturz.

Q

Der Berliner Polizeipräsident berichtet dem Preußischen Innenminister über Demonstrationen während des Januarstreiks 1918
Aus: Berichte aus geheimen Archiven, Bd. IV, S. 246.

An manchen Stellen gelang es, die Massen ohne Waffengewalt auseinander zu bringen; an anderen war dies bei dem aufgeregten Verhalten der Ausständigen, die zum Teil angreifend gegen die Schutzmannschaft vorgingen und mit Steinen warfen oder mit Stöcken auf sie eindrangen, nicht möglich. In diesen Fällen wurde nach der üblichen Aufforderung von der blanken Waffe und in einem Falle, als die Ausständischen Revolver anwendeten, auch von der Schußwaffe Gebrauch gemacht. (...) Leider ist der Wachtmeister Thimeau seinen durch die Menge erhaltenen Verletzungen erlegen. Auch sind mehrere Beamte der Schutzmannschaft teils mehr, teils minder schwer verletzt worden. Andererseits haben auch zahlreiche Ausständige zum Teil nicht unerhebliche Verwundungen davongetragen. An mehreren Stellen der Stadt wurden von der Menge, unter der sich die Halbwüchsigen besonders lärmend hervortaten, Ladenscheiben zertrümmert und Angriffe auf die Straßenbahnwagen unternommen. Man zerschnitt die Schnüre der Kontaktstangen, zerschlug die Scheiben, stahl Fahrgerät, vor allem Kurbeln und warf mehrere Beiwagen um, nachdem man sie gewaltsam von den Fahrgästen geräumt hatte. Diese Angriffe auf die Straßenbahn erklären sich aus der Wut der Ausständigen darüber, daß die Angestellten dieser Betriebe sich dem Streik nicht angeschlossen haben (...).

Repression und Revolution

Erst einmal kam es jedoch zu weiteren massiven Repressionen, mehrere tausend Berliner Arbeiter wurden, an der Uniform gekennzeichnet als politische Aufrührer, zur Armee eingezogen. Während in Deutschland die folgenden Monate relativ ruhig blieben, entwickelte sich in Frankreich zur Mitte des Jahres 1918 ebenfalls eine deutlich politisierte Streikbewegung mit explizit kriegsgegnerisch-revolutionären Zielsetzungen, die allerdings minoritär blieb und letztlich nicht in der Lage war, eine reale Revolutionsgefahr heraufzubeschwören. Ganz anders sah dies in Deutschland und Österreich-Ungarn aus, als im Herbst 1918 die militärische Niederlage offenbar wurde und die herrschenden Monarchien unter dem Ansturm revolutionärer, insbesondere von Arbeitern und Soldaten getragener Aufstandsbewegungen schließlich zusammenbrachen.

VII. Das Ende des Krieges

1. Imperialistische Hybris und Zusammenbruch der Mittelmächte

Im Frühjahr 1918 hatte das Deutsche Kaiserreich den Höhepunkt seiner militärischen Machtentfaltung erreicht. Im Diktatfrieden von Brest-Litowsk musste das bolschewistische Russland am 3. März auf etwa ¼ seines Territoriums mit 50 Millionen Einwohnern, mehr als der Hälfte seiner Industriebetriebe und fast ¾ seiner Kohlenbergwerke verzichten. Daraus entstand ein Gürtel neuer Staaten, die militärisch, politisch und wirtschaftlich unter deutscher Kontrolle standen: Polen, Estland, Lettland und Litauen, die Ukraine einschließlich der Krim, etwas später auch Georgien. Der Expansion des Deutschen Reiches im Osten schienen kaum mehr Grenzen gesetzt zu sein, die Ölfelder Aserbaidschans gerieten nun in das Visier seiner imperialistischen Interessen. Doch der Erste Weltkrieg wurde nicht im Osten, sondern im Westen entschieden.

Von den Frühjahrsoffensiven zum militärischen Zusammenbruch

Hier eröffnete die Oberste Heeresleitung im März 1918 mit den im Osten freigewordenen Truppen die sogenannte Michaeloffensive, die in kurzer Zeit und auf breiter Front zu großen Gebietsgewinnen führte, wie sie seit Kriegsbeginn von beiden Seiten nicht mehr hatten erzielt werden können: Auf einer Breite von 130 km konnten die deutschen Truppen 80 km weit vorstoßen. Doch bald musste der Vormarsch abgebrochen werden, weil die Soldaten zu erschöpft waren und der Nachschub nicht Schritt halten konnte. Ein wirklich entscheidender Durchbruch durch die alliierten Frontlinien konnte trotz weiterer, im April und Mai folgender Offensiven in Flandern und an der Aisne nicht erzielt werden. Als die Alliierten mit Unterstützung frischer amerikanischer Verbände im Juli zu einer Welle von Gegenoffensiven antraten, konnten die ausgepowerten deutschen Soldaten nur noch mit großer Mühe Widerstand leisten. Am 8. August, dem „schwarzen Tag in Deutschlands Geschichte" (Ludendorff), führte schließlich ein mit massiver Tankunterstützung vorgetragener englischer Angriff bei Amiens zu einem ersten großen Durchbruch durch die deutsche Frontlinie, die in der Folgezeit in verlustreichen Kämpfen immer weiter zurückgedrängt werden konnte. Nachdem zuvor auch die prekäre militärische Lage der Verbündeten des Deutschen Reiches immer deutlicher hervorgetreten war, verlangte die Oberste Heeresleitung am 29. September schließlich von der Reichsleitung die unverzügliche Herausgabe eines deutschen Waffenstillstandsangebot, das gemäß den 14 Punkten des amerikanischen Präsidenten Wilson von einer schnell zu bildenden parlamentarischen Regierung verabschiedet werden sollte.

Die Militärführung verfolgte dabei ein doppeltes Ziel. Kurzfristig sollte den deutschen Truppen eine Atempause verschafft und der unmittelbar drohende Zusammenbruch der Westfront verhindert werden. Und in mittelfristiger Perspektive ging es darum, die Verantwortung für die im Prinzip als unabwendbar erkannte militärische Niederlage den zivilen Politikern zu übertragen. Doch so einfach gestaltete sich die Angelegenheit nicht. Zwar wurde Anfang Oktober tatsächlich eine auf die Mehrheitsparteien des

Reichstages unter Einschluss der Mehrheitssozialdemokratie gestützte, parlamentarische Regierung unter dem Reichskanzler Prinz Max von Baden gebildet, die auf der Stelle ein Waffenstillstandsersuchen an den amerikanischen Präsidenten richtete. Doch in dem folgenden Notenwechsel wurde deutlich, dass die Vereinigten Staaten als Führungsmacht der Alliierten nur mit einer wirklich demokratisch legitimierten Regierung verhandeln würden, was de facto der Forderung nach einem grundlegenden politischen Systemwechsel und der Abdankung des Kaisers entsprach.

Die Oktoberreformen

Immerhin brachte die Regierung im Laufe des Oktobers neben der Entlassung Ludendorffs ein weitreichendes Reformprogramm auf den Weg, das insbesondere die verfassungsrechtliche Parlamentarisierung der Reichsregierung und die Abschaffung des preußischen Dreiklassenwahlrechts beinhaltete. Doch diese sogenannten Oktoberreformen blieben ungesichert und gingen weder für den amerikanischen Präsidenten noch für die deutsche Öffentlichkeit weit genug. Wilhelm II. war offensichtlich nicht zu einem Thronverzicht bereit, die Militärherrschaft dauerte an, und mit der Abreise des Kaisers ins Große Hauptquartier im belgischen Spa schien die Vorbereitung einer militärischen Beendigung der Reformen und der Fortführung des Krieges Gestalt anzunehmen. Erst die revolutionäre Umsturzbewegung, die im November 1918 schließlich zur Abschaffung der Monarchie und zur Einführung einer demokratischen Republik führte, stellte die politische Situation auf eine wirklich neue Grundlage. Die politische Initiative ging nun an die beiden sozialdemokratischen Parteien über, die gemeinsam eine republikanische Revolutionsregierung, den Rat der Volksbeauftragten bildeten. Nun erst konnte auch unverzüglich am 11. November im Wald von Compiègne bei Paris ein Waffenstillstand mit den Alliierten unterzeichnet werden.

E

Die Spanische Grippe

Vom Frühjahr 1918 bis Ende 1919 wurde die ganze Welt von einer Grippeepidemie erfasst, die sich in drei großen Wellen vollzog und durch die nach seriösen Schätzungen etwa 25 bis 50 Millionen Menschen ums Leben kamen. Die naheliegende Vermutung, dass diese ernorm hohen Opferzahlen auf die Schwächung der Bevölkerung durch die Entbehrungen des Krieges zurückgeführt werden können, ist aber wohl falsch. Denn der Grippe fielen nicht in erster Linie besonders geschwächte Menschen zum Opfer, eher war das Gegenteil der Fall, und sie verbreitete sich auch in nicht am Krieg beteiligten Ländern. Trotzdem stand die Entwicklung der Grippeepidemie in Zusammenhang mit dem Krieg. Denn in Europa fand sie deswegen anfangs keine hinreichende Beachtung, vor allem aber ist ihre globale Ausbreitung durch den Krieg nachhaltig befördert worden.

Der Name „Spanische Grippe" kommt daher, dass im neutralen Spanien schon im Frühjahr 1918 offener über die Grippe informiert werden konnte. Tatsächlich jedoch war sie zuerst in den USA aufgetreten und wurde von amerikanischen Soldaten mit nach Europa gebracht, wo sie anfangs vor allem an der Westfront schnell um sich griff. Auch das erste Auftreten der Grippe in Afrika kann mit der Landung eines amerikanischen Kriegsschiffes in Verbindung gebracht werden. Vieles spricht dafür, dass die weitere Verbreitung der Grippe nicht zuletzt durch die vom europäischen Kriegsschauplatz in ihre Heimatländer zurückkehrenden Soldaten verursacht wurde. Neuseeland und Kanada etwa waren stark betroffen, und allein in Indien starben 1918/19 vermutlich etwa 17 Millionen Menschen.

2. Mitteleuropäische Revolutionen

Das Kriegsende stand überall in Mitteleuropa im Zeichen revolutionärer Umsturzbewegungen. Nachdem 1917 bereits der Zarismus gestürzt worden war, fanden nun auch die regierenden Monarchien der Mittelmächte in Deutschland und Österreich-Ungarn ein revolutionäres Ende. Das osmanische Kalifat folgte wenig später, als 1923 nach vielfältigen Verwicklungen die moderne Türkei gegründet wurde. In Italien fanden die revolutionären Bewegungen des Kriegsendes dagegen mit der Machtergreifung des Faschismus ihr Ende. Diese Entwicklungen hatten ihre Wurzeln zweifellos im Ersten Weltkrieg, und sie bestimmten zugleich den Abschluss des Krieges wesentlich mit.

Revolutionäre Bewegungen und Revolutionsursachen

In der historischen Bewertung drängt sich die Frage nach dem Verhältnis zwischen politischem System, Kriegsniederlage und Revolution auf. Immerhin ist es auffällig, dass quasi alle parlamentarisch regierten Länder, Frankreich und England an der Spitze, zu den Kriegsgewinnern zählten und zugleich keine Revolutionen erlebten. Die monarchisch regierten Länder in Mittel- und Osteuropa standen dagegen nicht nur durchgängig auf Seiten der Verlierer, sondern sie erlebten auch alle einen revolutionären Systemumsturz, der fast überall zur Errichtung demokratisch begründeter Republiken führte. War die militärische Niederlage die entscheidende Ursache für politischen Zusammenbruch und revolutionären Umsturz? Oder waren Niederlage und Revolution doch eher die Folge gesellschaftspolitischer Systeme, die nicht in der Lage gewesen waren, den Krieg und seine Folgen in angemessener Form zu bewältigen und deshalb in den politischen wie militärischen Zusammenbruch trieben? Beide Faktoren haben zweifellos eine Rolle gespielt.

Revolutionäre Bewegungen erlebten bei Kriegsende alle, auch die westeuropäischen Länder. Doch die Mittelmächte waren angesichts einer großen Notlage der Bevölkerung einerseits, politischer Reformunfähigkeit und daraus resultierendem Legitimitätsverlust des Staates andererseits, bereits zu Beginn des Jahres 1918 von großen, alle westeuropäischen Entwicklungen weit in den Schatten stellenden Streikbewegungen erschüttert worden, die zumindest Österreich-Ungarn schon unmittelbar an den Rand eines revolutionären Umsturzes gebracht hatten und auch in Deutschland als „Generalprobe für die Novemberrevolution" gedeutet werden können. Hinzu traten seit dem Sommer 1918 umfassende Verweigerungsformen in der bewaffneten Macht, die im deutschen Heer an der Westfront geradezu den Charakter eines „verdeckten Generalstreiks" (Wilhelm Deist) annahmen. Annährend eine Million Soldaten stellten trotz noch einmal verschärften Strafandrohungen jede Kampftätigkeit ein und machten sich selbständig auf den Weg in die Heimat. Für einen verlorenen Krieg wollten sie nicht mehr ihr Leben riskieren, und diese Haltung verband sich bruchlos mit einer vehementen Ablehnung der militärischen und gesellschaftspolitischen Ordnung, insbesondere der abgewirtschafteten Militärmonarchie, die nun jeden Kredit verspielt hatte.

Der Matrosenaufstand

Auch die Revolution selbst nahm ihren Anfang schließlich in der bewaffneten Macht, als die Matrosen der Hochseeflotte sich Ende Oktober 1918 in

Wilhelmshaven weigerten, zu einem ‚ehrenhaften' letzten Gefecht auszulaufen. Die Schiffe wurden nach Kiel verlegt, doch hier weitete sich der Aufstand auf die Stadt aus und wurde zum Fanal für eine revolutionäre Umsturzbewegung, die sich spontan im ganzen Reich entwickelte. Sie ergriff die Heimatgarnisonen, deren Rolle als wesentliches Scharnier zwischen Front und Heimat bisher weitgehend unerforscht ist, vor allem aber die Industriearbeiterschaft und führte mit der Bildung von Arbeiter- und Soldatenräten überall in Deutschland zum Sturz der Monarchien in den Einzelstaaten, bevor sie am 9. November schließlich die Reichshauptstadt Berlin erreichte. Hier hatten die Revolutionären Obleute und die Führung der USPD den Aufstand eigentlich für den 11. November geplant, doch die Dynamik der Bewegung vollzog sich nun selbsttätig, erzwang die Abdankung des Kaisers und führte zur Ausrufung der Republik. Ob ähnliche Entwicklungen im Falle der Kriegsniederlage auch in Frankreich oder gar in England aufgetreten wären, oder ob ihre parlamentarischen Regime auch in der Niederlage eher integrations- und überlebensfähig gewesen wären, muss letztlich eine offene Frage bleiben.

Politische, soziale und nationale Revolutionen

Die mitteleuropäischen Revolutionen waren allerdings keine einheitlichen Prozesse. In ihnen verbanden sich vielmehr unterschiedliche Revolutionsformen, die typologisch in politische, soziale und nationale Revolutionen unterschieden werden können. Die nationale Frage spielte vor allem im habsburgischen Vielvölkerstaat eine zentrale Rolle. Die Revolution bewirkte sein Auseinanderbrechen und führte zur Gründung von neuen Nationalstaaten in Ungarn, der Tschechoslowakei, Jugoslawien, Deutsch-Österreich und, zusammengesetzt aus den ehemals preußischen, russischen und österreichischen Teilungsgebieten, in Polen. Diese nationalen Revolutionen waren ihrem politischen Anspruch nach zugleich demokratisch orientiert und führten überall zur Bildung parlamentarisch-demokratischer Republiken. Die wichtigsten Trägergruppen der Revolution kamen dabei aus dem Lager der sozialistischen Arbeiterbewegung, sie organisierten sich nach sowjetischem Vorbild in Arbeiter- und Soldatenräten und stellten auch in Deutschland die Basis für die Bildung einer revolutionären Regierung, den paritätisch aus Vertretern der MSPD und der USPD gebildeten „Rat der Volksbeauftragten" mit den Parteiführern Friedrich Ebert und Hugo Haase an der Spitze.

Die Rätebewegung

Aus der revolutionären Rolle der Rätebewegung ist, gerade auch für Deutschland, die Vorstellung abgeleitet worden, dass es in der Revolution nach dem Novemberumsturz wesentlich um die Alternative zwischen Bolschewismus und Demokratie gegangen sei. Doch tatsächlich war die Rätebewegung in ihrer großen Mehrheit selbst demokratisch, meist sozialdemokratisch orientiert, ihre Vertreter strebten keine Rätediktatur an, sondern demokratische Wahlen zu einer verfassungsgebenden Nationalversammlung mit allgemeinem, gleichem und geheimem Wahlrecht von Männern und Frauen. Der Historiker Arthur Rosenberg hat deshalb die Auffassung vertreten, es habe sich dabei um „die wunderlichste aller Revolutionen" gehandelt, weil ihre politischen Ziele bereits vorher weitgehend erreicht gewesen seien. Doch diese Auffassung kann in vieler Hinsicht angezweifelt werden. Denn zum einen war der Bestand der Oktoberreformen angesichts der realen Machtverhältnisse noch höchst zweifelhaft, und zum anderen gingen die Ziele der revolutionären Bewegung über die konstitutionelle Monarchie doch weit hinaus. Denn die Räte traten in ihrer großen Mehrheit auch dafür ein, unmittelbar, qua revolutionären Rechts, eine grundlegende Demokratisierung weiter Bereiche von Staat und Gesellschaft, insbesondere des Militärs und der Verwaltung einzuleiten. Und sie forderten darüber hinaus, unverzüglich mit der Sozialisierung von Schlüsselindustrien zu beginnen. Hier zeigte sich die sozialistische Orientierung der revolutionären Bewegungen. Doch anders etwa als in Österreich, wo die nicht gespaltene Sozialdemokratie die Wünsche der Bewegung aufzugreifen versuchte, setzte die mehrheitssozialdemokratische Führung in Deutschland, die ihre Ziele bereits mit den Oktoberreformen erreicht gesehen und keine Revolution gewollt hatte, nach dem Novemberumsturz erst einmal auf Ruhe und Ordnung und versuchte, ihre im Krieg eingeleitete Integrationspolitik fortzusetzen.

Die Politik der Mehrheitssozialdemokratie

Die Revolution führte so zu einer Art erneuertem Burgfriedensschluss zwischen der mehrheitssozialdemokratischen Partei- und Gewerkschaftsführung auf der einen, den Eliten der alten Ordnung auf der anderen Seite, denen es anstelle der Kriegsführung nun um die geordnete Abwicklung des Krieges und die Sicherung der öffentlichen Ordnung ging. Während die Gewerkschaftsführung im Stinnes-Legien-Abkommen über die Einrichtung einer gemeinsamen Zentralarbeitsgemeinschaft mit den Unternehmerverbänden ihre im Krieg erreichte Anerkennung festzuschreiben versuchte, damit zugleich aber auch die bedroht erscheinende kapitalistische Wirtschaftsordnung absicherte und weitergehenden revolutionären Sozialisierungsbestrebungen das Wasser abgrub, wollten die mehrheitssozialdemokratischen Volksbeauftragten zuerst einmal die Probleme der Demobilmachung von Heer und Gesellschaft lösen und alle politischen Fragen einer möglichst bald zu wählenden Nationalversammlung überlassen. Eine Weiterführung der Revolution erschien ihnen auch deshalb schädlich, weil sie auf die alten Eliten in Verwaltung und Militär angewiesen zu sein meinten. Selbst die OHL unter Hindenburg blieb so im Amt und konnte, im Verein mit den neu entstehenden Freikorps, schon bald wieder als militärische Ordnungsmacht zur Sicherung von Ruhe und Ordnung gegen weiterführende revolutionäre Bestrebungen firmieren. Das Ergebnis dieser Politik war nicht die von der Masse der Arbeiterschaft erhoffte demokratische und soziale Neuordnung von Staat, Wirtschaft und Gesellschaft, sondern eine zwar der Verfassung nach demokratische, in vieler Hinsicht aber konservativ geprägte Republik, vor allem als die Wahlen zur Nationalversammlung keine sozialdemokratische Mehrheit brachten und die MSPD eine Koalition mit bürgerlichen Parteien eingehen musste.

Verpasste Möglichkeiten und Radikalisierungsprozesse

In der Forschung ist vor diesem Hintergrund immer wieder diskutiert worden, welche Möglichkeiten und Handlungsspielräume für eine weiterreichende Demokratisierung und Befestigung der entstehenden Weimarer Republik in der Revolution tatsächlich vorhanden waren und eventuell verspielt worden sind. Die alle Reformen vertagende Zusammenarbeit mit den alten Eliten führte jedenfalls dazu, dass die USPD sich bereits Ende 1918 aus dem Rat der Volksbeauftragten zurückzog und Teile der revolutionären Bewegung Anfang 1919 einen Radikalisierungsprozess durchliefen, der in großen Aufständen und der Errichtung von Räterepubliken in München und Bremen gipfelte. Sie wurden schließlich von Reichswehr und Freikorps im

Auftrag der sozialdemokratisch geführten Regierung blutig niedergeschlagen. Dasselbe Schicksal erlitt die ungarische Räterepublik unter Führung des Kommunisten Béla Kun, deren Unterdrückung durch die Truppen General Horthys den Auftakt zur Errichtung einer autoritären Regierung darstellte. Nur in Russland gelang es den linksradikalen Kräften weiterhin, ihre neue, bald weniger auf die Räte als auf die Diktatur der bolschewistischen Partei und der Roten Armee gestützte Ordnung dauerhaft zu sichern, allerdings erst nach einem verlustreichen Bürgerkrieg und weiteren kriegerischen Auseinandersetzungen insbesondere mit Polen.

3. Versailler Friedensordnung

Die diplomatische Abwicklung des Krieges erfolgte in einer Reihe von Einzelkonferenzen, die seit Anfang 1919 bei Paris abgehalten wurden. Vom Anspruch her sollten hier die Grundsätze der im Krieg entwickelten „neuen Diplomatie" praktiziert werden: Öffentlichkeit, Orientierung am Selbstbestimmungsrecht der Völker, Schaffung eines Völkerbundes zur gemeinsamen Klärung von Streitfragen. In der Realität war dieses Programm jedoch nur schwer umzusetzen, weil es in einem vielfältigen Spannungsverhältnis zu den konkreten Zielen der verschiedenen Nationen und Staaten stand, für die sie vier Jahre lang Krieg geführt hatten. Daraus folgte zuerst einmal, dass es nicht um Verhandlungen zwischen den Siegern und den Verlierern des Krieges ging, sondern um Konferenzen allein zwischen den Siegermächten. Eine entscheidende Rolle spielten die von Wilson, Lloyd George, Clemenceau und Orlando angeführten Delegationen der USA, Englands, Frankreichs und Italiens, die in separaten und höchst konfliktreichen Gesprächen die Grundlinien der Entscheidungen absteckten. Das bolschewistische Russland dagegen nahm an den Verhandlungen angesichts des herrschenden Bürgerkrieges gar nicht teil, und eine deutsche Delegation war wie andere Delegationen der Kriegsverlierer zwar anwesend, doch wurde sie zu den Verhandlungen selbst nicht zugelassen und erhielt nur das Recht, in kurzer Frist Gegenvorschläge zu den Beschlüssen der Sieger einzureichen, die in der Regel keine Berücksichtigung fanden.

Ein „Schandfriede"?

Aus deutscher Perspektive ist der am 28. Juni 1919 unterzeichnete Versailler Vertrag zwischen den Siegermächten und dem Deutschen Reich deshalb zeitgenössisch als ein völkerrechtlich fragwürdiger Diktatfrieden verstanden worden, den man nur unter Zwang unterschrieb. Deutschland musste große Gebiets- und Bevölkerungsverluste hinnehmen, es verlor Elsass-Lothringen (an Frankreich), Eupen-Malmedy (an Belgien), große Teile Westpreußens, Posens, Pommerns und Oberschlesiens (an Polen), das Memelgebiet (an Litauen) sowie das Hultschiner Ländchen (an die Tschechoslowakei). Hinzu kamen die Besetzung des linken Rheinufers und die vorläufige Verwaltung des Saarlandes durch Frankreich, die Unterstellung Danzigs unter die Verwaltung des Völkerbundes, gravierende Rüstungsbeschränkungen und hohe Reparationsleistungen, die alle Kriegsfolgekosten abdecken sollten. Nachdem man anfangs auf einen milden Frieden für das neue, demokratisierte Deutschland gehofft hatte, erschienen die konkreten Bestimmungen nun als ein „Schandfriede", der in dem sogenannten Kriegsschuldparagraphen des Versailler Vertrages, der dem Deutschen Reich die Alleinschuld am Ersten Weltkrieg zuwies, seine als Unrecht begriffene, die Verletzungen des Selbstbestimmungsrechts des deutschen Volkes kaschierende Begründung habe. Vergleicht man die Versailler Friedensbestimmungen allerdings mit denen, die das siegreiche Deutschland ein Jahr zuvor Russland aufgezwungen hatte, erscheinen sie in einem durchaus gemäßigteren Licht.

Deutschland wurde zweifellos nicht, wie erhofft, nach dem 14-Punkte-Programm Wilsons behandelt und in seiner Selbständigkeit rigide beschränkt. Doch blieben die Beschränkungen zugleich in einem Rahmen, der die Grundlagen der deutschen Großmachtstellung nicht zerstörte und dem wirtschaftlichen und politischen Wiederaufstieg zu einer europäischen Großmacht nicht prinzipiell entgegenstand. In dieser unklaren Zwischenposition, die einen Kompromiss zwischen dem französischen Wunsch nach einer Zerschlagung der Basis deutscher Großmachtpolitik einerseits, dem englisch-amerikanischen Bemühen um Machtgleichgewicht und gemäßigte Friedensbedingungen auf der anderen Seite entstand, kann man allerdings auch eine zentrale Grundlage für den erstarkenden deutschen Revanchismus sehen. Denn in Deutschland sah man sich zutiefst ungerecht behandelt und konnte doch zugleich noch immer die Hoffnung hegen, die Versailler Ordnung längerfristig durch eigene Machpolitik revidieren zu können.

Weitere Friedensverträge

Aus deutscher Betrachtungsperspektive wird oft übersehen, dass der Versailler Vertrag nur einer von insgesamt fünf in Paris auf den Weg gebrachten Verträgen war. Hinzu kamen die Verträge von St. Germain mit Österreich, von Neuilly mit Bulgarien, von Trianon mit Ungarn und von Sèvres mit der Türkei. Allen Kriegsverlierern wurden Rüstungsbeschränkungen auferlegt, alle mussten Gebiets- und Bevölkerungsverluste hinnehmen. Die Vielvölkerstaaten der habsburgischen Doppelmonarchie und des Osmanischen Reiches wurden dabei, teilweise die Ergebnisse der nationalen Revolutionen nachvollziehend, zerschlagen. Österreich wurde zudem der gewünschte Anschluss an das Deutsche Reich verboten, der ursprüngliche Staatsname Deutsch-Österreich untersagt. Südtirol musste an Italien abgetreten werden, nach großen Protesten konnte immerhin für Kärnten eine Volksabstimmung durchgesetzt werden, in der sich die Mehrheit der Bevölkerung schließlich für den Verbleib bei Österreich aussprach. Auch Ungarn galt als Rechtsnachfolger der Doppelmonarchie und musste etwa zwei Drittel seines Territoriums mit 60% der Bevölkerung an die neu geschaffenen, auch durch Gebietsabtretungen Bulgariens gestärkten Nationalstaaten Mittel- und Südosteuropas abtreten. Die Slowakei wurde der neuen Tschechoslowakei zugeschlagen, das Burgenland ging an Österreich, Kroatien und Slawonien an Jugoslawien, das Banat wurde zwischen Jugoslawien und Rumänien geteilt und Siebenbürgen schließlich Rumänien zugesprochen.

Misslungene Neuordnungspolitik

Eine planvolle, oder gar dem Selbstbestimmungsrecht der Völker folgende Vorgehensweise ist in dieser Neuordnungspolitik allerdings nicht zu erkennen. Vielmehr konnten sich vielfach die expansionistischen Bestrebungen der neuen Staaten durchsetzen, die sich auch viele nationale Minderheiten eingliederten. Das ehemalige Osmanische Reich wurde als Türkei schließlich auf ein kleines Gebiet um Istanbul und Zentralanatolien begrenzt, während der größte Teil seiner früheren Territorien zwischen Griechenland und den Mandatsmächten Frankreich, Großbritannien und Italien aufgeteilt wurde. Doch der erst ein Jahr nach dem Versailler Vertrag fertiggestellte Vertrag von Sèvres, der auch einen unabhängigen Staat Armenien vorsah, war zum Zeitpunkt seiner Unterzeichnung bereits hinfällig. Denn die türkischen Nationalisten unter Führung von Mustafa Kemal (Atatürk = Vater der Türken) erkannte die Bestimmungen nicht an und konnte schließlich nach dem militärischen Sieg über die 1919 einmarschierten Griechen einen modernen, selbständigen und wieder vergrößerten Nationalstaat gründen.

4. Erbschaft des Krieges

Gewalterfahrungen und Verarbeitungsformen

Europa und die Welt gingen grundlegend verändert aus dem Krieg hervor. Es ist hier nicht der Ort, den bis in alle Poren von Gesellschaft und Kultur, Militär und Politik hineinreichenden Wirkungen des Ersten Weltkrieges im Einzelnen weiter nachzuspüren. Festgehalten werden kann aber, dass die vielfältigen Gewalterfahrungen und Verarbeitungsformen des ersten umfassend industrialisierten, Front wie Heimat erfassenden, weltumspannenden und zugleich zutiefst ideologisierten, eben totalen Krieges auch im Zentrum einer Wirkungsgeschichte des Ersten Weltkrieges stehen müssen. Von besonderer historischer Bedeutung waren dabei zweifellos die beiden radikalen politischen Bewegungen, die der Zeit nach dem Krieg in vieler Hinsicht ihren Stempel aufprägen konnten. Zum einen war dies der Bolschewismus, dessen Protagonisten aus den Erfahrungen von Krieg und Bürgerkrieg den Schluss zogen, dass zur Erreichung ihrer großen Ziele im Kampf für die Überwindung von Kapitalismus, Imperialismus und Krieg die Anwendung aller gewalttätigen Mittel legitim sei. Zum anderen handelte es sich um den Faschismus, der den Kult und die Praxis umfassender, gesellschaftlicher wie kriegerischer Gewaltanwendung zu seinem Wesenskern machte. Damit soll keineswegs gesagt sein, dass auch die Bevölkerungen der am Krieg beteiligten Länder in eindimensionaler Weise von einer allgemeinen Brutalisierung erfasst worden seien. Oft war eher das Gegenteil der Fall, denn die Ablehnung von kriegerischer Gewalt war nicht nur bei Kriegsende, sondern auch darüber hinaus weit verbreitet und zeichnete besonders in Westeuropa auch Öffentlichkeit und Politik aus. Wie sehr jedoch selbst die Kriegsgegnerschaft von kriegsspezifischen Denkmuster geprägt werden konnte, darauf weist etwa die Parole hin, unter der der sozialistische „Internationale Gewerkschaftsbund" Anfang der 1920er Jahre eine weltweite Kampagne gegen Krieg und Militarismus organisierte: „Krieg dem Kriege!"

In der Einleitung zu diesem Buch ist der Erste Weltkrieg als zentrale Erscheinungsform einer Krise der europäischen Moderne konzipiert worden, die das ‚lange', vom Fortschrittsoptimismus der sich entwickelnden bürgerlichen Gesellschaft geprägte 19. Jahrhundert zum Abschluss gebracht habe. Am Ende gilt es nun auch zu bestimmen, wie dieser Krieg in seinen Auswirkungen historisch eingeordnet werden kann. Betrachtet man ihn als Auftakt zu einem ‚kurzen' 20. Jahrhundert des totalen Krieges, der industriellen Massengesellschaft, der allgemeinen Politisierung aller Lebensbereiche und der ideologischen Blockkonfrontation, das erst mit dem Zusammenbruch des Ostblocks seit 1989 sein Ende gefunden habe? Oder ist es sinnvoller, die historische Periodisierung knapper zu fassen und auf das „Katastrophenzeitalter" (Eric J. Hobsbawm) der beiden Weltkriege in der ersten Hälfte des 20. Jahrhunderts zu begrenzen? Für beide Konzepte können gute Argumente vorgebracht werden und es ist zweifellos möglich, sie miteinander zu verbinden.

Von der europäischen Krise zum Bürgerkrieg

Geht man vom Krisenkonzept aus, so ergibt sich jedoch erst einmal die Feststellung, dass bei Kriegsende keine neue, in sich stabile Ordnung gefunden werden konnte, weder in der europäischen und internationalen Politik, noch im Innern vor allem der Verliererstaaten und der aus der Konkursmasse der zusammengebrochenen Reiche neu gebildeten Staaten Mitteleuropas. Die Krise der europäischen Moderne fand noch kein Ende, sondern eine radikalisierte Fortsetzung, in deren Zentrum bald Deutschland rückte. Zwar konnte sich die Weimarer Republik trotz vielfältiger gravierender Krisenphänomene und Widersprüche zwischen Revolution und Gegenrevolution, zwischen hochentwickelter Modernität auf der einen, massiven Gegenbewegungen auf der anderen Seite in den „Krisenjahren der klassischen Moderne" (Detlev. J. Peukert) erstaunlich lange halten. Doch in der Weltwirtschaftskrise brach sie schließlich zusammen und endete mit der Herrschaft des Nationalsozialismus, der von nun an der europäischen und internationalen Politik seinen kriegerischen Stempel aufprägte, die Erfahrungen des Ersten Weltkriegs zum Projekt einer totalen Mobilmachung verarbeitet und damit auch die relative Einheitlichkeit einer Epoche der Weltkriege hervorbrachte. Erst der Zusammenbruch des nationalsozialistischen Großdeutschen Reiches und seiner Verbündeten führte zum Ende der mit den Weltkriegen verbundenen Krise des modernen Europa und eröffnete den Weg zu einer Stabilisierung der politischen Verhältnisse und einer vergleichsweise friedlichen Phase der europäischen Geschichte in der zweiten Hälfte des 20. Jahrhunderts.

Inhaltlich spricht so vieles dafür, die erste Hälfte des Jahrhunderts in allgemeiner Weise als eine Krisenzeit der europäischen Moderne zu deuten, in deren Mittelpunkt die beiden Weltkriege standen. Konzentriert man sich dagegen im engeren Sinne auf die Kriege selbst und betrachtet aus europäischer Perspektive die Zusammenhänge der Jahre 1914 bis 1945, dann bietet sich vor allem der zuerst von Ernst Nolte entwickelte Begriff des europäischen Bürgerkrieges für eine historische Deutung an. Denn diese drei Jahrzehnte waren nicht nur geprägt von kriegerischen Auseinandersetzungen, in denen die beteiligten Staaten zugleich zu Inkarnationen politischer Weltanschauungen stilisiert wurden. Vielmehr entwickelten sich auch im Innern aller europäischen Nationen bürgerkriegsartige Auseinandersetzungen, und die weltanschaulich geprägten Konfliktlinien gewannen dabei zugleich einen die nationalen und staatlichen Grenzen überschreitenden, Krieg und Bürgerkrieg oft unauflöslich miteinander verschränkenden Charakter. Nolte lässt seinen europäischen Bürgerkrieg allerdings erst 1917 beginnen und stellt in hochgradig ideologisierter Weise den Konflikt zwischen Bolschewismus und Nationalsozialismus in den Mittelpunkt. Überzeugender ist demgegenüber die von Raimond Aron vorgedachte, von Historikern wie Arno J. Mayer, Eric J. Hobsbawm und Hans-Ulrich Wehler weiter ausgearbeitete Denkfigur eines Zweiten Dreißigjährigen Krieges in Europa, der nicht, wie der erste, um religiöse, sondern diesmal um politisch-weltanschauliche Gegensätze geführt wurde. Dieses Deutungsmuster ist nicht nur wesentlich offener angelegt. Es stellt mit Recht auch bereits den Beginn des Ersten Weltkrieges 1914 an den Anfang, kann damit nicht zuletzt die spezifische Rolle Deutschlands im Konflikt mit der westlichen Demokratie einerseits, dem Bolschewismus andererseits weit überzeugender thematisieren und schließlich auch die weltweiten Dimensionen und Ausprägungen der in Europa beginnenden Krise besser einbeziehen.

Die zentrale Rolle Deutschlands

Am Anfang des europäischen Bürgerkrieges der Jahre 1914–1945 stand tatsächlich vor allem der imperialistische und ideologische Konflikt zwischen Deutschland und Westeuropa, zwischen Demokratie und Militärmonarchie. Und am Ende war es vor allem das nationalsozialistische Großdeutsche Reich, das aktiv auf den Zweiten Weltkrieg zusteuerte und dessen Untergang schließlich die Möglichkeit für eine neue Form der internationalen Stabilisierung schuf. Erst im Zeichen des bereits 1917 mit dem Kriegseintritt der USA einerseits, der russischen Revolution andererseits aufscheinenden, nach 1945 nun die Weltpolitik prägenden Systemkonflikts zwischen dem demokratisch-kapitalistischen Westen unter Führung der USA auf der einen, dem von der Sowjetunion angeführten, kommunistischen Osten auf der anderen Seite konnten sich nun, vorerst vor allem im westlichen Teil Europas, auch die Ansätze zu einer modernen demokratischen Massengesellschaft kontinuierlicher entwickeln, die bereits vor und im Ersten Weltkrieg hervorgetreten waren.

Literatur

1. Handbücher, Überblicksdarstellungen, Länderstudien, Aufsatz- und Quellensammlungen

Becker, Jean-Jacques, L'Europe dans la Grande Guerre, Paris 1996

Beckett, Ian F. W., The Great War 1914–1918, Harlow u. a. 2001

Berghahn, Volker R., Der Erste Weltkrieg, München 2003

Böhme, Klaus (Hg.), Aufrufe und Reden deutscher Professoren im Ersten Weltkrieg, Stuttgart 1975

Chickering, Roger, Das Deutsche Reich und der Erste Weltkrieg, München 2002 (Orig. Cambridge 1998)

Das Werk des Untersuchungsausschusses der Verfassungsgebenden Deutschen Nationalversammlung und des Deutschen Reichstages. Verhandlungen, Gutachten, Urkunden, 4 Reihen, 40 Bde., Berlin 1919–1930

Deist, Wilhelm (Hg.), Militär und Innenpolitik im Weltkrieg 1914–1918, 2 Bde., Düsseldorf 1970

Duroselle, Jean-Baptiste, La Grande Guerre des Français, Paris 1994

Ferguson, Niall, Der falsche Krieg. Der Erste Weltkrieg und das 20. Jahrhundert, Stuttgart 1998 (Orig. New York 1998)

Ferro, Marc, Der Große Krieg 1914–1918, Frankf./M. 1988 (Orig. Paris 1969)

Geiss, Immanuel (Hg.), Juli 1914. Die europäische Krise und der Ausbruch des Ersten Weltkrieges, München 1986[3]

Gilbert, Martin, The Routledge Atlas of the First World War, London 1970

Higham, Robin, u. Denis E. Showalter (Hg.), Researching World War I. A Handbook, Westport Conn. U. London 2003

Hirschfeld, Gerhard, u. a. (Hg.), Enzyklopädie Erster Weltkrieg, Paderborn u. a. 2003

Horne, John (Hg.), State, Society and Mobilization in Europe during the First World War, Cambridge 1997

Johann, Ernst (Hg.), Innenansicht eines Krieges. Deutsche Dokumente 1914–1918, Frankf./M. 1968

Kellermann, Hermann (Hg.), Der Krieg der Geister. Eine Auslese deutscher und ausländischer Stimmen zum Weltkrieg, Dresden 1915

Kruse, Wolfgang (Hg.), Eine Welt von Feinden. Der Große Krieg 1914–1918, Frankf./M. 1997

Leonhard, Jörn, Die Büchse der Pandora. Geschichte des Ersten Weltkriegs, München 2014

Materna, Ingo, u. Hans-Joachim Schreckenbach (Bearb.), Dokumente aus geheimen Archiven, Bd. 4: Berichte des Berliner Polizeipräsidenten zur Stimmung und Lage der Bevölkerung in Berlin 1914–1918, Weimar 1987

Mommsen, Wolfgang J., Die Urkatastrophe Deutschlands. Der Erste Weltkrieg 1914–1918, Stuttgart 2002 (Gebhardt, Handbuch der deutschen Geschichte, Bd. 17)

Ders., Der große Krieg und die Historiker. Neue Wege der Geschichtsschreibung über den Ersten Weltkrieg, Essen 2002

Michalka, Wolfgang (Hg.), Der Erste Weltkrieg. Wirkung, Wahrnehmung, Analyse, München u. Zürich 1994

Münkler, Herfried, Der große Krieg. Die Welt 1914–1918, Reinbek b. Hamburg 2013

Rauchensteiner, Manfried, Der Tod des Doppeladlers. Österreich-Ungarn und der Erste Weltkrieg, Graz u. a. 1993

Smith, Leonhard V., u. a. (Hg.), France and the Great War, 1914–1918. Cambridge u. New York 2003

Spilker, Rolf, u. Bernd Ulrich (Hg.), Der Tod als Maschinist. Der industrialisierte Krieg 1914–1918, Bramsche 1998

Strachan, Hew, Der Erste Weltkrieg. Eine neue illustrierte Geschichte, München 2004 (Orig. Oxford u. a. 2001)

Turner, John (Hg.), Britain and the First World War, London 1988

Ulrich, Bernd, u. Benjamin Ziemann (Hg.), Frontalltag im Ersten Weltkrieg. Wahn und Wirklichkeit, Frankf./M. 1994

Dies. (Hg.), Krieg im Frieden. Die umkämpfte Erinnerung an den Ersten Weltkrieg, Frankf./M. 1997

Wilson, Trevor, The Myriad Faces of War. Britain and the Great War 1914–1918, Cambridge u. Oxford 1988

Winter, Jay M., u. Antoine Prost (Hg.), The Great War in History. Debates and Controversies 1914 to the Present, Cambridge 2005

2. Ursachen und Beginn des Krieges

Afflerbach, Holger, Der Dreibund. Europäische Großmacht- und Allianzpolitik vor dem Ersten Weltkrieg, Köln u. a. 2002

Ders. u. David Stevenson (Hg.), An Improbable War? The Outbreak of World War I and European Political Culture before 1914, Oxford 2007

Becker, Jean-Jacques, Comment les français sont entrés dans la guerre. Contribution à l'étude de l'opinion publique printemps – été 1914, Paris 1977
Beßlich, Barbara, Wege in den „Kulturkrieg". Zivilisationskritik in Deutschland 1890–1914, Darmstadt 2000
Clark, Christopher, Die Schlafwandler. Wie Europa in den Ersten Weltkrieg zog, München 2013 (Orig. London u. a. 2012)
Dülffer, Jost, u. Karl Holl (Hg.), Bereit zum Krieg. Kriegsmentalität im wilhelminischen Deutschland 1890–1914, Göttingen 1986
Ders. u. a. (Hg.), Vermiedene Kriege. Deeskalation von Konflikten der Großmächte zwischen Krimkrieg und Erstem Weltkrieg (1856–1914), München 1997
Ehlert, Hans, u. a. (Hg.), Der Schlieffenplan. Analysen und Dokumente, Paderborn u. a. 2006
Evans, Richard J. W., u. Hartmut Pogge v. Strandmann (Hg.), The Coming of the First World War, Oxford 1988
Farrar, Lancelot L., The Short-War Illusion. German Policy, Strategy and Domestic Affairs, August-December 1914, Santa Barbara, CA 1974
Fischer, Fritz, Krieg der Illusionen. Die deutsche Politik 1911–1914, Düsseldorf 1970
Geinitz, Christian, Kriegsfurcht und Kampfbereitschaft. Das Augusterlebnis in Freiburg. Eine Studie zum Kriegsbeginn 1914, Essen 1998
Groß, Gerhard P., Die vergessene Front – Der Osten 1914/15. Ereignis, Wirkung, Nachwirkung, Paderborn u. a. 2006
Herrmann, David G., The Arming of Europe and the Making of the First World War, Princeton NJ 1996
Hewitson, Mark, Germany and the Causes of the First World War, Oxford u. New York 2004
Horne, John N., u. Alan Kramer, Deutsche Kriegsgreuel 1914. Die umstrittene Wahrheit, Hamburg 2004 (Orig. New Haven u. a. 2001)
Joll, James, Die Ursprünge des Ersten Weltkrieges, München 1988 (Orig. London u. New York 1984)
Kruse, Wolfgang, Krieg und nationale Integration. Eine Neuinterpretation des sozialdemokratischen Burgfriedensschlusses 1914/15, Essen 1993
Mayer, Arno J., Adelsmacht und Bürgertum. Die Krise der europäischen Gesellschaft 1849–1914, München 1984 (Orig. London u. New York 1981)
Neitzel, Sönke, Weltmacht oder Untergang. Die Weltreichslehre im Zeitalter des Imperialismus, Paderborn 2000
Raithel, Thomas, Das „Wunder der inneren Einheit". Studien zur deutschen und französischen Öffentlichkeit bei Beginn des Ersten Weltkrieges, Bonn 1996
Schöllgen, Gregor (Hg.), Flucht in den Krieg? Die Außenpolitik des kaiserlichen Deutschland, Darmstadt 1991
Showalter, Denis, Tannenberg. Clash of Empires, Hamden CT 1991
Stevenson, David, Armaments and the Coming of War: Europe, 1904–1914, Oxford 1996
Strachan, Hew, The Outbreak of the First World War, Oxford u. New York 2004
Williamson, Samuel R. jr., Austria-Hungary and the Origins of the First World War, London 1991
Winterhager, Wilhelm E., Mission für den Frieden. Europäische Mächtepolitik und dänische Friedensvermittlung im Ersten Weltkrieg. Vom August 1914 bis zum italienischen Kriegseintritt Mai 1915, Stuttgart 1984
Verhey, Jeffrey T., Der „Geist von 1914" und die Erfindung der Volksgemeinschaft, Hamburg 2000

3. Politik des Krieges

Blänsdorf, Agnes, Die Zweite Internationale und der Krieg. Die Diskussionen über die politische Zusammenarbeit der sozialistischen Parteien 1914–1917, Stuttgart 1979
Burk, Kathleen (Hg.), War and the State. The Transformation of British Government 1914–1918, London u. a. 1982
Carsten, Francis L., War against War. British and German Radical Movements in the First World War, London 1982
Chambers, Frank P., The War Behind the War, 1914–1918. A History of the Political and Civilian Fronts, New York 1972
Farrar, Lancelot L., Devide and Conquer. German Efforts to conclude a Separate Peace, 1914–1918, Boulder 1978
Feldman, Gerald D., Armee, Industrie und Arbeiterschaft in Deutschland 1914–1918, Berlin 1985 (Orig. Princeton 1966)
Fest, Wilfried, Peace or Partition. The Habsburg Monarchy and British Policy 1914–1918, New York 1978
Fischer, Fritz, Griff nach der Weltmacht. Die Kriegszielpolitik des kaiserlichen Deutschland 1914/18, Kronberg i. Ts. 1961
French, David, Bristish Strategy and War Aims 1914–1916, London u. Boston 1986
Godfrey, John F., Capitalism at War. Industrial Policy and Bureaucracy in France, 1914–1918, New York u. Leamington Spa 1987
Grossheim, Heinrich, Sozialisten in der Verantwortung. Die französischen Sozialisten und Gewerkschaften im Ersten Weltkrieg 1914–1917, Bonn 1978

Hagenlücke, Heinz, Deutsche Vaterlandspartei. Die nationale Rechte am Ende des Kaiserreiches, Düsseldorf 1997
Horne, John N., Labour at War. France and Britain 1914–1918, Oxford 1991
Kitchen, Martin, The Silent Dictatorship. The Politics of the German High Command under Hindenburg and Ludendorff 1916–1918, London 1976
Klepsch, Rudolf, British Labour im Ersten Weltkrieg. Die Ausnahmesituation des Krieges 1914–1918 als Problem und Chance der britischen Arbeiterbewegung, Göttingen 1983
Mayer, Arno J., Political Origins of the New Diplomacy, 1917–1918, New Haven/Conn. 1959
McKale, Donald M., War by Revolution. Germany and Great Britain in the Middle East in the Era of World War I, Kent 1998
Miller, Susanne, Burgfrieden und Klassenkampf. Die deutsche Sozialdemokratie im Ersten Weltkrieg, Düsseldorf 1974
Nation, Roland C., War on War. Lenin, The Zimmerwald Left and the Origins of Communist Internationalism, Durham u. London 1989
Neilson, Keith, Strategy and Supply. The Anglo-Russian Alliance, 1914–1917, London u. a. 1984
Offer, Avner, The First World War. An Agrarian Interpretation, Oxford 1989
Oppeland, Torsten, Reichstag und Außenpolitik im Ersten Weltkrieg. Die deutschen Parteien und die Politik der USA 1914–1918, Düsseldorf 1995
Rawe, Kai, „… wir werden sie schon zur Arbeit bringen!" Ausländerbeschäftigung und Zwangsarbeit im Ruhrkohlenbergbau während des Ersten Weltkrieges, Essen 2005
Saatmann, Inge, Parlament, Rüstung und Armee in Frankreich 1914/18, Düsseldorf 1978
Soutou, Georges-Henri, L'or et le sang. Le s buts de guerre économique de la Première Guerre Mondiale, Paris 1989
Stephenson, David, The First World War and International Politics, London 1989[2]
Ders., French War Aims against Germany 1914–1918, Oxford 1982
Tanner, Duncan, Political Change and the Labour Party, 1900–1918, Cambridge u. a. 1990
Thiel, Jens, „Menschenbassin Belgien". Anwerbung, Deportation und Zwangsarbeit im Ersten Weltkrieg, Essen 2007
Vincent, C. Paul, The Politics of Hunger. The Allied Blockade of Germany, 1915–1919, Athens OH 1985
Wheeler-Bennet, John W., Brest-Litowsk. The Forgotten Peace, March 1918, London 1966 (zuerst 1939)
Williams, John, The Home Fronts. Britain, France, and Germany 1914–1918, London 1972

4. Soldaten des Krieges

Ashworth, Tony, Trench Warfare 1914–1918. The Live and Let Live System, London 1980
Audoin-Rouzeau, Stéphan, Men at War 1914–1918. National Sentiment and Trench Journalism in France during the First World War, Oxford 1992
Babington, Anthony, For the Sake of Example. Capital Courts-Martial 1914–1920, London 1983
Baynes, John, Morale. A Study of Men and Courage. The Second Scottish Rifles at the Battle of Neuve Chapelle 1915, London 1987[2]
Bourke, Joana, Dismembering the Male. Men's Bodies, Britain and the Great War, London 1996
Brown, Malcolm, u. Shirley Seaton, Christmas Truce. The Western Front, December 1914, London 1999
Canini, Gérard, Combattre à Verdun. Vie et souffrances quotidiennes du soldat (1916–1917), Nancy 1988
Chickering, Roger, u. Stig Förster (Hg.), Great War, Total War. Combat and Mobilization on the Western Front, 1914–1918, Cambridge u. a. 2000
Hinz, Uta, Gefangen im Großen Krieg. Kriegsgefangenschaft in Deutschland 1914–1921, Essen 2006
Hirschfeld, Gerhard, u. a. (Hg.), Die Deutschen an der Somme 1914–1918. Krieg, Besatzung, Verbrannte Erde, Essen 2006
Holzer, Anton, Das Lächeln der Henker. Der unbekannte Krieg gegen die Zivilbevölkerung 1914–1918, Darmstadt 2008
Hull, Elisabeth V., Absolute Destruction. Military Culture and the Practices of War in Imperial Germany, Ithaca u. a. 2005
Jahr, Christoph, Gewöhnliche Soldaten. Desertion und Deserteure im deutschen und britischen Heer 1914–1918, Göttingen 1998
Kramer, Alan, Dynamics of Destruction. Culture and Mass Killing in the First World War, Oxford 2007
Leed, Eric J., No Man's Land. Combat and Identity in in World War I, Cambridge u. New York 1979
Leese, Peter, Shell Shock. Traumatic Neurosis and the British Soldiers of the First World War, New York 2002
Leidinger, Hannes, u. Verena Moritz, Gefangenschaft, Revolution, Heimkehr. Die Bedeutung der Kriegsgefangenenproblematik für die Geschichte des Kommunismus in Mittel- und Osteuropa 1917–1920, Wien u. a. 2003
Lipp, Anne, Meinungslenkung im Krieg. Kriegserfahrungen deutscher Soldaten und ihre Deutung 1914–1918, Göttingen 2003
Liulevicius, Vejas G., Kriegsland im Osten. Eroberung, Kolonisierung und Militärherrschaft im Ersten Weltkrieg, Hamburg 2002 (Orig. Cambridge/Mass. 2000)

Oltmer, Jochen (Hg.), Kriegsgefangene im Europa des Ersten Weltkriegs, Paderborn u. a. 2006

Pedroncini, Guy, Les Mutineries de 1917, Paris 1967

Pöhlmann, Markus, u. a. (Hg.), Der Erste Weltkrieg 1914–1918. Der deutsche Aufmarsch in ein kriegerisches Jahrhundert, München 2013

Rosenthal, Jacob, Die Ehre des jüdischen Soldaten. Die Judenzählung im Ersten Weltkrieg und ihre Folgen, Frankf./M. u. a. 2007

Schaffelner, Barbara, Unvernunft und Kriegsmoral am Beispiel der Kriegsneurose im Ersten Weltkrieg, Wien 2005

Smith, Leonhard V., Between Mutiny and Obedience. The Case of the French Fifth Infantry Division during World War I, Princeton 1994

Stone, Norman C., The Eastern Front 1914–1917, London 1975

Travers, Tim, How the War Was Won: Command and Technology in the British Army on the Western Front, 1917–1918, London 1992

Ulrich, Bernd, Die Augenzeugen. Deutsche Feldpostbriefe in Kriegs- und Nachkriegszeit 1914–1933, Essen 1997

Watson, Alexander, Enduring the Great War: Combat, Morale and Collapse in the German and British Armies, 1914–1918, Cambridge 2008

Winter, Denis, Death's Men. Soldiers of the Great War, London 1978

Wurzer, Georg, Die Kriegsgefangenen der Mittelmächte in Russland im Ersten Weltkrieg, Göttingen 2005

5. Kultur des Krieges

Baumeister, Martin, Kriegstheater. Großstadt, Front und Massenkultur 1914–1918, Essen 2005

Becker, Jean-Jacques, u. a. (Hg.), Guerre et Cultures 1914–1918, Paris 1994

Bruendel, Steffen, Volksgemeinschaft oder Volksstaat. Die „Ideen von 1914" und die Neuordnung Deutschlands im Ersten Weltkrieg, Berlin 2003

Buitenhuis, Peter, The Great War of Words. British, American and Canadian Propaganda and Fiction, 1914–1933, Vancouver 1987

Creutz, Martin, Die Pressepolitik der kaiserlichen Regierung während des Ersten Weltkriegs, Die Exekutive, die Journalisten und der Teufelskreis der Berichterstattung, Frankf./M. 1996

Demm, Eberhard (Hg.), Der Erste Weltkrieg in der internationalen Karikatur, Hannover 1988

Ecksteins, Modris, Tanz über Gräben. Die Geburt der Moderne und der Erste Weltkrieg, Reinbek b. Hamburg 1990 (Orig. Boston 1989)

Flasch, Kurt, Die geistige Mobilmachung. Die deutschen Intellektuellen und der Erste Weltkrieg. Ein Versuch, Berlin 2000

Flood, P. J., France 1914–1918. Public Opinion and the War Effort, New York 1990

Fries, Helmut, Die große Katharsis. Der Erste Weltkrieg in der Sicht deutscher Dichter und Gelehrter, 2 Bde., Konstanz 1994/96

Fuller, J. G., Troop Morale and Popular Culture in the British and Dominion Armies, 1914–1918, Oxford 1990

Fussell, Paul, The Great War and Modern Memory, New York 1975

Hamann, Brigitte, Der Erste Weltkrieg. Wahrheit und Lüge in Bildern und Texten, München 2004

Hirschfeld, Gerhard (Hg.), Kriegserfahrungen. Studien zur Sozial- und Mentalitätsgeschichte des Ersten Weltkriegs, Essen 1997

Ders. u. a. (Hg.), „Keiner fühlt sich hier mehr als Mensch ..." Erlebnis und Wirkung des Ersten Weltkriegs, Essen 1993

Hoeres, Peter, Krieg der Philosophen. Die deutsche und die britische Philosophie im Ersten Weltkrieg, Paderborn u. a. 2004

Holzer, Anton, Die andere Front. Photographien und Propaganda im Ersten Weltkrieg, Darmstadt 2007

Hüppauf, Bernd (Hg.), Ansichten vom Krieg. Vergleichende Studien zum Ersten Weltkrieg in Literatur und Gesellschaft, Königstein i. Ts. 1984

Hynes, Samuel, A War Imagined. The First World War and English Culture, New York u. a. 1991

Köster, Echart, Literatur und Weltkriegsideologie. Positionen und Begründungszusammenhänge des publizistischen Engagements deutscher Schriftsteller im Ersten Weltkrieg, Kronberg/Ts. 1977,

Llanque, Marcus, Demokratisches Denken im Krieg. Die deutsche Debatte im Ersten Weltkrieg, Berlin 2000

Mauerer, Trude (Hg.), Kollegen – Kommilitonen – Kämpfer. Europäische Universitäten im Ersten Weltkrieg, Stuttgart 2006

Messinger, Gary S., British Propaganda and the State in the First World War, Manchester 1992

Mommsen, Wolfgang J. (Hg.), Kultur und Krieg. Schriftsteller, Künstler und Intellektuelle im Ersten Weltkrieg, München 1994

Müller, Sven Oliver, Die Nation als Waffe und Vorstellung. Nationalismus in Deutschland und England im Ersten Weltkrieg, Göttingen 2003

Oppelt, Ulrike, Film und Propaganda im Ersten Weltkrieg. Propaganda als Medienrealität im Aktualitäten- und Dokumentarfilm, Stuttgart 2002

Reimann, Aribert, Der große Krieg der Sprachen. Untersuchungen zur historischen Semantik in Deutschland und England zur Zeit des Ersten Weltkriegs, Essen 2000

Roshwald, Aviel, u. Richard Stites (Hg.), European Culture in the Great War. The Arts, Entertainment, and Propaganda, 1914–1918, Cambridge 1999

Rother, Rainer (Hg.), Die letzten Tage der Menschheit. Bilder des Ersten Weltkrieges, Berlin 1994

Sanders, Michael L., u. Phillip M. Taylor, Britische Propaganda im Ersten Weltkrieg, Berlin 1990 (Orig. London u. a. 1982)

Schmidt, Anne, Belehrung – Propaganda – Vertrauensarbeit. Zum Wandel amtlicher Kommunikationspolitik in Deutschland 1914–1918, Essen 2006

Schneider, Uwe (Hg.), Krieg der Geister. Erster Weltkrieg und literarische Moderne, Würzburg 2000

Schwabe, Klaus, Wissenschaft und Kriegsmoral. Die deutschen Hochschullehrer und die politischen Grundfragen des Ersten Weltkrieges, Göttingen 1969

Sieg, Ulrich, Jüdische Intellektuelle im Ersten Weltkrieg. Kriegserfahrungen, weltanschauliche Debatten und kulturelle Neuentwürfe, Berlin 2001

Stromberg, Robert N., Redemption by War. The Intellectuals and 1914, Lawrence 1982

Ungern-Sternberg, Jürgen u. Wolfgang von, Der Aufruf „An die Kulturwelt!" Das Manifest der 93 und die Anfänge der Kriegspropaganda im Ersten Weltkrieg, Stuttgart 1996

Vondung, Klaus (Hg.), Kriegserlebnis. Der Erste Weltkrieg in der literarischen Gestaltung und symbolischen Deutung der Nationen, Göttingen 1980

Wallace, Stuart, War and the Image of Germany. British Academics 1914–1918, Edinburgh 1988

Winter, Jay M., u. Jean-Louis Robert (Hg.), Capital Cities at War. Paris, London, Berlin 1914–1919, Bd. II. A Cultural History, Cambridge 2007

Wohl, Robert J., The Generation of 1914, Cambridge/Mass, 1979

Zühlke, Raoul (Hg.), Bildpropaganda im Ersten Weltkrieg, Hamburg 2000

6. Gesellschaft des Krieges

Altenhöner, Florian, Kommunikation und Kontrolle. Gerüchte und städtische Öffentlichkeiten in Berlin und London 1914/1918, München 2007

Audoin-Rouzeau, Stéphane, La Guerre des enfants 1914–1918, Paris 1993

Ders. u. Jean Jacques Becker (Hg.), Les sociétés européennes et la guerre de 1914–1918, Nanterre 1990

Ay, Karl-Ludwig, Die Entstehung einer Revolution. Die Volksstimmung in Bayern während des Ersten Weltkrieges, Berlin 1968

Beckett, Ian F. W., Home Front, 1914–1918. How Britain survived the Great War, Kew 2006

Braybon, Gail, Women Workers in the First World War. The British Experience, London 1981

Chickering, Roger, Freiburg im Ersten Weltkrieg. Totaler Krieg und städtischer Alltag, Paderborn 2008 (Orig. Cambridge/Mass. 2007)

Christadler, Marieluise, Kriegserziehung im Jugendbuch. Literarische Mobilmachung in Deutschland und Frankreich 1914, Frankf./M. 1978

Daniel, Ute, Arbeiterfrauen in der Kriegsgesellschaft. Beruf, Familie und Politik im Ersten Weltkrieg, Göttingen 1989

Davis, Belinda, Home Fires Burning. Food, Politics, and Every Day Live in World War I Berlin, Chapel Hill u, London 2000

Donson, Andrew, Youth in a Fatherless Land. War Pedagogy, Nationalism, and Authority in Germany, 1914–1918, Cambridge/Mass. 2010

Eckart, Wolfgang U., Medizin, Krieg und Gesellschaft: Deutschland 1914–1918, Paderborn 2007

Feldman, Gerald D., The Great Disorder. Politics, Economics, and Society in the German Inflation, 1914–1923, New York 1993

Fiedler, Gudrun, Jugend im Krieg, Bürgerliche Jugendbewegung, Erster Weltkrieg und sozialer Wandel, Köln 1989

Gregory, Adrian, The Last Great War. British Society and the First World War, Cambridge u. a. 2008

Hämmerle, Christa (Hg.), Kindheit im Ersten Weltkrieg, Wien u. a. 1993

Hagemann, Karen, u. a. (Hg.), Heimat-Front. Militär und Geschlechterverhältnisse im Zeitalter der Weltkriege, Frankf./M. u. New York 2002

Haimson, Leopold H., u. G. Sapelli (Hg.), Strikes, Social Conflict and the First World War, Mailand 1992

Higonnet, Margret R. (Hg.), Behind the Lines. Gender and the Two World Wars, New Haven u. London 1987

Hinton, James, The First Shop Stewards' Movement, London 1973

Kocka, Jürgen, Klassengesellschaft im Krieg. Deutsche Sozialgeschichte 1914–1918, Frankf./M. 1988 (zuerst Göttingen 1973)

Kundrus, Birte, „Kriegerfrauen". Familienpolitik und Geschlechterverhältnisse im Ersten und Zweiten Weltkrieg, Hamburg 1995

Levsen, Sonja, Elite, Männlichkeit und Krieg. Tübinger und Cambridger Studenten 1900–1929, Göttingen 2006

Mai, Günther (Hg.) Arbeiterschaft in Deutschland 1914–1918. Studien zu Arbeitskampf und Arbeitsmarkt im Ersten Weltkrieg, Düsseldorf 1987

Marwick, Arthur, The Deluge. British Society and the First World War, London 1965

Molthagen, Dietmar, Das Ende der Bürgerlichkeit?

Liverpooler und Hamburger Bürgerfamilien im Ersten Weltkrieg, Göttingen 2007
Roerkohl, Anne, Hungerblockade und Heimatfront. Die kommunale Lebensmittelversorgung in Westfalen während des Ersten Weltkrieges, Stuttgart 1991
Waites, Bernard, A Class Society at War. England 1914–1918, Leamington Spa u. a. 1987
Wall, Richard, u. Jay M. Winter (Hg.), The Upheaval of War. Family, Work, and Welfare in Europe 1914–1918, Cambridge 1988
Winter, Jay, M., u. a. (Hg.), Capital Cities at War. Paris, London, and Berlin 1914–1918, Bd. 1, Cambridge u. a. 1997
Ders., The Great War and the British People, London 1985
Ziemann, Benjamin, Front und Heimat. Ländliche Kriegserfahrungen im südlichen Bayern 1914–1923, Essen 1997

7. Ende des Krieges

Barth, Boris, Dolchstoßlegenden und politische Desintegration. Das Trauma der deutschen Niederlage im Ersten Weltkrieg 1914–1933, Düsseldorf 2003
Bessel, Richard, Germany after the First World War, Oxford 1993
Boemeke, Manfred, u.a. (Hg.), The Treaty of Versailles. A Reassessment after 75 Years, Cambridge 1998
Carsten, Francis L., Revolution in Mitteleuropa, 1918–1919, Köln 1973
Duppler, Jörg (Hg.), Kriegsende 1918. Ereignis, Wirkung, Nachwirkung, München 1999
Goldstein, Eric, The First World War Peace Settlements 1919–1925, London 2002
Kluge, Ulrich, Die deutsche Revolution 1918/19. Staat, Politik und Gesellschaft zwischen Weltkrieg und Kapp-Putsch, Frankf./M. 1985
Kolb, Eberhard, Der Frieden von Versailles, München 2005
Konrad, Helmut, u. K.M. Schmidtlechner (Hg.), Revolutionäres Potential in Europa am Ende des Ersten Weltkrieges. Die Rolle von Strukturen, Konjunkturen und Massenbewegungen, Wien 1991
Krauss, Hans-Christof, Versailles und die Folgen. Die Außenpolitik zwischen Revisionismus und Verständigung 1919–1933, Berlin 2013
Krumeich, Gerd (Hg.), Versailles 1919. Ziele – Wirkung – Wahrnehmung, Essen 2001
Maier, Charles S., Recasting Bourgeois Europe. Stabilization in France, Germany, and Italy in the Decade after World War I, Princeton 1975
Mayer, Arno J., Der Krieg als Kreuzzug. Das Deutsche Reich, Hitlers Wehrmacht und die „Endlösung", Reinbek b. Hamburg 1989
Nolte, Ernst, Der europäische Bürgerkrieg 1917–1945. Nationalsozialismus und Bolschewismus, Berlin 1987
Schwabe, Klaus, Woodrow Wilson, Revolutionary Germany, and Peacemaking, 1918–1919, Chapel Hill 1985
Thoss, Bruno, u. Hans-Erich Volkmann (Hg.), Erster Weltkrieg – Zweiter Weltkrieg. Ein Vergleich. Krieg. Kriegserlebnis, Kriegserfahrung in Deutschland, Paderborn u. a. 2002
Winter, Jay M., Sites of Memory, Sites of Mourning. The Great War in the Twentieth Century, Cambridge 1999
Wirsching, Andreas, u. Dirk Schumann (Hg.), Violence and Society after the First World War, München 2003 (Themenheft des Journal of Modern European History, Bd.1)

Personenregister